安全可信技术丛书

工业互联网安全

蔡君 罗建桢 刘燕 黄忠炜 编著

电子工业出版社·

Publishing House of Electronics Industry

北京·BEIJING

内 容 简 介

本书共 8 章，目标是让读者了解工业互联网安全的基本内涵、风险分析、关键技术及产品系统。第 1 章主要讲述工业互联网的基本概念、应用案例、体系架构、产业现状及发展趋势；第 2 章主要介绍工业互联网安全威胁，包括工业互联网安全的风险来源、面临的主要挑战、攻击影响、威胁发展趋势；第 3 章介绍工业互联网安全防护与管理，包括工业互联网安全需求及目标、工业互联网安全防护技术及产品等；第 4～8 章分别从标识解析系统、工业互联网平台、工业控制系统、边缘计算及数据的安全风险分析、防护要求及关键技术等方面，为读者剖析工业互联网安全风险、应对措施及技术发展趋势等。

本书内容丰富、概念清晰、语言精练、通俗易懂，坚持理论联系实际，收集了面向产业应用的案例和知识，尽量避免过多的数学公式。

本书可作为网络空间安全、信息安全、物联网、计算机科学与技术等专业的本科生教材，也可以作为广大网络安全工程师、网络管理员、工业和信息化从业人员的参考书。

图书在版编目（CIP）数据

工业互联网安全 / 蔡君等编著. -- 北京 ：电子工
业出版社，2025. 7. --（安全可信技术丛书）. -- ISBN
978-7-121-50438-9

Ⅰ. F403-39；TP393.08

中国国家版本馆 CIP 数据核字第 2025Y3Y115 号

责任编辑：徐晓宙　　特约编辑：武瑞敏
印　　刷：天津嘉恒印务有限公司
装　　订：天津嘉恒印务有限公司
出版发行：电子工业出版社
　　　　　北京市海淀区万寿路 173 信箱　　　邮编：100036
开　　本：787×1092　　1/16　　印张：13.25　　字数：322 千字
版　　次：2025 年 7 月第 1 版
印　　次：2025 年 7 月第 1 次印刷
定　　价：80.00 元

凡所购买电子工业出版社图书有缺损问题，请向购买书店调换。若书店售缺，请与本社发行部联系，联系及邮购电话：（010）88254888，88258888。

质量投诉请发邮件至 zlts@phei.com.cn，盗版侵权举报请发邮件至 dbqq@phei.com.cn。

本书咨询和投稿联系方式：xuxz@phei.com.cn。

前　言

工业互联网是继信息化、网络化之后的又一次工业革命，它实现了工业设备、控制系统与互联网的深度融合，为制造业转型升级、提高生产效率和产品质量带来了前所未有的机遇。然而，工业互联网的开放性和复杂性也使其面临着严峻的安全挑战。如何有效应对工业互联网安全风险，保障工业制造系统的稳定运行，已经成为亟待解决的重要课题。

本书从工业互联网安全的基本概念、安全威胁、防护策略及关键技术等多个角度，系统探讨了工业互联网安全的理论和实践，力求为读者全面地阐述工业互联网安全的本质。第 1 章介绍工业互联网的基本概念、应用案例、体系架构、产业现状及发展趋势等，帮助读者全面认知工业互联网的核心特征。第 2 章重点分析工业互联网面临的主要安全威胁，包括安全风险来源、常见攻击类型及其影响，并预判了未来安全威胁发展趋势，为后续的安全防护提供了重要依据。第 3 章着眼于工业互联网安全防护的目标、需求和技术手段，从组织管理、网络防护、应用安全等多个层面阐述了安全防护的总体思路；介绍了一些常见的安全产品及解决方案，为读者选择合适的安全防护措施提供参考。第 4 ~ 8 章深入探讨了工业互联网各关键技术领域的安全风险及防护要求。其中，第 4 章重点分析了工业互联网标识解析系统的安全问题；第 5 章探讨了工业互联网平台安全；第 6 章着重于工业控制系统安全；第 7 章聚焦于工业互联网边缘计算安全；第 8 章则从工业互联网数据安全的角度出发，阐述了工业信息安全的关键问题。这些章节有助于读者更加深入地理解工业互联网各子系统的安全特点及其防护重点。

本书在内容设计上力求全面性、系统性和前瞻性。一方面，从工业互联网安全的基础概念到具体技术层面，系统地阐述了工业互联网安全的核心知识体系；另一方面，注重挖掘工业互联网安全面临的新问题和新挑战，预判未来发展趋势，为读者提供前瞻性的安全建议。

同时，本书力求做到理论联系实践，贴近产业需求，通过对大量实际案例的分析，帮助读者更好地理解工业互联网安全问题的根源及防护措施。

本书的目标读者包括网络空间安全、信息安全、物联网、计算机科学与技术等专业的本科生，同时面向广大网络安全工程师、网络管理员及工业和信息化从业人员。通过系统学习本书，相信读者能够全面掌握工业互联网安全的基本原理和前沿技术。

由于作者水平有限，书中难免存在疏漏或不妥之处，恳请广大读者不吝指正。

作　者

2024 年 8 月

Contents

目 录

第 1 章

工业互联网

1.1 工业互联网的基本概念

工业互联网（Industrial Internet）作为新一代信息通信技术与工业经济深度交融的结晶，构建起了一套集新型基础设施、创新应用模式及完备工业生态系统于一体的先进体系。它凭借全面连接人、机器、物品和系统等关键要素，打造出覆盖全产业链和全价值链的制造与服务体系，为工业乃至整个产业数字化、网络化和智能化发展提供了实现途径，是第四次工业革命的重要支撑。

工业互联网并非凭空产生，其发展经历了从工业控制系统到传感网、物联网，再到现在的工业互联网的过程。工业互联网一词最早由美国通用电气公司于 2012 年提出，并随后由美国 5 家行业领头企业联合组建了工业互联网联盟（Industrial Internet Consortium，IIC），大力推广工业互联网的概念。除制造业巨头通用电气公司外，加入该联盟的还有 IBM、思科、英特尔和 AT&T 等知名企业。2017 年，国务院印发《关于深化"互联网+先进制造业"发展工业互联网的指导意见》，我国工业互联网进入快速发展阶段。2022 年，我国工业互联网标识解析体系建成武汉、广州、重庆、上海、北京 5 个国家顶级节点和南京、成都 2 个灾备节点，构建起自主可控、开放兼融、安全可靠的标识解析体系。当前，工业互联网技术已广泛应用于国民经济的主要领域，覆盖了从研发设计到生产制造，再到营销服务的全产业链条，其产业规模已突破万亿元。

近年来，我国大力推进"5G+工业互联网"建设。据工业和信息化部数据显示，截至 2025 年 4 月，我国累计建成 5G 基站 439.5 万个，"5G+工业互联网"项目超 1.85 万个，31 个省份均出台 5G、工业互联网相关政策。推动"5G+工业互联网"发展将充分发挥我国在

5G 领域建立起的标准、技术和产业优势。以 5G 为引领，集成人工智能、大数据、云计算等新一代信息通信技术，赋能工业研发设计、生产制造、仓储物流、经营管理各个环节，是一条符合中国国情、具有中国特色的工业互联网创新发展之路。5G 技术的卓越表现，体现在其速率相比 4G 提升了 10 倍之多，连接密度实现了 50 倍的飞跃，同时空口时延缩短至 4G 的 1/5，这些显著的技术优势预示着 5G 在工业互联网的广阔舞台上将展现前所未有的应用潜力和巨大空间。尤其在柔性化、协同化、远程化的场景需求强烈的背景下，深化"5G+工业互联网"发展，将推动工业企业加快数字化转型，实现提质增效。

根据工业和信息化部颁布的《"十四五"大数据产业发展规划》，我国正加速构建工业互联网大数据中心体系，深化工业大数据的广泛应用，旨在培育出基于数据的平台化创新设计、网络协同作业、定制化生产、智能化制造、服务化转型及数字化管理模式等一系列新业态。2025 年是"十四五"收官之年，在"十四五"时期，工业互联网扮演数字经济创新引擎的重要角色，持续拓宽数字经济与实体经济融合的广度和深度，渗透到更广泛的行业领域与实际应用场景中，促进经济结构的优化升级。工业互联网主要有以下典型应用模式。

1. 平台化设计

依托工业互联网平台，整合人员、算法、模型、任务等设计资源，可实现高水平、高效率的轻量化设计、并行设计、敏捷设计和基于模型的设计，变革传统设计方式，提升研发质量和效率。

2. 智能化制造

互联网、大数据、人工智能等新一代信息技术在制造业领域加速创新应用，可实现材料、设备、产品等生产要素与用户之间的在线连接和实时交互，逐步实现机器代替人生产。智能化是制造业未来发展的重要方向。

3. 网络化作业

通过跨部门、跨层级、跨企业的数据互通和业务互联，可推动供应链上的企业和合作伙伴共享客户、订单、设计、生产、经营等各类信息资源，实现网络协同设计、协同生产、协同服务，进而促进资源共享、能力交易及业务优化配置。

4. 定制化生产

通过精准获取和分析客户需求，进行敏捷产品开发设计、柔性智能生产、精准交付服务等，可实现产品定制化设计、生产、销售及服务的制造服务模式。

5. 服务化转型

企业从传统制造业务向价值链两端高附加值环节延伸，可从以加工组装为主向"制造+服务"模式转型，从单纯出售产品向出售"产品+服务"转型，包括设备健康管理、产品远程运维、设备融资租赁、分享制造、互联网金融等，形成制造与服务融合发展的新型产业形态。

6. 数字化管理

企业通过打通核心数据链，贯通生产制造全场景、全过程，实现基于数据的广泛汇聚、集成优化和价值挖掘，可优化、创新乃至重塑企业战略决策、产品研发、生产制造、经营管理、市场服务等业务活动，构建由数据驱动的高效运营管理模式。

1.2　工业互联网应用案例

美的集团股份有限公司（简称"美的"）的数字化转型过程是中国制造业企业转型升级的一个典型案例，也是工业互联网典型的应用案例之一，如图 1-1 所示。

2012—2015年 632项目 IT一致性变革	2015—2016年 互联网+ 大数据、移动化、 智能制造驱动的 企业效率提升	2016—2017年 C2M 数据驱动的C2M定制 （数字营销、数字企 划、柔性制造）	2018—2019年 工业互联网 IoT驱动的业务 价值链拉通	2020年至今 数智驱动
一个美的 一个体系 一个标准	智能产品 智能制造	T+3	数据驱动的全 价值链卓越运营	全面数字化 全面智能化

图 1-1　美的数字化转型过程

2012 年之前，美的是一个高度分权的组织，每个事业部相对独立，导致信息系统高度分散，缺乏一致性。当时，美的有 10 个事业部，每个事业部有自己的系统、数据和流程，甚至企业资源计划（Enterprise Resource Planning，ERP）系统也有 6 种不同的选型，事业部之间的数据没有打通，形成了众多信息孤岛，数据无法被集成和分享，严重制约了企业整体的运营效率和决策的科学性。

2012 年，对美的来说是压力巨大的一年。随着消费者对家电的要求越来越高，整个家电行业都处于转型升级的关键节点，美的面临着巨大的竞争压力。同时，电子商务平台如天猫、京东的快速发展也给长期依赖自建渠道的美的带来了巨大的冲击。为了满足上市需求，美的毅然决定打破事业部之间的孤立和分散，重构所有流程、IT 系统，统一数据标准，整合所有事业部的信息系统。这项工作直到 2015 年上半年才全部完成。

2015 年，"互联网+"概念开始在各行业进行讨论，并对传统行业的发展模式产生了深远影响。美的也进行了内部大讨论，决定实施"双智"（智能产品和智能制造）战略。为此，美的建设了智能制造工厂和大数据平台，并实现了所有系统的移动化。到 2016 年，美的业务模式发生了重大变革，从传统的以产定销模式转变为以销定产模式。面对市场需求的不确定性，以及订单交付时间更快的要求，美的启动了数字化 2.0 的转型，以更好地支撑业务转型。同年，美的开始应用数字化技术改造升级制造链和供应链，全面开启数字化转型之路。

传统制造业的主要问题在于整个生产过程中库存积压严重，生产经营效率低下。为了解决这些问题，美的决定全面推行消费者数据驱动的企业经营生产模式。该模式包括两个核心要点：一是实行"以销定产"策略，即客户下订单后才开始生产，但要缩短订单交付时间；二是推行"用户直连制造"的定制化柔性生产管理模式，将生产计划、重要供应商和库存紧密关联起来，实现生产完成后立即交付给客户，从而减少库存，提高生产效率。在美的内部，这种以客户为导向的产销模式被称为"T+3"模式，即将产品从下单到交付分为 4 个阶段：下单、备料、生产和发运。每个阶段都需要一定的周期：T0 为下单周期，T1 为备料周期，T2 为生产周期，T3 为发运周期。

在该模式下，所有订单都来自销售一线，工厂根据订单组织备料、生产和发运。这要求企业打通全价值链，进行精细化管理，推动产品精简、标准化、通用化和柔性制造，优化交付流程，以确保缩短交货周期，降低库存成本。通过对整个周期进行拆解，清楚地了解每个阶段花费的时间，并进行针对性地分析和改进，美的成功将产品交付周期由 7 天大幅压缩至 3 天甚至更短，总体交付周期控制在 12 天以内。借助这一模式，美的极大地减少了库存。例如，美的洗衣机的仓库面积在巅峰时期有 120 万平方米，后来逐渐缩减至 10 万平方米，基本上 3 天就能完成物流周转。实施"T+3"模式后，小天鹅洗衣机的供货周期从原来的 23 天压缩到 12 天，减少了库存积压现象，提升了周转率，使美的能够在更短的时间内以更低的成本生产更多的洗衣机。由于"T+3"模式带来的数字化变革，小天鹅洗衣机在 2015 年实现了 131.3 亿元的营收，击败了当时的洗衣机巨头海尔。随后，美的迅速将"T+3"模式推广应用于空调领域。

在工业互联网的有力支撑下，美的新产品市场周期缩短 45%，成本降低 85%，现金流周转时间从过去的 30 天缩短为 6 天，企业收入从 2012 年的 1000 多亿元增长至约 2800 亿元，利润从 33 亿元飙升至 240 亿元，市值更是增长了约 10 倍。

通过数字化的"T+3"模式，美的成功解决了传统制造业面临的诸多难题，实现了高效、精准和灵活的生产经营管理，显著提升了自身的市场竞争力，也为其他制造业企业的数字化转型提供了宝贵的借鉴经验。

1.3 工业互联网体系架构

工业互联网的核心目标是建立一个高效、安全、可靠的工业互联网系统架构，以实现设备、数据、人员之间的智能互联互通和协同作业，进而推动工业领域的数字化、智能化转型。其体系架构涵盖标识解析体系、平台架构、网络架构、工业控制系统和终端设备等关键部分。这些共同构建起工业互联网应用所需的整体框架和组织结构，具体架构如图 1-2 所示。

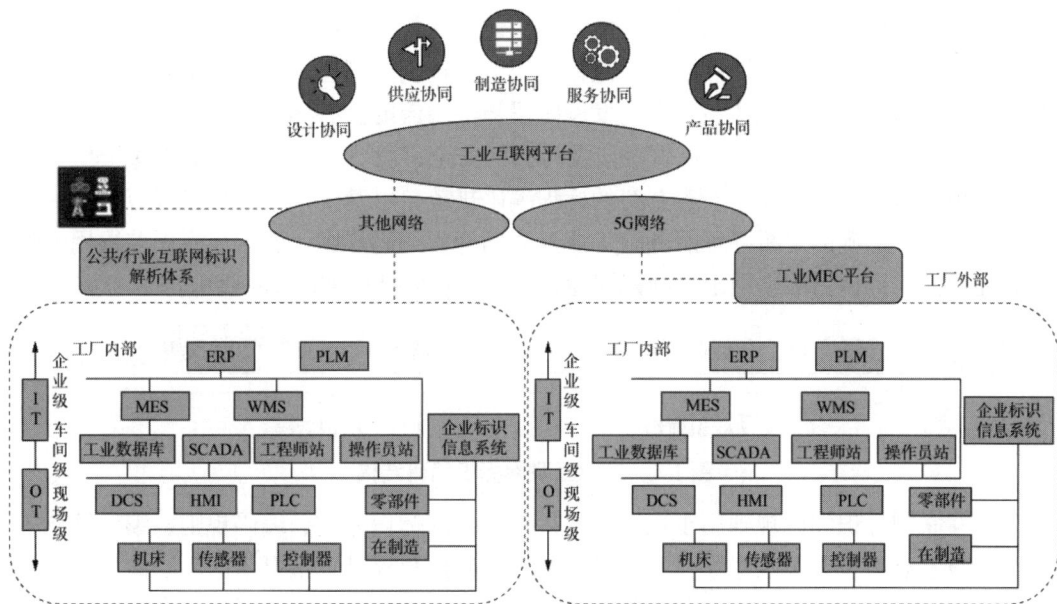

图 1-2 工业互联网体系架构

1.3.1 标识解析体系

工业互联网标识解析体系作为工业互联网体系架构的重要组成部分，承担着支撑工业互联网互联互通的关键作用。该体系用于将工业设备、传感器等各类对象的标识符精准地转换为对应的网络地址或资源路径的系统，其功能类似于互联网领域的域名系统（Domain Name System，DNS），是确保全球工业互联网有序、高效运行的核心基础设施。

工业互联网标识解析体系主要为工业设备、机器、物料、零部件和产品等提供全面的编码、注册与解析服务，并通过标识实现对不同主体、地域、架构之间信息的互联互通、安全共享及智能交互。其核心组成部分包括标识编码、标识载体、标识解析系统和标识数据服务，详细架构如图 1-3 所示。

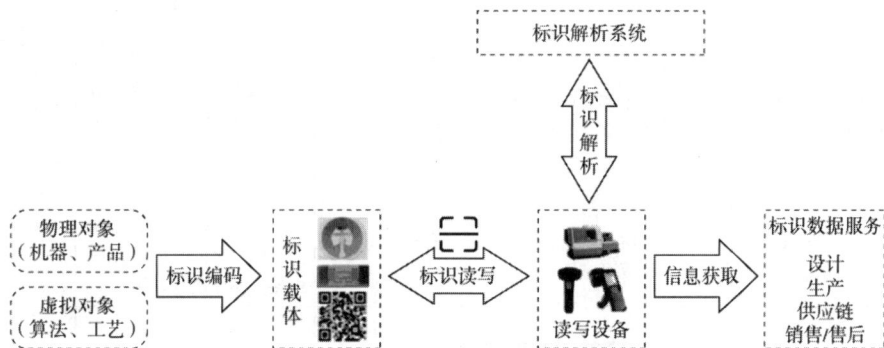

图 1-3 工业互联网标识解析体系

1. 标识编码

标识编码是工业互联网中能够唯一识别物理资源（如机器、产品等）和虚拟资源（如算法、工序、标识数据等）的"数字身份证"。

在标识解析体系中，标识编码作为标识解析体系的核心基础资源，其重要性不言而喻。建立符合我国工业互联网发展需求的规范化标识编码规则及管理体系至关重要。当前，工业互联网标识编码处于多标识体系并存的发展阶段，但主流的公有标识编码方案可归纳为统一的逻辑结构，即包括前缀字段、后缀字段及可选的安全字段 3 个部分。将各类编码纳入工业互联网标识解析体系中，建立兼容并存的标识编码规范，可基于标识解析各级节点，为各类标识提供高效、准确的解析寻址服务。工业互联网标识编码规则一般为：标识前缀用于唯一标识企业主体，标识后缀则用于精准识别标识对象，具体结构如图 1-4 所示。

国家代码	行业代码	企业代码	对象代码	安全代码[可选]
	标识前缀			标识后缀

图 1-4　工业互联网标识编码结构

工业互联网标识编码规则用于规范不同行业对象的标识分类、编码规则、编码结构等方面，为二级节点、企业节点建立自身的对象标识编码体系提供了重要依据。当前，我国已针对能源、航空、船舶、药品等十几个领域制定了行业编码标准，未来还将结合国民经济分类，构建全面覆盖制造业门类的编码体系，进一步提升工业互联网标识解析的通用性和精准性。

2. 标识载体

标识载体是指承载标识编码的物理实体。依据其是否具备自主与标识数据读写装置、标识解析服务节点及标识数据应用服务端等进行通信交互的能力，标识载体可以分为两类：一类是主动型标识载体，它能够主动发起通信；另一类是被动型标识载体，它需在外界触发下才能与上述组件进行信息交换。被动标识载体一般附着在工业设备或产品表面，以便读卡器读取，只承载工业互联网标识编码，缺乏远程网络连接能力，需要依赖标识读写器向标识解析服务器发起标识解析请求，安全性较弱，缺乏必要的证书、算法和密钥等安全能力。常见的被动标识载体包括一维条形码、二维码、RFID 和 NFC 等，具体信息如表 1-1 所示。

表 1-1　被动标识载体

载体	一维条形码	二维码	RFID	NFC
应用	主要应用于物品编码，兴起于零售业	主要应用于支付领域，由一堆编码衍生而来，弥补一维编码容量小等缺陷	主要应用于物流、防伪、身份识别等领域，是一种自动识别技术	主要应用于移动终端支付，由 RFID 演变而来，允许电子设备间进行非接触式点对点数据传输和交换
特点	特点：只在单一方向上承载信息，信息容量有限	特点：信息容量大，具有纠错功能，译码可靠性高，保密防伪性强等	特点：可识别高速运动的物体并可同时识别多个标签，操作快捷方便	特点：安全性高、私密性好、连接快、功耗低
举例				

主动型标识载体可以嵌入工业设备内部，承载工业互联网标识编码及所需的安全证书、算法和密钥等关键信息，具备联网通信功能，能够主动向标识解析服务节点或标识数据应用平台发起连接，无需借助标识读写设备来触发。通用集成电路卡（Universal Integrated Circuit Card，UICC）、安全芯片、通信模组和终端等都属于主动标识载体的范畴，其特点如表 1-2 所示。

表 1-2 主动标识载体

载 体	特 点
通用集成电路卡	通用集成电路卡主要用于存储用户资料、鉴权密钥等信息，包括用户标识、用户标识模块等多种逻辑应用
安全芯片	终端的中央处理器负责整个终端的正常运行，其中的基带芯片扩展功能模块用来存储工业标识及密钥等信息
通信模组	连接感知层和网络层的关键环节，承担联网、集成感知、前端数据处理、适度程度控制等综合功能
终端	连接感知延伸层和网络层，实现数据采集（或汇集）及向电信网络发送数据的设备，它承担着数据采集、预处理、加密、控制和数据传输等多种功能

主动型标识载体具有以下主要特征：首先，它嵌入工业设备内部，难以被盗取或误安装；其次，它具备网络连接能力，能主动向标识解析服务器发送解析请求，并支持远程对承载的标识及相关信息进行增删改查操作；最后，除了承载工业标识编码外，还可以在安全区域存储必要的安全信息，实现工业标识符及相关数据的加密传输，以及支持接入认证等可信功能。

3. 标识解析系统

标识解析系统是能够根据标识编码查询目标对象网络位置或相关信息的系统，可用于对机器和物品进行唯一性定位与信息查询，是实现全球供应链系统和企业生产系统精准对接、产品全生命周期管理和智能化服务的前提与基础。

我国的工业互联网标识解析体系架构采用分层、分级的部署模式，包括国际根节点、国家顶级节点、二级节点、企业节点和递归节点。对应的部署方式如图 1-5 所示。

国际根节点是标识解析体系管理的最高层级服务节点，提供面向全球范围的公共根层级标识服务，不限于特定国家或地区。

国家顶级节点是一个国家或地区内部最顶级的标识服务节点，能够提供全国范围的顶级标识解析服务，以及标识备案、标识认证等管理能力。

二级节点是面向特定行业或多个行业的提供标识服务的公共节点，既要与国家顶级节点对接，又要为工业企业分配标识编码并提供标识注册、标识解析、标识数据服务等，还要满足安全性、稳定性和扩展性等要求。

企业节点则是一个企业内部的标识服务节点，能够为特定企业提供标识注册、标识解析服务和标识数据服务，可以独立部署，也可以作为企业信息系统的组成要素。

递归节点是标识解析体系的关键性入口设施，能够通过缓存等技术手段提升整体服务性能，确保系统高效运行。

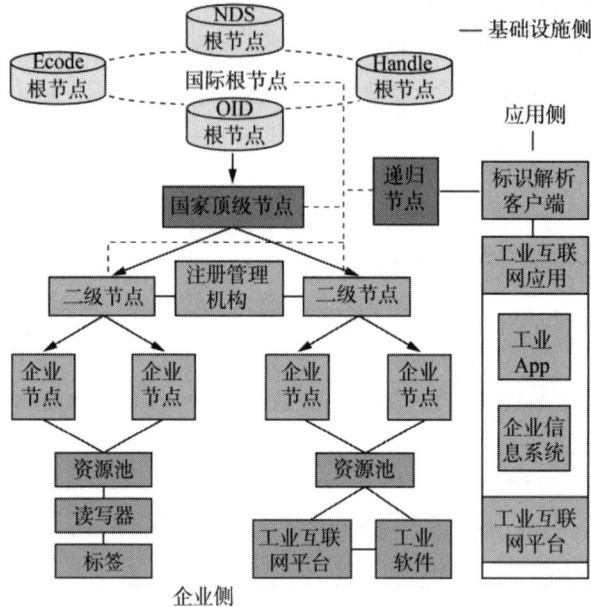

图 1-5   工业互联网标识解析体系架构部署方式

4. 标识数据服务

标识数据服务利用标识编码资源和标识解析系统进行工业标识数据管理与跨企业、跨行业、跨地区、跨国界的数据共享。它为工业产品的设计、生产、供应链管理、销售及售后等环节提供数据支持与服务，助力企业提升生产效率、优化资源配置、增强市场竞争力。

1.3.2   平台架构

工业互联网平台是为了满足制造业数字化、网络化和智能化需求而构建的服务体系，其核心是基于海量数据采集、汇聚和分析，支持制造资源的泛在连接、弹性供给和高效配置。该平台包括边缘层、基础设施层（IaaS）、平台层（工业 PaaS）和应用层四大核心层级。它在传统云平台基础上整合了物联网、大数据和人工智能等新兴技术，构建了更精准、实时和高效的数据采集体系，实现了工业技术、经验和知识的模型化、软件化与复用化。工业互联网平台以工业 App 的形式为制造企业提供各类创新应用，形成了资源丰富、多方参与、合作共赢和协同演进的制造业生态。

基于上述描述，工业互联网平台的功能架构可以精练地概括为：平台通过边缘层实现设备级数据的实时采集与预处理，确保数据的全面性与时效性；经由基础设施层，提供稳定可靠的计算与存储资源，支持海量数据的汇聚与高速处理；核心的平台（工业 PaaS）层则运用大数据、人工智能等先进技术，对复杂数据进行深度分析与价值挖掘，赋能制造资源的智能匹配并优化配置；最终，在应用层，以工业 App 为载体，灵活部署各类创新应用服务，满足企业个性化、定制化的生产管理需求，促进制造业生态的数字化转型与智能化升级。这一功能架构的搭建，为构建高效协同、开放共赢的智能制造新生态奠定了坚实基础，如图 1-6所示。

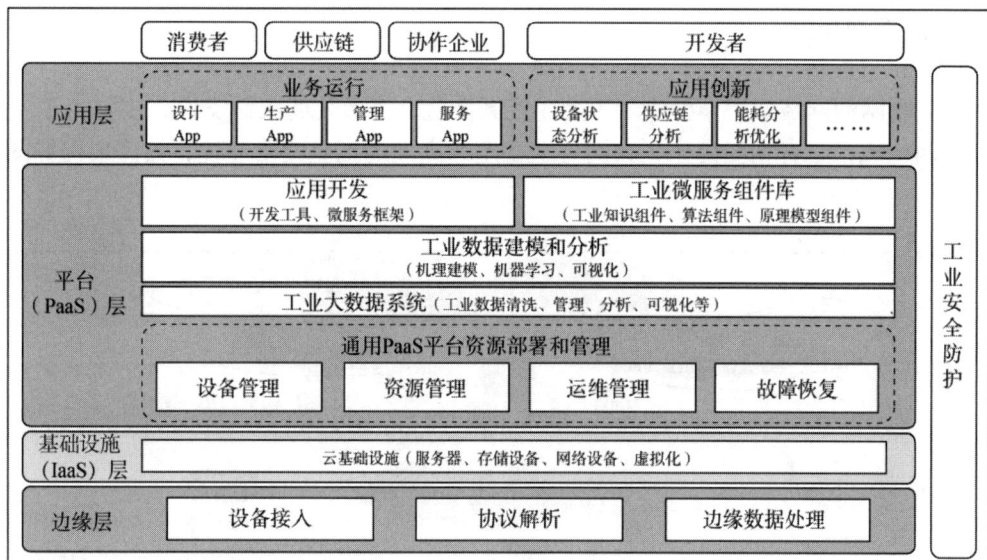

图 1-6　工业互联网平台功能架构

第一层是边缘层,通过广泛和深入的数据采集及异构数据的协议转换和边缘处理,构建了工业互联网平台的数据基础。它能够通过各种通信手段接入不同设备、系统和产品,实现海量数据的采集;利用协议转换技术实现多源异构数据的归一化和边缘集成;并利用边缘计算设备实现底层数据的汇聚和处理,并将数据集成到云端平台。

第二层是基础设施层,包括服务器、网络设备和存储设备。基础设施层支持硬件设备的外包,企业可以通过基础设施即服务(Infrastructure as a Service,IaaS)公司租用机房服务器、存储和网络硬件,从而节省场地和维护成本。全球比较著名的 IaaS 公司有亚马逊、IBM 等。使用 IaaS 无须购买硬件,而是以现收现付的方式从 IaaS 提供商处租用 IT 基础架构服务器与虚拟机、存储、网络和操作系统,并负责管理操作系统、数据和应用程序。

第三层是平台层,基于通用平台即服务(Platform as a Service,PaaS)叠加大数据处理、工业数据分析和工业微服务等创新功能,构建了可扩展的开放式云操作系统。它提供了工业数据管理能力,将数据科学与工业机理相结合,帮助制造企业构建工业数据分析能力,实现数据价值挖掘;将技术、知识和经验等资源固化为可移植、可复用的工业微服务组件库,供开发者调用;构建了应用开发环境,借助微服务组件和工业应用开发工具,帮助用户快速构建定制化的工业 App。

第四层是应用层,它形成了适用于不同行业和场景的工业软件即服务(Software as a Service,SaaS)与工业 App,从而实现了工业互联网平台的最终价值。具体来说,该层提供了设计、生产、管理、服务等一系列创新性业务应用,并构建了良好的工业 App 创新环境,使开发者能够基于平台数据和微服务功能实现应用创新。

工业互联网平台还包括涵盖整个工业系统的安全管理体系,构成工业互联网平台的基础支撑和重要保障。

1.3.3 网络架构

工业互联网的网络架构作为实现工业生产智能化、高效化的关键支撑，主要由工厂外网和工厂内网构成，二者相互协作，共同打造稳定、高效的工业网络环境，具体架构如图 1-7 所示。

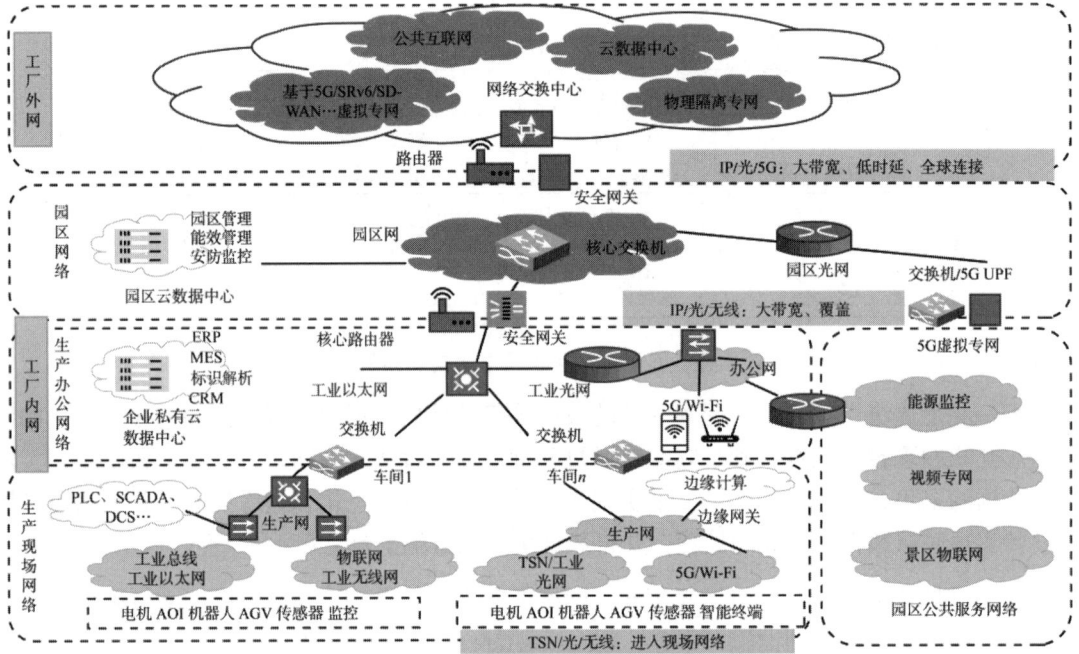

图 1-7 工业互联网网络架构

工厂外网主要包括公共互联网和专网（物理隔离专网和虚拟专网）两种形式。公共互联网是目前应用最广泛的工厂外网形式之一，为工厂提供常规的互联网接入服务。例如，员工使用 VPN 访问企业内部系统实现远程办公，上下游企业间的电子商务合作，以及工厂与用户、产品之间的信息交互等。虚拟专网是基于公共物理网络资源进行逻辑隔离的专网，主要为同一家企业的分支机构间提供高质量、高可靠的网络互联服务。物理隔离专网则为工业企业客户提供独占物理资源的私有网络，实现资源隔离、高可靠性和高安全性的企业专线服务，满足远程控制等新型工业互联网应用。工厂外网涉及的利益相关者包括基础电信企业、企业用户和产品用户。

工厂内网主要包括信息网络（IT 网络）和控制网络（OT 网络）。随着工业互联网新业务的发展，OT 和 IT 系统间需要协同，OT 网络和 IT 网络呈现融合发展的趋势。然而，基于部署范围、业务能力和安全要求等考量，"融合"并不意味着二者会合并成一个网络，逻辑上它们仍然以 OT 网络和 IT 网络的形式存在。工厂内网的利益相关者主要为工业企业业主。

理想的工业互联网网络架构需要保证工厂内网和外网之间的无缝连接。工厂内网应避免采用私有化的网络技术，建议采用标准化、通用的协议汇聚生产网、办公网、传感网络等多个子网，降低数据流动的障碍，提升网络传输效率。同时，在保证数据顺利流通的前提下，需要考虑网络安全性，在工厂内网和工厂外网连接点，布置必要的网络安全设备，实现客户敏感数据不出工厂，同时有效抵御公共互联网中各类恶意网络攻击。

在保持现有生产业务稳定运行的前提下，工厂内网引入智能化的运维管理系统，可实现对工厂内网多个子网的归一化管理。同时，与工厂内网现有生产管理系统实现连通，可实现网络与生产的联动。对于跨地域的工厂，多个异地分支机构之间存在互联，这就需要从整体层面实现对工厂外网专线的统一有效管理。

1.3.4　工业控制系统

工业控制系统（Industrial Control System，ICS）是一个综合性概念，用于描述各种类型的控制系统和相关仪表，包括用于操作和自动化工业过程的设备、系统、网络等。ICS 具备快速适应不同行业和应用场景差异的能力，能够高效地完成管理任务。目前，ICS 几乎应用于每个工业部门和关键基础设施，如在公司层面，为了进一步提升 ICS 的效能与安全性，企业构建了一套完善的网络架构体系，包括企业网络、监督网络、生产网络及集团广域网（Wide Area Network，WAN）。企业网络作为企业内部信息交流的基础平台，承担着日常办公、数据传输等任务；监督网络则专注于对 ICS 及生产过程的远程监控与数据分析，确保管理层能够实时掌握生产动态并做出科学决策；生产网络则直接连接至 ICS 的核心设备与系统，实现生产指令的下达与执行，以及生产数据的实时采集与传输；集团广域网则跨越地理界限，将集团内各分支机构、生产基地及研发中心紧密连接在一起，实现资源共享、协同作业与战略协同，推动集团整体竞争力的不断提升，如图 1-8 所示。

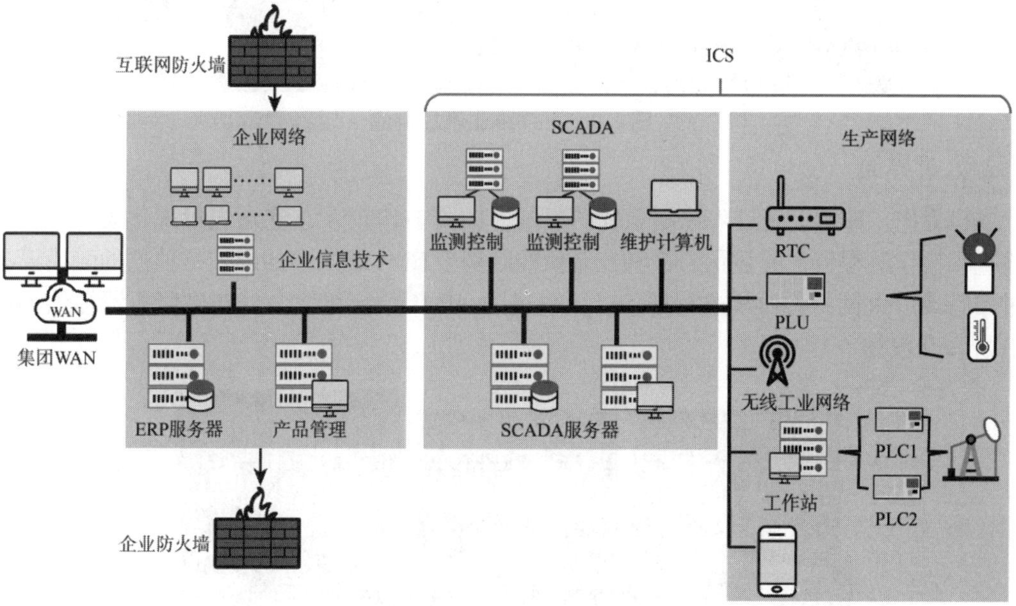

图 1-8　工业控制系统

ICS 是一个广义的概念，涵盖各种自动化系统及其设备，如可编程逻辑控制器（Programmable Logic Controller，PLC）、人机界面（Human Machine Interface，HMI）、监控和数据采集（Supervisory Control And Data Acquisition，SCADA）系统、分布式控制系统

（Distributed Control System，DCS）及安全仪表系统（Safety Instrument System，SIS）等。

1. 可编程逻辑控制器

可编程逻辑控制器（PLC）是绝大多数工业控制系统的核心。这些设备通过输入通道从传感器获取数据，并通过输出通道控制执行器的操作。一个典型的 PLC 由微控制器，以及输入和输出通道的阵列组成。输入和输出通道可以是模拟信号、数字信号或网络传输的值。这些输入/输出通道通常作为附加卡连接到 PLC 的背板上。这样一来，可以根据实际需求定制 PLC，以适应不同的功能。

PLC 的编程可以通过设备上的专用 USB 或串行接口完成，也可以借助设备内置的网络通信总线，或者采用附加卡的形式来实现。常见的网络类型包括 Modbus、以太网、ControlNet 和 PROFINET 等。

PLC 可以作为独立设备部署，用于控制制造过程中的某个部分，如单台机器。此外，也可以作为分布式系统部署，跨越多个工厂，具备数千个输入/输出节点和许多互连部件。PLC 在设计上外观紧凑，通常采用坚固的金属外壳，正面配备直观的 LED 显示屏和多个操作按钮或旋钮，便于监控系统状态与调试。其背部则设有丰富的输入/输出接口，支持多种类型信号的接入，确保与各类工业设备的灵活对接与对设备的有效控制，如图 1-9 所示。

图 1-9　可编程逻辑控制器

2. 人机界面

人机界面（HMI）是进入控制系统的窗口，如图 1-10 所示。它通过可视化运行过程，允许检查和操作过程值，并显示警报和控制值的趋势。HMI 最简单的形式是独立的触摸设备，通过串行或以太网封装协议进行通信。更先进的 HMI 系统可以为分布式服务器提供丰富的 HMI 屏幕和数据。

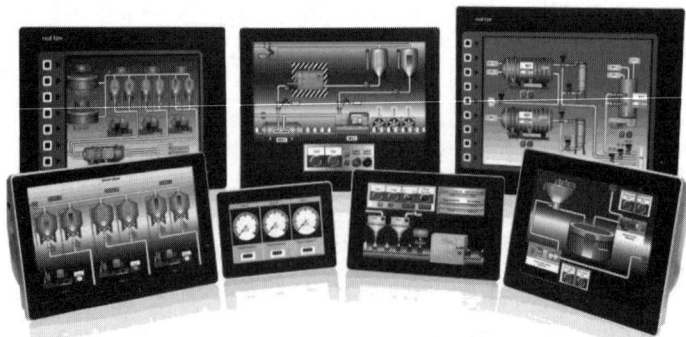

图 1-10　人机界面

3. 监控和数据采集系统

监控和数据采集（SCADA）系统是基于计算机技术的生产过程控制与调度自动化系统，用于监视和控制现场运行设备，并广泛应用于电力、冶金、石油、化工、燃气、铁路等众多领域的数据采集、监视控制及过程控制。

SCADA 系统主要由三大部分组成：控制中心、通信基础设施和远程变电站（Remote Terminal Unit，RTU）。其工作流程一般先通过人机界面实时显示来自外部控制节点的数据，这些数据经由通信链路快速传输至控制中心；然后，操作员依据界面信息监控并调整策略；随后通过同一链路向 RTU 等设备发送控制指令，实现对工业过程的精准远程监控与调节，如图 1-11 所示。根据应用需求，利用 SCADA 概念可以构建规模从几十个到几千个控制回路不等的大型系统或小型系统。

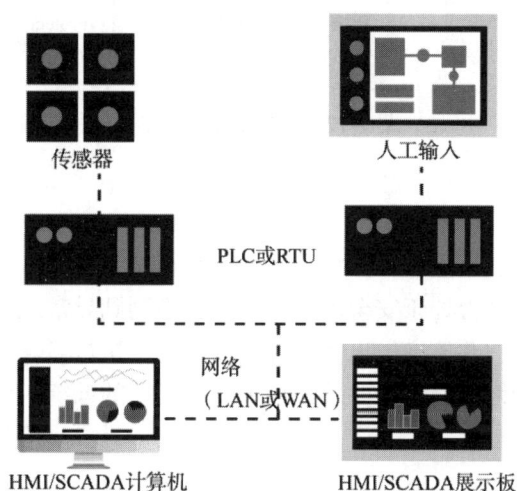

图 1-11　监控和数据采集系统

4. 分布式控制系统

分布式控制系统（DCS）与 SCADA 系统密切相关，二者之间的区别细微，在实际应用中有时难以区分。传统上，SCADA 系统被用于覆盖更大地理区域的自动化任务，而 DCS 通常限制于特定场所。DCS 通常是一个大规模、高度工程化的系统，具有非常特定的任务。它采用集中式监控单元，通过企业以太网总线实现控制中心与现场设备之间的高效通信，确保指令与数据的迅速传递。以太网工作总线进一步细化通信过程，保障数据在控制系统内部的准确传输与处理。二者协同工作，可以控制数千个输入/输出节点，如图 1-12 所示。该系统在建设时应充分考虑预留冗余设备，以适用于所有级别的安装，从冗余网络和连接到冗余服务器组的网络接口，再到冗余控制器和传感器等，以打造一个严谨且可靠的自动化平台。DCS 常见于水管理系统、造纸和纸浆厂、制糖厂等行业。

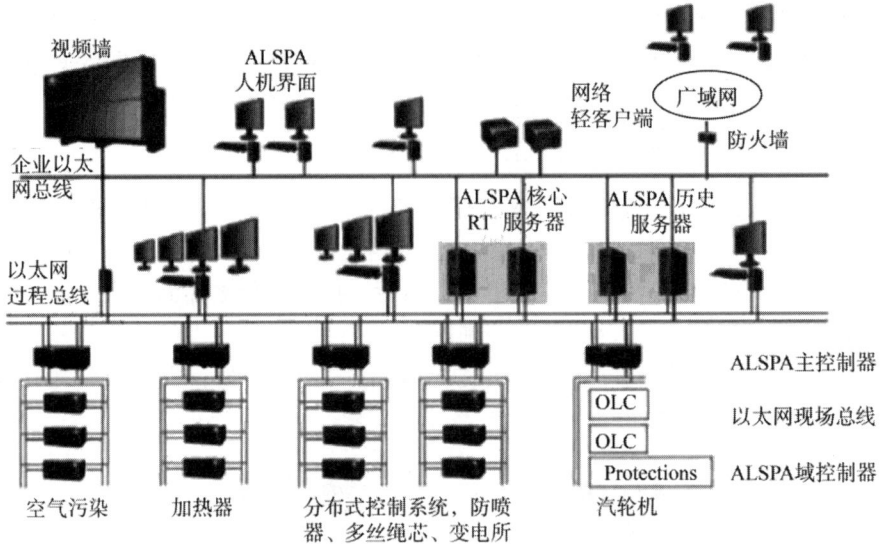

图 1-12　分布式控制系统

5. 安全仪表系统

安全仪表系统（SIS）是专门用于安全监控的系统。传感器负责实时监测工业过程中的关键参数，如温度、压力、流量等，并将采集到的数据转换为电信号。这些数据被传输至逻辑解算器以评估当前状态是否处于安全范围内。一旦检测到异常或危险情况，逻辑解算器将立即生成相应的控制信号，并传递给末控元件，如阀门、执行器等。末控元件在接收到控制信号后迅速执行动作，最终能够安全并迅速地关闭被监控的系统，或者在硬件出现故障时将系统置于预定义的安全状态。

ICS 安全涉及计算机、自动化、通信、管理、经济、行为科学等多个学科领域，并具有广泛的研究和应用价值。随着"两化"融合的推进，IT 系统的信息安全也被纳入 ICS 安全范畴。不同于传统的生产安全（Safety），ICS 网络安全旨在防范和抵御攻击者通过恶意行为制造生产事故、造成损害或伤亡。ICS 网络安全是 ICS 生产安全的重要前提，只有保障系统不被恶意攻击和破坏，才能有效地确保生产过程的安全。尽管 ICS 网络安全问题同样源于各种恶意攻击，但与传统 IT 网络安全存在显著差异，具体对比如表 1-3 所示。

表 1-3　ICS 与 IT 网络对比

对比项	传统 IT 网络	ICS 网络
体系架构	通过 TCP/IP 协议组成的计算机网络	主要由传感器、PLC、RTU、DCS、SCADA 等组成
操作系统	通用操作系统：Windows、Linux 等	广泛使用嵌入式系统：VxWorks、UNIX、Windows CE 等，并根据功能及需求进行裁剪与定制
数据交换协议	TCP/IP 协议	专用的通信协议或规约（OPC、Modbus、TCP、DNP3 等），一般直接使用或作为 TCP/IP 的应用层
系统升级	对实时性要求不高，允许传输延迟，可停机或重启	对实时性要求高，不能停机或重启，需要高吞吐量
可用性要求	允许短时间、周期性地间断或维护	要求 $24h \times 7d \times 365d$ 模式的可用性

续表

对比项	传统 IT 网络	ICS 网络
时间敏感性	允许存在一定的延时	要求实时响应
系统生命周期	3~5 年	5~20 年
信息安全意识	较好	较弱
保护措施	主要保护 IT 资产，以及存储或传输的数据信息	主要保护服务器、工作站、远程控制器和现场设备
风险管理要求	数据的机密性和完整性至关重要。容错不那么重要，一般允许暂时停机	人员安全至关重要，其次是过程保护。容错是必要的，不能暂时停机
管理支持	允许多元化的支持风格	由各系统供应商提供支持
无线技术应用	较多	起步阶段

1.3.5　终端设备

工业互联网终端设备作为工业领域智能化转型的关键节点，是专门为工业领域设计的设备，具有物联网连接能力和高效的数据处理能力。它们能够借助多种通信技术与其他设备、系统或云平台建立稳定连接，以实现设备间的数据交换和远程控制。在工业自动化、智能制造等领域，工业互联网终端设备发挥着重要的作用，推动着工业的数字化转型和智能化发展。工业互联网智能硬件主要包括以下几类：工业机器人、智能 RTU、智能装备（包括各类触觉或感应类的设备）、智能工程设备、无人机以及智能管道运输监控终端等。这些终端通过 PLC 或上位机等控制环节有机协同，将机械运动整合为智能化系统，进而构建起完备的智能硬件。

1. 生产设备

（1）智能机床。数控机床是高端装备制造业战略性新兴产业的关键组成部分。随着信息技术的发展，机床行业已进入以数控机床为代表性产品的机电一体化时代。在全球范围内，欧洲、美国、日本等工业化国家和地区已先后完成了数控机床的产业化布局，成为世界机床产业的引领者，其中，德国和日本成为世界机床产业发展的主导力量。我国作为全球最大的机床消费市场之一，在高端机床领域核心技术仍较为薄弱，当前生产主要侧重于中低端机床。

随着我国制造业产业结构优化升级、高端制造业快速发展和智能制造升级需求日益强烈，对高端数控机床产生了巨大需求。特别是在汽车、航空航天、船舶、电力设备、工程机械和 3C 行业等代表高端制造业的领域，对数控机床的性能和精度的要求不断提高，进一步推动了我国数控机床市场规模的扩大。据专业咨询公司的数控机床市场调研数据显示，2023 年全球数控机床市场规模达到了 6018.17 亿元，我国数控机床市场规模达到了 1805.45 亿元，预计到 2029 年，全球数控机床市场规模将会达到 9712.29 亿元。可见，我国数控机床市场有巨大的潜力和发展空间。

然而，目前我国机床产业在技术实力方面仍存在一些问题。一是机床精确度、稳定性、可靠性有待提升，长期运行后的性能保持能力有待提高；二是数控系统与国际先进水平存在差距，数控系统是数控机床的核心，在数控装置、交流伺服系统、检测装置、电气控制等关键部分，技术水平需要进一步提升；三是刀具等关键配套件的发展相对滞后，需要加大研发投入，提升产品质量和性能。这些问题需要产业方面持续投入研发和技术创新力量，以提高我国机床产业的技术实力，从而更好地满足市场需求并与国际先进水平接轨。

当前，数控机床正从数字化向智能化迈进。在新基建时代，智能机床产业有望迎来跨越式发展，实现自主感知、自主学习、自主优化决策和自主控制执行，从而显著提高机床加工质量和使用效率，降低生产成本。智能机床作为工业互联网时代的典型底层硬件支撑，将扮演重要角色。

近年来，大数据、云计算和新一代人工智能技术取得突破性的进展。新一代人工智能技术与先进制造技术的深度融合形成了新一代智能制造技术，成为推动新一轮工业革命的核心驱动力。新一代人工智能技术有望与数控机床深度融合，形成新一代智能机床。这一趋势将为数控机床产业带来新的变革，也将为我国机床行业提供重大机遇，有望实现"换道超车"，从"跟跑"到"领跑"。新基建投资驱动及工业互联网应用推广既对智能机床有了客观需求，又为我国机床产业的发展提供了机遇。同时面临着技术创新、市场竞争等诸多挑战。

如图 1-13 展示的是一款专为高效率、高精密创业研发设计的国产数控机床，该产品广泛应用于大型精密零件加工和精密磨具加工等场景。其特点包括优异的倒置式结构、完美的刚性与稳定性、创新的 T 形床身结构设计，以及工作台和滑座全行程支撑结构。这些特点弥补了传统 C 形立式加工中心工作台左右悬垂的缺点，达到最佳的动态水平精度和耐久度。同时，该产品提高了整体切削刚性和切削稳定性。其高精度持久性得益于所有铸件经过热处理消除应力，并在粗加工后经过振动时效处理，以确保机台高精度持久稳定。X、Y 轴导轨采用大跨距设计结构，结合床身全行程支撑，可承载高负荷加工。

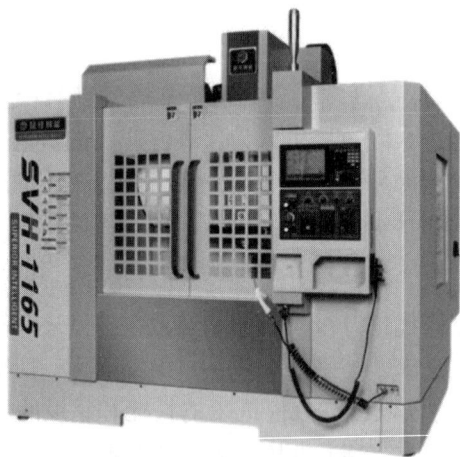

图 1-13　国产数控机床

（2）工业机器人。工业机器人是专门设计用于制造业领域的自动化机器人系统，具备多轴运动和精确定位的能力，拥有灵活的机械臂和多自由度关节，末端可搭载多种工具，适用于不同复杂作业需求，如组装、焊接、喷涂、搬运等，如图 1-14 所示。工业机器人通过预先设定的程序指令实现自主操作，减少人工干预。此外，它们配备传感器和视觉系统，以感知周围环境、进行物体识别和导航，并采取安全措施以确保与人员和其他设备的安全交互。

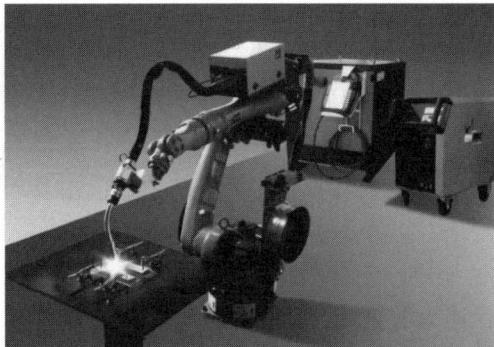

图 1-14　工业机器人

（3）工业无人机。工业无人机是专为工业领域设计的无人飞行器系统，它们融合了航空技术、传感器技术和数据处理能力，用于在工业环境中执行各种任务。工业无人机具备自主飞行、悬停和定点悬停等功能，能够高精度和高效率地完成空中巡检、测量、监测和作业任务。配备的传感器包括摄像头、热像仪、激光雷达等，用于采集各类数据和图像信息，如图 1-15 所示。通过搭载数据处理和分析算法，工业无人机能够对采集到的数据进行实时处理和分析，并将结果传输给相关设备或云平台。这些特性使工业无人机成为工业领域中被大规模应用的重要工具，为工程、勘察、监测和维护等任务提供了全新的解决方案。

图 1-15　工业无人机

2. 控制终端

（1）PLC。PLC 作为工业控制领域的核心控制器，在传统顺序控制器的基础上融合了微电子、计算机、自动控制和通信技术，配备直观的显示屏和操作按钮，形成了新一代工业控制装置，旨在取代继电器实现复杂逻辑、计时计数等顺序控制功能，建立柔性的可编程控制系统，如图 1-16 所示。PLC 可以简单地理解为一种用于特定工业环境的计算机，并具备多种优良性能。与通用的计算机相比，PLC 在工业领域的使用场景更多、适应面更广，并且具备可靠性高、抗干扰能力强和编程简单等优点。

随着工业互联网应用的深入，传统 PLC 等第三代控制系统已经不能完全满足工业智能化的需求。现在的控制系统不仅需要处理传统的温度、压力、流量和液位等信号，还要处理视觉、语音等新型信号，并支持 5G 等无线通信技术。这些要求超出了传统 PLC 的功能范围。此外，传统 PLC 厂家各自拥有专属的通信协议，不够开放、不易扩展，也不具备兼容性，这与未来智能制造的按需生产要求相悖。

图 1-16　PLC

　　现有的工业互联网平台还无法直接与传统 PLC 进行交互操作。只有采用软件定义的 PLC，如软 PLC、云化 PLC 或软逻辑，才能直接与工业互联网平台实现通信。

　　软件定义的 PLC 基于 PC 架构开发，具备硬 PLC 在功能、可靠性、速度、故障查找等方面的优点。通过软件技术，标准工业 PC 可以转换成全功能的 PLC 过程控制器。使用软 PLC 可以将应用程序和分析结果集成至机器与云端，从而实现智能化和自我感知。此外，软 PLC 可以在不更换硬件的情况下进行改变和升级，并且可以通过 API 和生态系统扩展工业互联网平台的应用范围。这种趋势将有助于推动工业智能化和数字化转型，为工业互联网时代的挑战提供更灵活的解决方案。云化 PLC 则是通过工业网关将现场设备接入云端，实现数据的实时采集与上传。在云端平台上，用户可以远程进行 PLC 的编程、配置与监控，实现集中管控。在运行时，云化 PLC 利用云端强大的计算资源处理复杂控制逻辑，确保生产线的稳定运行。同时，通过智能调度系统，云化 PLC 能够自动优化生产流程，提升整体生产效率与灵活性。

　　基于软件定义的 PLC 具备与生俱来的灵活性，能够利用虚拟化技术，通过软件设置实现控制功能的扩展，这正是未来制造最需要的控制系统。由于软件定义的 PLC 实现了硬件和软件的分离，可以通过软件来配置硬件资源，因此具有传统 PLC 所不具备的多重优势。

　　第一，软件定义的 PLC 通常没有硬件依赖性，因此容易迁移和重用软件。用户可以灵活地选择不同的供应商，也可以更换或添加组件而不影响系统的其他部分，轻松实现可扩展性和系统模块化。与传统 PLC 需要专业自动化工程师使用梯形图、结构化文本等编程方式相比，软件定义的 PLC 可以用高级语言编程（如 C 或 C++），从而简化编程过程。

　　第二，软件定义的 PLC 采用最新的处理器，CPU 的性能要比传统 PLC 强很多，一个 CPU 可以虚拟出多个 PLC，同时控制更多的设备。此外，软件定义的 PLC 可以处理语音、视觉及未来 5G 等新的数据，并且可以直接运行各类行业算法和工业 App，减少对工业控制机和服务器的依赖。因此，软件定义的 PLC 为制造业提供了更加灵活、高效的控制系统解决方案，契合智能制造发展趋势。

　　（2）智能 RTU。智能 RTU 是一种集数据采集、处理、传输和控制于一体的终端设备。它具备物联网连接能力，通过各种通信方式与远程监测和控制系统进行通信。配备多种接口和传感器，可以实时采集和监测各种工业参数，如温度、压力、流量等，如图 1-17 所示。此外，智能 RTU 还具备较强的数据处理能力，能够对采集到的数据进行分析、计算和存储，并实现本地控制和决策。通过与物联网连接，智能 RTU 能够将采集到的数据传输给上层的监控系统或云平台，实现远程监测、控制和管理。智能 RTU 在工业自动化和远程监测系统中发挥着重要作用，为工业生产提供了高效的数据采集、处理和传输解决方案。

图 1-17　智能 RTU

在智能化背景下，智能RTU遥测终端已经逐渐融合了计算机信息技术、信号处理技术、通信技术及图像传输技术等多种高新技术。与传统的 RTU 系列产品相比，智能 RTU 遥测终端更加强调数据处理的一体化，可以在现场实现数据采集、计算与差异分析，更好地实现了信息的采集、管理与传递。这种趋势使得智能 RTU 在工业领域发挥着越来越重要的作用，为生产运营提供了更全面、高效的数据处理和应用解决方案。

遥测终端机 RTU 除在传统的工业生产过程中有着大量应用外，在当前许多行业也有着广泛的应用。例如，大气、水质等环境监测；城市废水处理系统；城市煤气管网综合调度系统；城市供水自动化控制系统；灯塔信标、江河航运、港口、矿山调度系统；电力远程数据监控系统；天然气、石油行业自动化系统；热网管道自动化控制；水情水文测报系统等。随着物联网行业的不断发展，越来越多的智能设备都将在该领域发挥重要作用，遥测终端机 RTU 的需求将进一步增加。

与常用的可编程控制器 PLC 相比，智能 RTU 通常具有优良的通信能力和更大的存储容量，适用于更恶劣的温度和湿度环境，并提供更多的计算功能。同时，RTU 远程遥测终端提供 RS232/RS485 接口、模拟量/开关量输入接口等多种接口，满足工业领域前端设备接入的需求。此外，它还兼容全网通 5G/4G/3G，可采用市电、电池、太阳能对设备供电，解决了工业领域传输、取电等问题。因此，智能 RTU 的广泛应用为各行业提供了高效的远程监测和控制解决方案，对实现智能化管理起到了重要作用。

3. 传感设备

工业控制系统通过各种信息传感设备、RFID 技术、全球定位系统、红外感应器、激光扫描器等物联网技术，实时采集任何需要监控、连接、互动的物体或过程，采集其声、光、热、电、力学、化学、生物、位置等需要的信息，如图 1-18 所示。通过网络接入，实现物与物、物与人的广泛连接，进而实现对物品和过程的智能化感知、识别和管理。由于应用场景和功能需求的多样性，传感设备在设计上各具特色，每种设计都精准服务于特定监测任务。物联网设备通过将各种终端智能设备和传感设备科学合理地组织并协同起来，构建了适用于不同场景的智能硬件或装备体系，为工业智能化提供了基础感知支持。

图 1-18　传感设备

1.4　工业互联网产业现状

工业互联网在国家发展中扮演着至关重要的角色，发挥着极为重要的作用。它通过将物理世界和数字世界相连，实现设备、数据和人员之间的智能交互和协同，从而推动了生产效率的显著提升、资源的优化配置、创新能力的增强和产业结构的全面升级。工业互联网的应用使得企业能够更加高效地运营和管理生产过程，减少资源浪费，提高产品质量和服务水平。同时，它为企业提供了更广阔的创新空间，促进了技术研发和产业升级。通过工业互联网的推动，国家能够提升竞争力，实现可持续发展，走向经济高质量发展的道路。纵观中国的工业发展历史，从工业化体系到人工智能，从传统制造业到万物互联，我国一步步地升级产业，最终在一些领域走在了世界前列，即使面临重重困难，也无法阻止我国走向未来的坚定决心。

工业互联网作为未来制造业数字化、网络化、智能化变革创新的关键基础设施，与制造强国和网络强国建设紧密相关，是功在当代、利在长远的系统工程。"十四五"规划、"互联网+"行动计划、制造业与互联网融合发展等文件中都提出发展工业互联网。尽管当前美国、德国、日本、法国等制造强国围绕工业互联网的产业竞争日渐加深，但普遍处于探索阶段，技术、标准尚未取得实质性突破。在此形势下我国应当抓住这一宝贵的发展契机，加快全产业统筹协同，加强国内外交流合作，努力形成具有中国特色的技术和标准。

1. 国家政策积极推动

近年来，为推动工业互联网快速发展，我国陆续出台了一系列相关政策。工业互联网连续 8 年被写进政府工作报告，具体情况如表 1-4 所示。2025 年 3 月，国务院发布《2025 年国务院政府工作报告》，提出大力推进新型工业化，做大做强先进制造业，扩大 5G 规模化应用，加快工业互联网创新发展。

表 1-4　工业互联网连续 8 年被写进政府工作报告

文件名称	发布时间	相关内容
《2018 年国务院政府工作报告》	2018 年 3 月	加快制造强国建设。推动集成电路、第五代移动通信、飞机发动机、新能源汽车、新材料等产业发展，实施重大短板装备专项工程，推进智能制造，发展工业互联网平台

续表

文件名称	发布时间	相关内容
《2019 年国务院政府工作报告》	2019 年 3 月	推动传统产业改造提升。围绕推动制造业高质量发展，强化工业基础与技术创新能力，促进先进制造业和现代服务业融合发展，加快建设制造强国。打造工业互联网平台，拓展"智能+"，为制造业转型升级赋能
《2020 年国务院政府工作报告》	2020 年 5 月	推动制造业升级和新兴产业发展。支持制造业高质量发展。发展工业互联网，推进智能制造，培育新兴产业集群
《2021 年国务院政府工作报告》	2021 年 3 月	发展工业互联网，搭建更多共性技术研发平台，提升中小微企业创新能力和专业化水平。加强质量基础设施建设，深入实施质量提升行动，促进产业链上下游有效衔接，弘扬工匠精神，以精细细作提升中国制造品质
《2022 年国务院政府工作报告》	2022 年 3 月	建设数字信息基础设施，推进 5G 规模化应用，促进产业数字化转型，发展智慧城市、数字乡村。加快发展工业互联网，培育壮大集成电路、人工智能等数字产业，提升关键软硬件技术创新和供给能力
《2023 年国务院政府工作报告》	2023 年 3 月	促进数字经济和实体经济深度融合。持续推进网络提速降费，发展"互联网+"。移动互联网用户数增加到 14.5 亿户。支持工业互联网发展，有力促进了制造业数字化、智能化
《2024 年国务院政府工作报告》	2024 年 3 月	要深入推进数字经济创新发展。实施制造业数字化转型行动，加快工业互联网规模化应用，推进服务业数字化，建设智慧城市、数字乡村
《2025 年国务院政府工作报告》	2025 年 3 月	大力推进新型工业化，做大做强先进制造业，扩大 5G 规模化应用，加快工业互联网创新发展

2. 工业互联网是促进我国经济高质量发展的重要力量

当前，工业互联网融合应用向国民经济重点行业广泛拓展，已覆盖国民经济 45 个大类，形成了平台化设计、智能化制造、网络化协同、个性化定制、服务化延伸、数字化管理六大新模式，逐渐成为工业经济高质量发展的重要力量。

（1）工业互联网标识解析体系全面建成。东、西、南、北、中五大国家节点和两个灾备节点全部上线，二级节点实现了 31 个省（区、市）的全覆盖，为近 24 万家企业提供服务，共培育 240 余个有影响力的工业互联网平台。其中，跨行业、跨领域平台达 28 个，有力促进了产品全流程、生产各环节、供应链上下游的数据互通和资源协同，加速了企业数字化转型。

（2）"5G+工业互联网"512 工程圆满收官。打造了 5 个产业公共服务平台，为工业企业应用 5G 技术提供服务支撑。在汽车、采矿等 10 余个重点行业建设了 4000 多个项目，协同研发设计、远程设备操控等 20 个典型应用场景加速普及，有力促进了企业提质增效、降低成本。工业 5G 融合产品日益丰富，模组价格较商用初期下降了 80%。各地掀起了 5G 全连接工厂建设热潮，加速 5G 向生产核心控制环节进一步深化拓展。

（3）行业标准体系进一步完善。通过实施工业互联网创新发展工程，加快关键技术产品的攻关和产业化进程，我国发布一批国家标准、行业标准和团体标准，进一步完善了标准体系，有效解决了产业发展中的短板和弱项问题。

3. 工业互联网产业生态基本形成

工业互联网的产业链较长且各环节协同性强。产业链上游通过智能设备进行大数据收集，中游平台进行数据处理，然后在下游企业中应用这些数据。产业链的任何一个环节缺失，都会导致整个产业链的效用无法充分发挥。相比个人消费品电商领域，工业企业的交易更具有不确定性，这使得工业互联网的发展相对处于初级阶段。目前，我国工业互联网的产业链主要分为网络层、边缘层、IaaS 层、平台层、应用层及下游应用企业，分别处于产业链的上、中、下游环节。这些环节构成了工业互联网的网络、平台和安全三大体系。在上游环节，主要涉及智能终端生产设备、网络技术等基础保障。代表性的企业有耐威科技、新时达、思科、中兴、华为等。中游环节主要为工业互联网提供开发环境、运营环境、软件应用和安全保障等。具体涉及边缘数据处理、云计算、互联网平台、工业 App 等。相关企业包括海尔、阿里巴巴、阿里云、东方国信等。下游环节是指工业企业主要应用工业互联网场景的领域，包括高耗能设备、通用动力设备、新能源设备和高价值设备等，如图 1-19 所示为工业互联网产业链。工业互联网的本质是将现代化技术（如信息技术、互联网技术等）与工业制造、工业生产相结合，以构建工业生态新模式。

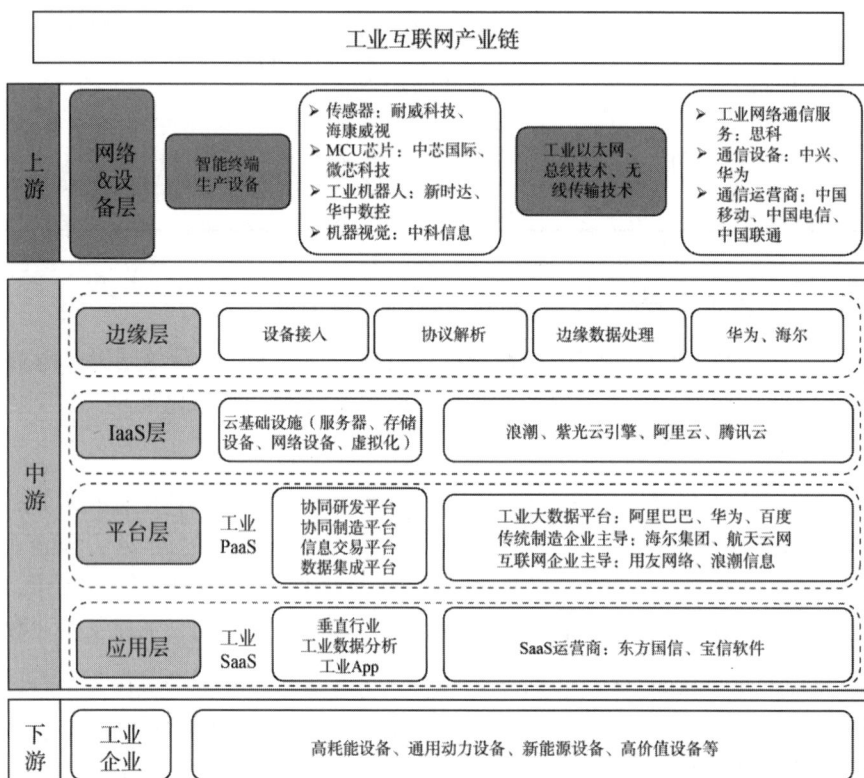

图 1-19　工业互联网产业链

1.5　工业互联网发展趋势

党的二十大报告提出，发展经济应以实体经济为核心，积极推进新型工业化，加速建设制造强国和网络强国。在此指引下，我国正积极推动工业互联网发展，以实现数字经济与实体经济的深度融合。在数字技术赋能实体经济的大背景下，各行业正寻求适应自身需求的数字化转型方案，对转型的深度和广度提出更高要求。工业互联网的本质是通过新型网络平台，整合新型信息技术和传统工业技术，连接设备、生产线、员工、工厂、仓库、供应商、产品和客户等要素，实现工业生产的数字化、网络化、自动化和智能化。如何以通用性工业互联网平台满足企业多样化需求，是业界持续探索的问题。当前，我国工业互联网正处于关键发展阶段，能否构建起满足产业链上下游盈利需求的商业模式，是实现产业可持续发展的关键。

目前，工业互联网平台已广泛应用于部分场景。随着数字化转型的深入，更多专业场景的数字化应用逐渐成熟，呈现"由广及深"的发展态势。特别是近年来，"5G+工业互联网"在工业研发设计、生产制造、质量检测、故障运维、物流运输、安全管理等环节发挥赋能作用，协同研发设计、远程设备操控、设备协同作业、柔性生产制造、现场辅助装配、机器视觉质检、设备故障诊断、厂区智能物流、无人智能巡检、生产现场监测等典型应用场景实现规模化发展。

随着新技术的不断涌现，以及新需求、新场景的出现，工业互联网技术及应用也在不断更新迭代。

1. "5G+工业互联网"走实走深，5G 全连接工厂迈向规模化

《"5G+工业互联网"512 工程推进方案》已完成，5G 与工业互联网融合加深，赋能路径明确。5G 全连接工厂发展正当时，推动 5G 技术与工业制造深度融合，加速"5G+工业互联网"新技术、新场景、新模式在工业生产各领域各环节的深度拓展。《工业互联网创新发展行动计划（2021—2023 年）》首次提出打造 5G 全连接工厂。工业和信息化部 2022 年 9 月发布的《5G 全连接工厂建设指南》将 5G 全连接工厂建设提升至战略高度，为工厂发展提供智能化生产选择，为行业带来更便捷、高效的生产方式。随着 5GR17 标准的冻结、工厂园区 5G 网络覆盖加强和 5G 专网建设加速，产线级、车间级、工厂级等不同类型 5G 全连接工厂数量将迎来爆发式增长。

2. 人工智能加速从连接到内容迁移，助力实现供需精准对接

随着工业互联网的日益普及，人工智能可以发挥作用，挖掘未被利用的数据价值。工业互联网平台可以整合海量的企业需求和应用能力，借助人工智能和大数据技术，快速帮助企业找到问题，并推荐与之匹配的解决方案，精准对接服务商，从而推动企业数字化转型升级。随着人工智能技术在工业各领域、环节和产品中的深度融合，更多的人工智能算法将沉淀在平台上，实现标准化和通用化。工业互联网智能化开始从企业内部的单点应用向产业链各环节的数据价值发现方向迈进，围绕更大范围的产业链数据，为企业提供供应链优化、物流调度优化、市场销售预测等方面提供决策辅助支持。

3. 海量工业数据汇聚，工业数据智能迎来规模应用

工业互联网平台汇聚了大量工业数据，通过数智化技术的融合应用来创造业务价值。目前，许多行业正在逐渐挖掘工业数据的价值，通过工业数据智能技术在设备预测性维护、运行优化、质量寻优、能耗优化等领域进行初步尝试和应用。这些应用得到了行业用户的认可，证明了其应用效果和价值。随着工业智能的逐步落地，以数据模型驱动的创新场景越来越丰富，工业数据智能已经跨越了初级发展阶段，"数智化"已成为头部企业数字化转型的重要趋势。在技术日趋成熟和内需逐渐释放的双重条件催化下，工业数据智能将在更多的工业场

景中大规模落地应用。因此，开发满足用户需求的智能化应用成为平台服务商需要重点投入的方向。

4. 全栈工业互联网服务规模下沉，推动产业集群数字化转型加速

数字经济正在全面拓展，工业互联网作为重要抓手将进一步向区域产业集群规模化渗透。产业集群内的中小企业亟需体系化、结构化的工业互联网新技术、新模式和新应用来助力高质量发展，也成为园区实现数字化转型的关键路径。行业头部企业通过多年的实践探索，以供应链和产业链为引领，以共性场景为突破，通过全流程、全场景的咨询服务，以及构建"平台+服务"模式，由点到线再到面，带动更多区域产业集群协同转型。未来，全栈工业互联网服务体系将日益完善，中小企业的技术门槛及上云成本将大幅降低，促进敏捷创新。区域产业集群的数字化转型将与行业头部企业一同迎来全新的转型路径，共同分享数字经济红利。园区数字化转型也将加快与区域、供应链和产业链的协同，工业互联网一体化进园区的步伐将加速。

5. 从供应侧转向需求侧，工业互联网平台"链式"应用成为新模式

当前，工业互联网的发展已经从供给侧的平台建设和技术迭代，转变为需求侧的用户价值和需求定义。企业数字化需求也不再局限于单一业务环节的应用和业务系统的集成，而是聚焦于以数据驱动的战略目标实现和发展模式创新。未来，以链主企业为引领，将进一步强化链式发展，通过建设工业互联网平台来带动全链数字化改造和加速上云和上平台的进程。这不仅涉及资源、数据、业务的协同，还关乎场景、服务、生态的协同，以及生产方式与管理模式的创新。这将推动供应链和产业链上下游实现制造资源、制造知识、制造能力的跨企业协同合作。

6. 自主可控共识增强，开源生态建设路径逐渐明晰

工业互联网的发展必须立足于生态体系建设。产业开放和技术开源相互连接和支撑，推动开放产业体系和开源技术体系的建设，对我国工业互联网加快发展新优势具有重要意义。根据《中华人民共和国国民经济和社会发展第十四个五年规划和 2035 年远景目标纲要》，我国支持数字技术开源社区等创新联合体发展，支持具有自主核心技术的开源社区、开源平台、开源项目。特别是在开源软件方面，这有利于实行"引进、消化、吸收、再创新"。长期以来，我国多个重点制造领域一直依赖国外工业软件，因此在开源的同时，为了确保工业安全和国家安全，自主可控已经成为业内共识。未来，开源生态的重点将是软件开发生态的建设，加速汇聚和培育开源人才，加速孵化具有自主可控技术和产品的工业软件企业，并围绕工业企业应用场景提供丰富的解决方案。通过工业软件新生态的建设，开源生态建设的解决方案和路径将变得更加明确。

我国工业互联网已经从探索起步阶段迈入了产业深耕和赋能发展阶段。随着国家及地方政策、产业布局的持续完善，工业互联网在基础设施建设、融合应用拓展等方面的发展将迈上新台阶，并持续赋能各行各业数字化转型向纵深推进，为经济提质增效注入强大动力。

参 考 文 献

[1] 中国工业互联网产业联盟. 工业网络 3.0 白皮书（2022）[R]. 北京: 中国信息通信研究院, 2023.

[2] 王峰. 工业互联网的重大意义和产业推进思考[J]. 电信网技术, 2016, (8): 36-39.

[3] 中国工业互联网产业联盟. 工业互联网标识解析标准化白皮书（2020）[R]. 北京: 中国信息通信研究院, 2021.

[4] 中国工业互联网产业联盟. 工业互联网平台白皮书（2017）[R]. 北京: 中国信息通信研究院, 2018.

[5] 中国工业互联网产业联盟. 工业互联网网络连接白皮书（2.0 版）[R]. 北京: 中国信息通信研究院, 2021.

[6] 中国工业互联网产业联盟. 中国工业互联网投融资报告（2021 年）[R]. 北京: 中国信息通信研究院, 2022.

[7] 中国工业互联网产业联盟. 中国工业互联网发展成效评估报告（2021）[R]. 北京: 中国信息通信研究院, 2021.

[8] CRN. 2024 年上半年典型的网络攻击事件大盘点[N]. 洞察眼 MIT 系统, 2024-07-20.

[9] Applied Materials. 全球关键半导体厂商因勒索攻击损失超 17 亿元[N]. 安全内参, 2023-02-20.

[10] 希腊教育部.希腊教育部遭遇最严重网络攻击: 全国考试被干扰引发政治动荡[N]. 安全内参, 2023-05-31.

[11] FreeBuf. 2023 年度全球重大关键安全事件 TOP 10 | FreeBuf 年度盘点[R]. 2024-01-03.

[12] GoUpSec. 针对能源巨头！首例大规模二维码网络钓鱼攻击曝光[N]. 安全内参, 2023-08-18.

[13] 奇安网情局. 美国研究和咨询公司深度分析 CrowdStrike 中断事件[N]. 安全内参, 2024-07-23.

[14] 中商产业研究院. 2022 年中国工业互联网产业链上中下游市场及企业剖析[N]. 安全内参, 2024-07-23.

第 2 章

工业互联网安全威胁

工业互联网涉及关键基础设施、生产过程和重要数据，其安全性至关重要。工业互联网面临着勒索病毒攻击、供应链攻击、拒绝服务攻击等多种攻击方式，攻击者可能试图入侵、破坏或干扰工业系统和网络。

2.1 工业互联网安全的风险来源

工业互联网安全的风险主要来自设备安全、控制安全、网络安全、应用安全、数据和平台安全等方面，如图 2-1 所示。

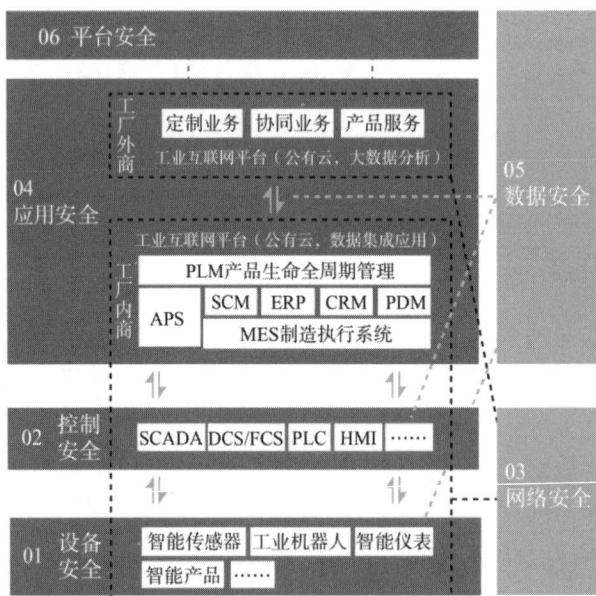

图 2-1 工业互联网安全总览

1. 设备安全

在工业互联网架构中，前端设备承担着数据采集的关键任务。随着智能设备的数量呈爆发式增长，其安全防护短板逐渐凸显，许多设备直接暴露于互联网环境中，极易遭受非法操控。沦为 DDoS 攻击和恶意软件传播的工具，安全风险日益加剧。其中，智能设备的固件漏洞尤为突出，成为攻击工业互联网其他系统和网络的潜在入口。值得注意的是，智能设备安全问题往往与生产厂商在开发过程中忽视漏洞排查和修复有关，以及产品质量把控的欠缺，致使设备系统和应用程序存在大量可被黑客利用的安全漏洞。

2. 控制安全

控制系统的安全管理，是工业企业安全事故的高发环节。这些风险主要集中于工业控制系统中的主机、网络、设备及控制协议，可能涉及输入校验不足、权限授权和访问控制不严格、身份验证机制不完善、配置和维护不力、凭证管理混乱，以及过时的加密技术等多方面。众多工业控制系统在开发阶段忽视了安全性，导致系统设计存在缺陷，并且在部署后缺乏及时的更新和修补，从而留下了大量安全漏洞。比如，部分企业仍在使用过时的操作系统，容易遭到黑客攻击；当制造商进行远程系统和设备维护时，可能将生产网络直接暴露在公共互联网上。

3. 网络安全

工业互联网的核心在于"互联互通"，这一过程中不可避免地会带来网络连接的安全威胁。数控系统、PLC 和应用服务器相连，构建了工业网络；工业网络与办公网络相连则构成了企业内部网络。除此之外，企业内部网络还需与外界网络建立连接。在此过程中，攻击者有可能在研发、生产、管理、服务等多个环节，对工业互联网发起网络攻击或病毒传播，如表 2-1 所示。

表 2-1 工业企业网络安全风险概述

工业企业网络安全类别	安全风险简介
工业企业内部网络安全	内部工业生产网络缺乏安全机制
制造资源接入安全	用户企业内部的恶意代码通过接入层网络进入工业互联网平台
网络边界安全	内外网纵向互通、控制区域横向互联
网络通信安全	物理攻击、消息篡改、信息泄露、数据监听、侧信道攻击等
身份认证安全	弱口令、未授权访问、权限绕过等

4. 应用安全

随着工业互联网推动新商业模式和产业生态的发展，相关应用在数量和类型上均呈现快速增长的趋势。支持工业互联网智能化生产、网络化协作、个性化定制和服务化拓展的应用程序同样需要面对安全保护和检测的挑战，涉及各类应用所依赖的软件、App、Web 系统等。

5. 数据安全

工业互联网涉及的数据种类繁多，保护需求各异，数据流向和路径错综复杂，设计、生产、操作等关键数据在云平台、用户端和生产端之间流动，单一或分散的数据保护措施难以有效保障数据安全。工业互联网承载的重要工业数据，对企业生产、社会经济乃至国家安全都具有重大意义，这些数据一旦被盗窃、篡改或流向国外，可能给国家安全带来严重的威胁。

6. 平台安全

工业互联网平台面临的主要风险源于平台与企业对接时的数据收集、通信协议转换、边缘计算等环节，这些环节易遭到数据篡改、数据盗窃和终端安全漏洞攻击等威胁，如图 2-2 所示。

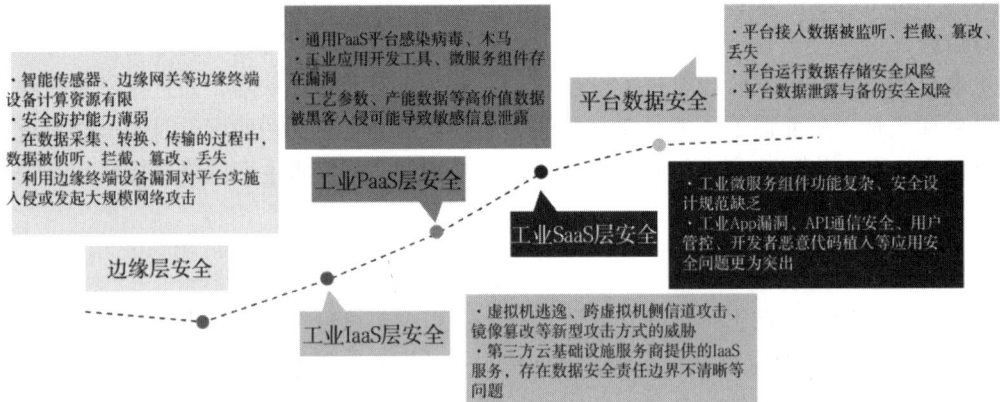

图 2-2　工业互联网平台安全风险

当前，工业互联网安全面临以下五大挑战。

第一，安全投入不足。发展重于网络，业务系统优先于信息安全。在国内市场中，网络安全的投入仅占 IT 总投入的 2%，工业控制系统的信息安全投入又不到网络安全投入的 20%，并且工业企业年度预算中对信息安全的分配微乎其微。安全资金不足，难以支撑全面的安全防护体系建设。

第二，安全态势监测不到位。工业控制系统通常具有 15 ~ 20 年的使用周期，由多个设备供应商和集成商共同建设，并依赖第三方维护，资产清单散布于不同单位和人员手中，缺乏完整记录。随着设备和网络的动态变化，资产目录不明确，导致资产情况不明、安全态势不透明，风险预警机制缺失。

第三，网络连接混乱。为满足生产便捷性需求，工业环境中的智能传感器、设备、机器和应用系统不断联网，与办公网络、互联网甚至第三方网络连接。在日常维护中，个人设备如笔记本式计算机、手机等被非法连接到生产网络，导致网络边界变得模糊，安全措施难以有效实施。

第四，防护措施落后。工业控制系统的特殊性，使得常规信息安全防护措施无法直接应用。工业主机运行的操作系统多为过时的 Windows XP 或更老旧的操作系统，存在大量安全漏洞，补丁更新困难，并且因各种原因未能及时更新，而微软也已不再提供更新支持。

第五，研究力量分散。我国在工业互联网安全领域的研究力量较为分散，缺乏专注于工业控制安全的权威机构，技术保障体系尚不完善，对工业控制系统的态势感知、防控、应急响应及风险分析等方面，仍处于初级阶段。

2.2　工业互联网安全面临的主要挑战

2.2.1　攻击类型

1. 漏洞利用

漏洞利用是指黑客利用软件中的漏洞绕过计算机的安全保护措施，实现设备感染。黑客会扫描包含关键漏洞的过时系统，然后通过部署恶意软件来攻击它们。通过在漏洞利用中嵌入 shellcode，恶意黑客可以下载更多恶意软件，这些恶意软件会感染设备并侵入组织。漏洞利用工具包集成了多种漏洞利用方式，可扫描不同类型的软件漏洞。一旦检测到漏洞，这些工具包就会部署其他恶意软件。可能被感染的软件包括 Adobe Flash Player、Adobe Reader、Web 浏览器、Oracle Java 和 Sun Java。Angler/Axpergle、Neutrino 和 Nuclear 是常见的漏洞利用工具包。漏洞利用和漏洞利用工具包通常通过恶意网站或电子邮件附件来破坏网络或设备，但有时它们也会隐藏在合法网站的广告中，甚至网站运营者都难以察觉。

【案例】2024年2月，Gotham Security公司的研究团队发现，在广泛应用的ConnectWise ScreenConnect 中存在两个漏洞（CVE-2023-47257 和 CVE-2023-47256），这可能导致数万家企业遭受重大网络攻击。ConnectWise ScreenConnect 是一款远程控制软件，应用于全球 IT 管理服务提供商（Managed Service Provider，MSP）。如果黑客利用两个漏洞发起 0day 攻击，可能导致MSP及其客户遭到攻击。黑客可从局域网获得对所有工作站和服务器的访问权限，之后将权限提升为被攻击系统的本地管理员。ConnectWise 公司很快意识到相关漏洞被利用的风险，并采取了紧急预防措施，并在漏洞披露后数天内发布了安全补丁。国际信息系统审计师（Certified Information Systems Auditor，CISA）发布的安全通告表示，如果 ConnectWise 的合作伙伴和终端客户无法升级到最新版本，就应该立即关闭所有本地 ScreenConnect 服务器。

漏洞利用类型主要涉及未经授权的访问、远程命令执行、文件传输、敏感信息泄露及SQL 注入等，其中大多数是已知的历史漏洞，而非尚未公开的 0day 漏洞。这些历史漏洞的存在通常是因为应用程序未能及时升级更新。这反映了网络运维人员在动态监控网络资产、常态化巡检和应对已知漏洞及安全威胁方面存在不足。

工业互联网漏洞是指工业控制系统、设备或网络中的安全缺陷，这些缺陷可能因软件错误、配置失误、设计缺陷或不当操作而产生，攻击者可能会利用这些漏洞进行非法访问、系统操控或其他恶意行为。

工业互联网的安全漏洞可能带来严峻的后果和潜在的危险。这些系统的漏洞若被黑客利用，则可能引发未授权访问、远程操控、数据篡改或设备失效等问题。黑客可能会通过这些安全缺陷入侵系统、窃取机密信息、干预生产活动，甚至导致生产中断、质量缺陷或灾难性事故的发生。

2. 勒索软件

工业互联网勒索软件是专门针对工业控制系统和工业互联网环境的恶意程序，如图 2-3 所示。它的主要目的是通过网络攻击手段向企业或用户索取赎金。这种软件通过利用安全漏洞、发送钓鱼邮件和网页植入恶意代码等方法传播，并通过锁定屏幕、窃取数据、加密文件和硬盘等手段威胁或强迫受害者支付赎金。

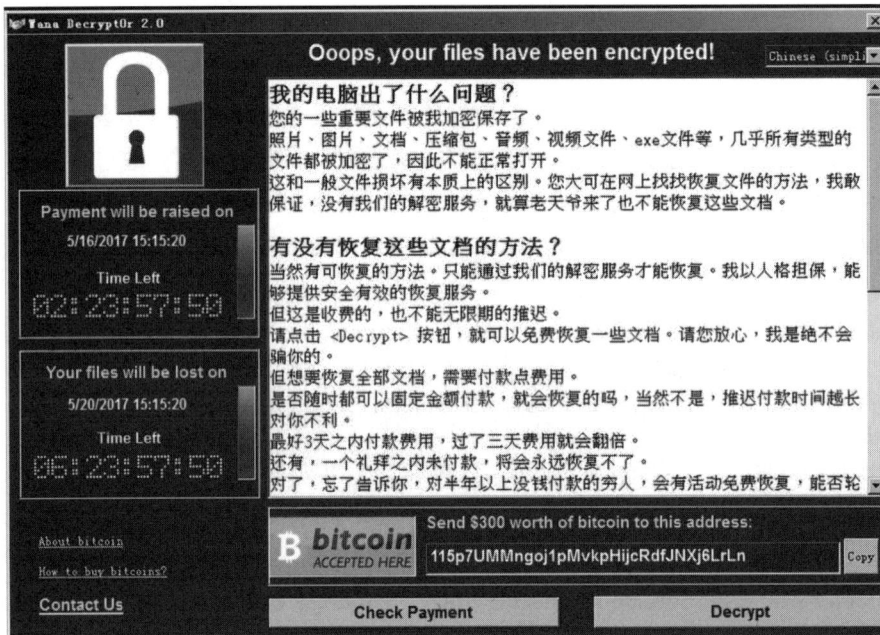

图 2-3　工业勒索软件

【案例】全球关键半导体厂商因勒索攻击损失超 17 亿元。全球最大的半导体制造设备和服务供应商美国应用材料（Applied Materials）公司因一家上游供应商遭到勒索软件攻击而受到影响，预计造成 2.5 亿美元（约合人民币 17.17 亿元）的损失。

据国外安全公司 Dragos 统计，在 2023 年第二季度追踪的 253 起勒索软件事件中，有 177 起涉及制造业公司。制造业是工业勒索软件攻击增长最快的领域，而勒索软件攻击已成为制造业最大的威胁。

最早的勒索软件攻击只要求受害者通过支付赎金，以换取重新访问受影响的数据或使用被感染设备所需的加密密钥。通过定期或连续进行数据备份，企业可以限制此类勒索软件攻击的成本，并且通常可以避免支付赎金的情况。近年来，勒索软件攻击已经演变为包括双重勒索和三重勒索诡计，让受害者面临的风险大幅增加。即使对于严格维护数据备份或支付初始赎金要求的受害者也是如此。双重勒索攻击增加了受害者面临数据失窃并被泄露到网上的威胁。三重勒索攻击会增加使用被盗数据攻击受害者的客户或商业伙伴的威胁。

随着 ChatGPT 等众多 AI 服务的兴起，勒索软件攻击的难度与成本均大幅降低。不法分子通过 ChatGPT 完成勒索软件优化，利用 AI 和机器学习来增强勒索软件攻击的能力与效率，包括更令人信服的网络钓鱼尝试、自动恶意软件创建、逃避安全措施、个性化的社会工程攻击等，这让传统防御机制更难检测和预防它们。

犯罪团伙的勒索手法也层出不穷,从数据加密、泄露转向数据删除。数据删除比加密更快,而且代码编写也容易得多,不需要进行复杂的公私钥处理,也不需要在受害者支付赎金后提供复杂的解密代码来挽回损失。当数据被破坏时,如果企业没有备份,就只能要么付钱,要么丢失数据。

3. DDoS 攻击

拒绝服务(Denial of Service,DoS)攻击是一种网络安全威胁,旨在令目标系统无法正常服务或响应用户需求。在工业互联网领域,攻击者可能通过耗尽工业设备和系统资源、占用网络带宽或利用系统安全漏洞等方式,阻断合法用户的请求处理能力或引发系统瘫痪。

分布式拒绝服务(Distributed Denial of Service,DDoS)攻击是一种常见的 DoS 攻击方式。DDoS 攻击者通过控制大量的网络设备(如个人计算机、服务器、物联网设备)向攻击目标(如网站、Web 服务器、网络设备等)发出海量但并不是出于正常业务需要的访问请求(见图 2-4),以耗尽目标系统或网站的资源,让用户无法正常使用该系统或访问该网站,从而达到破坏网站或在线服务正常运营的目的。

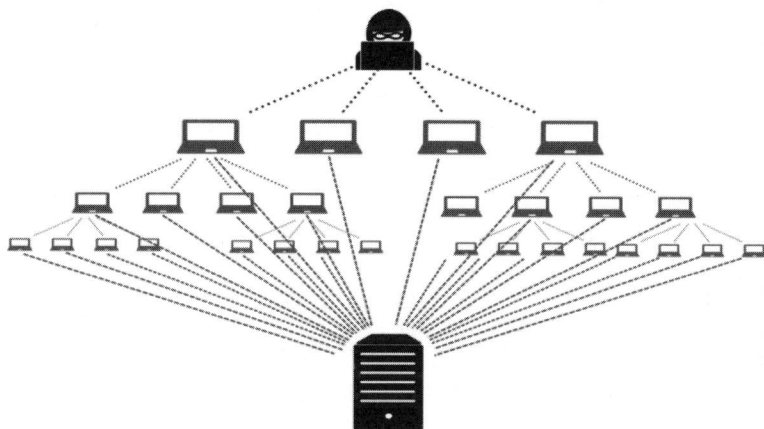

图 2-4　分布式拒绝服务攻击

DDoS 攻击主要通过恶意流量消耗网络或网络设备的资源,从而导致系统无法正常运行或在线服务无法正常提供。这种攻击不仅会导致源站服务器无法提供服务,用户无法访问业务,还可能导致数据泄露。尤其是在存在恶性竞争的环境下,竞争对手可能会利用 DDoS 攻击来获取竞争优势。攻击者可利用恶意软件或攻击目标系统的漏洞等安全薄弱环节,对攻击目标方接入互联网的设备("傀儡机")进行控制。同时,对被控制设备发送远程指令,让其对目标网站或服务器发起 DDoS 攻击。被控制设备的访问流量通常难以与正常的访问流量区分开。

【案例】2023 年 5 月,希腊教育部遭受了该国历史上最严重的网络攻击。此次攻击的目标是希腊高中考试平台。在此次事件中,考试平台连续两天遭到 DDoS 攻击,攻击规模大,持续时间长,来自 114 个国家的计算机不断发送请求,试图超出考试平台的运转负荷,导致高中考试中断和延迟,但未能使系统瘫痪。

DDoS 攻击对工业互联网的安全和稳定运行构成了严重威胁。它通过迅速消耗目标系统的关键资源,阻断合法用户的访问,或者导致系统崩溃,或者达到破坏服务正常运行或降低系统可用性的目的。对于依赖工业互联网系统的生产环境，这种攻击可能导致生产中断、设备损坏、数据丢失甚至安全事故，会带来巨大的经济损失和潜在的环境风险。因此，加强工业互联网的安全防护，提升系统的抗攻击能力，是确保工业生产安全和连续性的重要任务。

4. 恶意软件

【案例】美国顶级网络安全公司 Dragos 称，在俄乌冲突初期，与俄罗斯有关的恶意软件几乎导致美国的电力和天然气设施离线。黑客组织 Chernovite 试图利用与俄罗斯相关的恶意软件 PIPEDREAM 摧毁十几个美国电力和液化天然气场所，这是美国基础设施有史以来最接近离线的情况，美国政府和网络行业组织的联盟阻止了此次攻击。PIPEDREAM 是一种"国家级战时能力"，是真正致瘫基础设施的首选方案。虽然 PIPEDREAM 恶意软件并未被成功用于任何美国基础设施，但 Chernovite 仍然活跃并将致力于该框架，预计该恶意软件未来仍将被部署。PIPEDREAM 是有史以来首个可用于各种工业控制系统的恶意软件，其不是为破坏某个特定系统而设计的，因而特别危险。该恶意软件也不会通过可以修补的漏洞进入系统，因此很难防御。

恶意软件是指损坏或破坏终端节点设备正常使用的恶意应用程序或代码。网络黑客通过多种不同的技术（如网络钓鱼电子邮件、受感染的文件、系统或软件漏洞、受感染的 U 盘和恶意网站）将恶意软件植入设备。当设备被恶意软件感染时，可能会经历未经授权的访问、数据泄露或设备被锁定。网络黑客进而会发起更多攻击、获取账户凭据、收集个人信息进行出售、出售对计算资源的访问权限，最终可能会演变为勒索攻击，即向受害者勒索金钱。

常见的恶意软件类型包括以下几种。

（1）间谍软件。未经用户同意或提供充分通知的情况下自行安装在设备上，监视用户在线行为、收集敏感信息、更改设备设置并降低设备性能等。

（2）广告程序。未经用户同意的情况下自行安装到设备上，未经允许弹出广告，通过用户点击赚钱。这些广告不但会降低设备的性能，还可能安装其他软件、更改浏览器设置，并使设备容易受到其他恶意软件的攻击。

（3）病毒。病毒通过诱骗人们打开恶意文件将自己传播到其他设备，通过记录、破坏或删除设备的数据来干扰其正常运行。

（4）无文件恶意软件。不依赖文件传播，通过恶意网络数据包利用漏洞，在设备内核内存中安装恶意软件。无文件威胁尤其难以发现和删除，因为大多数防病毒程序都不扫描固件。

（5）宏恶意软件。宏恶意软件通过感染电子邮件附件和 ZIP 文件来实施攻击。为了诱骗人们打开文件，网络黑客经常将恶意软件隐藏在发票、收据和法律文件中。

（6）Rootkit。当网络黑客使用 Rootkit 时，可以在设备上尽可能长时间地隐藏恶意软件，有时甚至会隐藏数年，以便持续窃取信息和资源。通过拦截和更改标准操作系统进程，Rootkit 可能会更改设备报告的有关其自身的信息。例如，感染了 Rootkit 的设备可能无法显示正在运行的程序的准确列表。Rootkit 还能为网络黑客提供管理或提升设备的权限，以便他们可以完全控制设备，并执行潜在的恶意操作，如窃取数据、监视受害者及安装其他恶意软件。

（7）特洛伊木马。特洛伊木马依赖用户在不知不觉中下载它们，它们看起来像是合法的文件或应用。一旦下载，它们就可以下载并安装其他恶意软件，如病毒或蠕虫，使用被感染的设备进行点击欺诈，记录按键和用户访问的网站，将有关被感染设备的信息（如密码、登录详细信息和浏览历史记录）发送给黑客。

（8）蠕虫病毒。蠕虫病毒主要存在于电子邮件附件、短信、文件共享程序、社交网站、网络共享和可移动驱动器中，通过复制自身和利用安全漏洞在网络中传播。蠕虫病毒可能会窃取敏感信息、更改安全设置或阻止访问文件，具体取决于其类型。

5. 网络钓鱼

网络钓鱼已成为针对性和非针对性网络攻击中首选的初始入侵手段。以往，即便是质量不高的网络钓鱼攻击，也能取得惊人的效果。培养员工批判性的阅读习惯，审慎对待每封收到的电子邮件至关重要。例如，拼写和语法错误、不当的措辞、公司名称或官员姓名的错误使用、不寻常的话题和请求等，都可能是网络钓鱼的迹象。即便是非 IT 安全领域的员工也应能够识别这些迹象。然而，遗憾的是，精心设计的鱼叉式网络钓鱼攻击往往能够得逞，总有人会不假思索地打开附件、点击链接、按下按钮，甚至直接与攻击者沟通，从而无意中协助攻击者在系统中部署恶意软件。

网络犯罪分子已经熟练运用非恶意基础设施进行鱼叉式网络钓鱼，并且越来越多地采用仅依赖受信任基础设施的攻击策略，后者被认为是最危险且难以被侦测的。不幸的是，这种策略无疑将产生大量的受害者。

【案例】国外电子邮件安全解决方案提供商 Cofense 发现了一次专门针对美国能源公司的网络钓鱼攻击活动，攻击者利用二维码将恶意电子邮件塞进收件箱并绕过安全系统。在 Cofense 监测到的 1000 封电子邮件中，约有 1/3（29%）是针对美国一家大型能源公司的，其余的则针对制造业（15%）、保险业（9%）、科技业（7%）和金融服务业（6%）的公司。

开始时，攻击者会先发送一封钓鱼电子邮件，提醒收件人必须尽快更新其 Microsoft 365 账户设置。邮件中的 PNG 或 PDF 附件带有二维码，收件人会被提示扫描以验证其账户。为了增加紧迫感，邮件还指出收件人必须在 2 ～ 3 天内完成这一步骤。攻击者通过嵌入在图片中的 QR 代码绕过电子邮件安全工具。电子邮件安全工具会扫描邮件中的已知恶意链接。为了规避安全问题，钓鱼活动中的 QR 代码还使用了必应、Salesforce 和 Cloudflare 的 Web 3 服务中的重定向功能，将目标重定向到 Microsoft 365 钓鱼页面。在 QR 代码中隐藏重定向 URL、滥用合法服务，以及为钓鱼链接使用 Base64 编码，都有助于逃避检测，绕过电子邮件保护过滤器。

6. 供应链攻击

研究人员发现针对域名注册商和认证机构的攻击行为，这种攻击至少能让攻击者访问受害者的 Web 管理界面，同时注意到针对供应商的新型攻击手段。这些"高级"攻击策略的威胁可能会在相当长的时间内保持隐蔽的状态，为攻击者提供持续行动的机会。那些拥有足够资源获取这些攻击手段的个体或组织，无疑不会轻易放弃使用它们。

因此，未来的安全策略规划不仅需要增强自身基础设施的防御能力，还需关注第三方服务的安全性。在选择 IT/OT 系统的产品供应商时，应将网络安全要求作为评估产品及供应商的重要标准。同时，在与业务合作伙伴交流时，也应警惕他们的安全漏洞，因为这些漏洞可能对自身的业务构成潜在威胁。

【案例】2024 年 7 月 19 日，美国网络安全企业 CrowdStrike 推送的软件更新存在严重错误，导致全球范围内大量使用其软件的 Windows 计算机集体陷入"蓝屏"状态，无法正常使用。微软蓝屏事件波及不少国家和地区，影响全球近千万台使用 Windows 的设备，导致航空公司、银行、电信公司、媒体和健康医疗等行业陷入混乱。美国电动汽车及能源公司特斯拉因此次的微软蓝屏事件发生了生产中断。事发时特斯拉工厂的工人正值夜班，一些工厂的设备开始报错，位于奥斯汀、得克萨斯州和内华达州的特斯拉超级工厂都让部分工人提前下班。随后，该公司发出公告，称受到"Windows 主机中断"的影响，服务器、笔记本式计算机和制造设备出现问题。受此次事件影响，特斯拉的市值在短时间内出现了大幅波动，总市值下跌了 319.87 亿美元，约合人民币 2325.4 亿元。

"7·19"微软蓝屏事件基本确定是 CrowdStrike 的"更新"事故导致的。回顾整个事件的过程不难发现，恶意攻击者也有可能采用类似的方式发起供应链攻击。供应链攻击是由恶意行为者针对一个或多个组织在产品或服务供应链中进行的恶意行为。这些攻击可能通过多种方式进行，包括在供应链的某个部分渗透恶意软件或勒索软件，在供应商提供的产品或服务中植入恶意硬件或软件组件，或者在供应链各方传输数据期间截获敏感信息。供应链攻击对企业来说是一种特别严重的威胁，因为它们可能危及向客户提供的产品和服务的安全，如 CrowdStrike 此次提供的安全软件更新服务。

7. APT 攻击

APT 攻击即高级持续性威胁攻击，是一种日益严峻的网络安全挑战，它以其组织化、目标明确、耐心持久的特征而著称。这种攻击通常以商业或政治利益为驱动，通过一系列定制化的恶意活动来窃取特定组织甚至国家的敏感信息。APT 攻击者往往将目标锁定在国家关键基础设施和重要单位，如能源、电力、金融和国防等关键领域。

APT 攻击者通常运用多种高级技术和社会工程手段，进行长期而隐蔽的网络渗透。他们步步为营，逐渐获取网络内部的访问权限，一旦潜入，就在网络中长期隐藏，系统地搜集各类信息，直至获取他们所需的关键情报。

APT 攻击的过程一般可分为 3 个主要阶段：攻击前的准备、攻击入侵及持续攻击。这 3 个阶段进一步细分为 5 个步骤：情报搜集、防线突破、通道建立、横向渗透、信息搜集及外传，如图 2-5 所示。

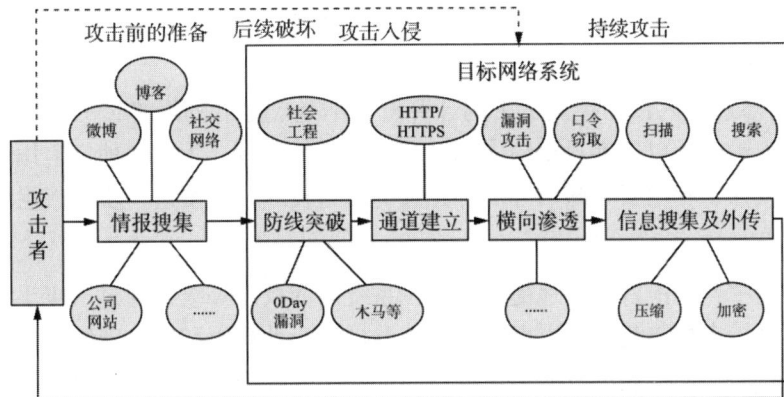

图 2-5　APT 攻击过程

（1）情报搜集。在策划网络攻击时，攻击者将对目标工业企业的网络基础设施及其员工进行深入的情报搜集活动。这一进程涉及一系列多样化的技术手段，包含使用搜索引擎、网络爬虫、隐秘的网络扫描技术，以及社会工程学的策略。搜集到的情报可能来自员工的个人社交媒体、博客、社交网络平台、企业官方网站，有时甚至涉及通过特定途径获取的私密信息（如购买企业的内部通讯录等）。

通过对这些数据的综合分析，攻击者能够透彻地理解目标企业所采用的软件应用、安全防护机制、组织内部结构、员工互动模式，以及关键资产的存储状况。基于这些内容，攻击者将对特定内部员工所依赖的应用程序的漏洞进行研究，并针对其使用的防病毒软件和防火墙的特性，设计能够规避安全检测的专门木马或恶意代码。与此同时，攻击者也在秘密搭建和配置用于入侵的服务器，确保技术后盾的充分准备，为即将展开的网络渗透作战打好基础。

（2）防线突破。在完成全面的情报搜集和周密的技术布局后，攻击者便启动对选定员工个人计算机的木马/恶意代码攻击。这些攻击手段主要包括以下两种。

① 社会工程学方法：攻击者精心策划电子邮件诱骗行动。他们通过盗取与目标员工有联系的个人或同事的电子邮箱账户，假冒熟人身份发送含有恶意附件的邮件。当员工点击这些附件时，其计算机即刻被植入恶意软件。

② 远程漏洞攻击方法：通过网站挂马技术，攻击者在员工频繁浏览的网站上潜伏木马，等待员工再度访问。一旦员工浏览这些网页，他们的计算机便会遭受植入恶意代码的攻击。由于这些恶意软件专门针对系统的未知漏洞并经过特殊处理，能够绕过传统的杀毒软件和防火墙的检测，攻击者便能悄无声息地侵入并逐步扩大对受害者计算机的控制。

（3）通道建立。在成功突破安全防护并控制了员工的计算机后，攻击者便开始在受害者的计算机与远程控制服务器之间构建一条隐蔽的命令与控制通道。这个通道通常基于HTTP/HTTPS 等常见协议搭建，其目的是避开系统的防火墙和其他安全机制的侦测。

一旦这条通道建立完成，攻击者就能够通过它发送指令，以监控和管理植入的恶意软件。他们会仔细检查这些恶意程序是否遭到安全软件的查杀。为了确保其潜伏能力，攻击者会在恶意软件被安全程序侦测到之前，及时进行软件更新或版本升级，从而降低其被发现的风险，确保持续控制的隐蔽性。

（4）横向渗透。入侵和控制员工的计算机并不是攻击者的最终目的，他们的目标更为长远，旨在深入渗透，以达到对组织内部网络更广泛的控制。为此，他们运用一系列精密的策略，如口令嗅探、利用安全漏洞等多种先进的渗透技术，试图进一步侵入组织内部更多的计算机与服务器。

在这个过程中，攻击者不断地提升自己在系统内的权限等级，通过一步步地横向移动和权限提升，逐渐扩大控制范围，以期最终能够掌握核心计算机和服务器的控制权。这种策略性的深层渗透行为，使得攻击者能够在组织内部构建一种稳固的支配地位，从而对组织的关键资产和敏感信息构成严重威胁。

（5）信息搜集及外传。攻击者常采取长期潜藏的策略，在网络内部不断进行横向移动，通过端口扫描等技术手段搜集服务器或设备中的敏感信息。他们利用命令行工具获取目标计算机的文档目录，以此筛选有价值的数据。一旦发现适合的服务器，攻击者便将其作为临时的数据存储点。随后，他们会对这些数据进行整理、压缩、加密并打包，再通过秘密建立的通信渠道将数据悄无声息地传送到外部。在掌握了这些信息之后，攻击者会对数据进行深入分析和识别，以便做出精准的决策，并在必要时发起具有破坏性的网络攻击。

与传统的网络攻击手段相比，APT 攻击显示出更为明显的区别。APT 攻击背后往往有强大的组织支持，其攻击目标选择非常精准，使用的攻击技术更为高级和复杂，因此造成的破坏和影响也远超常规网络攻击，如表 2-2 所示。

表 2-2　传统攻击与 APT 攻击的区别

对比内容	传统攻击	APT 攻击
攻击者特征	个体或小组织网络犯罪分子	全球性、有组织、有纪律的不法团队、公司、敌对者
攻击目标	随机选择攻击，通常以个体为主，以达到获取金钱、盗取身份、欺诈等目的	特定目标攻击，通常针对国家安全信息、重要行业商业机密信息等
攻击手段	攻击手段较为单一，常基于已有的恶意软件展开攻击	攻击手段复杂、形式多样，结合 0day 攻击、特种木马攻击、社会工程学攻击等展开
攻击时间	攻击时间较短，以一次性、大范围攻击为主	攻击时间较长，长期潜伏、多次渗透攻击
攻击痕迹	攻击特征很强，容易在较短时间内被检测和捕获	攻击特征弱，比较隐蔽，缺少样本数据，很难被检测和捕获

8. 后门攻击

后门攻击是一种绕过正规安全措施，以获取对软件或系统未授权访问的技术。这种攻击通常涉及安装一个秘密通道，使得攻击者可以按照自己的意图随时访问目标主机。在成功掌握目标系统控制权后，攻击者为了将来能够轻松进入系统，往往会植入后门程序。它的危险性在于后门程序能够绕过现有的安全防护，并且能够抵抗系统可能增设的其他安全措施。

广义上，"后门"不仅指恶意软件，还可能指软件或操作系统开发者有意留下的特殊操作序列、密码，甚至是预设的安全漏洞。任何被有意设计以便攻击者能够绕过正常的身份验证机制直接进入系统的方法或工具，都可以被称为"后门"。

随着时间的推移，后门程序的功能变得越来越复杂和强大，以至于它们开始与木马程序愈发相似。因此，某些安全机构将后门程序视为远程控制型木马的一种，归类在木马的"Backdoor"子类别中。

9. 社会工程学攻击

工业互联网社会工程学攻击是一种心理操纵手段，旨在通过人性的弱点来欺骗个人，获取对工业互联网系统的未授权访问权限或窃取敏感信息。这种攻击策略不依赖传统的黑客技术，而是利用人的信任、好奇心和紧急反应等心理特性。

攻击者精心搜集目标工业系统及其员工的详细信息，包括系统架构、网络布局、职员角色和联系信息等关键细节。攻击者采取策略建立与目标人员的信任关系，通过伪装成合法实体、使用假身份、伪造文件或其他手段进行诱骗。攻击者通过虚构紧急情况，如声称系统存在漏洞或安全威胁，以激发目标人员的焦虑和急迫感，诱使其采取不当行动。攻击者诱使目标人员泄露登录凭据、点击钓鱼链接、利用弱密码或暴露安全漏洞等，从而获得系统访问权限。一旦入侵成功，攻击者可以执行多种恶意活动，如窃取机密数据、安装后门程序、修改系统参数或破坏生产流程。

工业互联网社会工程学攻击对企业的安全构成了严重威胁，可能导致数据泄露、网络损害和设备故障。为了防范此类攻击，工业企业必须加强对员工安全意识的培训，强化员工对社会工程学策略的了解，从而提高防范和应对能力。

2.2.2　威胁特点

1. 攻击路径广泛

工业互联网的发展打破了传统工业系统的孤岛状态，实现了内部网络与外部网络的互联互通，从而将更多的组件和服务直接或间接地接入互联网。这种互联互通，不仅涵盖了设备、平台和数据等关键工业要素，还加强了不同系统之间的互操作性，促成了全要素、全产业链、全价值链的连接体系。然而，随之而来的是更多的开放端口，这极大地扩展了潜在的攻击面。攻击者可以从生产的各个环节、系统的不同层级及各种接入点着手，利用任意一个接入的设备、平台或系统作为跳板，对其他设备、平台、系统甚至整个工业网络进行恶意攻击和病毒传播。他们的常用攻击途径包括配置不当的防火墙和网关、生产系统的人机界面、工程师和操作员的工作站、过程安全控制器，以及连接外部网络的文档存储库、在线历史数据库和企业 ERP 软件等。此外，攻击者还可能通过盗用或伪造的凭证来访问业务工作站和控制计算机等。

2. 攻击手段专业

一方面，攻击者善于根据工业互联网各层级的特点来发起复杂多变的攻击。在感知层，常见的攻击手段包括节点捕获、恶意代码注入、错误数据注入及侧信道攻击等；在网络层，钓鱼、分布式拒绝服务、中间人、路由攻击及存储攻击等形式层出不穷；在应用层，则面临着嗅探、访问控制、重编程、跨站脚本等攻击。另一方面，专门针对工业互联网开发的木马和勒索软件种类繁多，它们会对工业控制系统造成严重破坏，如设备锁定、控制篡夺、文件加密和机密信息泄露等。随着这些网络攻击的逐步工具化和规模化，攻击类型也正从短期的突发攻击转变为更高级、更持久的威胁。

3. 后果关联严重

工业互联网广泛应用于能源、交通、汽车、电子、装备制造等国家战略产业，这些产业是国民经济的重要支柱，关乎国家安全和民生福祉。因此，工业互联网面临的安全挑战，无疑会对国家的稳定和社会的安宁带来深远的连锁效应。在工业互联网环境下，网络攻击的后果远不止设备的停摆、隐私数据的泄露或经济财产的损失，其破坏力将沿着产业链深入扩散，影响力可蔓延至现实世界的核心基础设施，如能源供应、交通运输、通信网络、医疗服务等。这种扩散可能导致灾难性的后果，如大规模的爆炸事故、广泛的水电中断、危险物质的泄漏等，直接威胁工业生产的安全、民众的日常生活、社会的公共秩序，乃至国家经济的稳健运行。因此，保障工业互联网的安全不仅是技术层面的挑战，更是国家战略层面的重要任务。

4. 企业防护基础弱

多数工业企业尚未充分认识到工业互联网安全形势的严峻性，常常低估自身遭受网络攻击的可能性。这些企业在工业互联网的安全防护上投入较少，缺乏有针对性的培训和提升安全意识的举措。由于企业的防护基础薄弱，对安全工作不够重视，因此往往无法有效应对潜在的安全风险，容易成为网络攻击的目标。

5. 勒索事件频发

依据工业控制系统安全国家地方联合工程实验室发布的《2022 工业互联网安全发展与实践分析报告》，2022 年全国共处理了 236 起工业网络安全紧急事件。在这些事件中，涉及工业数据勒索的安全事件高达 123 起，占工业网络安全应急事件总数的 52.1%。与之相关的，"挖矿"活动引发的安全事件达 28 起，占比为 11.9%；通过钓鱼邮件引起的工业控制系统安全事件有 14 起，占比为 5.9%；通过蠕虫病毒传播的工业控制系统安全事件则有 12 起，占比为 5.1%。

6. 制造业受灾严重

制造业作为漏洞众多的领域，也是网络攻击的高发区。数据显示，新增的工业控制系统安全漏洞中有 88.6%可能影响制造业；在 2022 年处理的工业互联网安全应急事件中，有 24.6%发生在制造业，表明该行业正面临着严峻的网络安全考验。

7. 弱口令成为工业企业防护短板

在 2022 年记录的工业紧急响应事件中，弱口令是导致工业企业遭受攻击并被攻破的一个关键因素，共计发生了 69 起此类事件。鉴于弱口令账户易于攻破且成本低廉，不法分子常通过窃取这些账户进行横向渗透，以获取更高权限的账号，进而对关键数据资源造成破坏或泄露，这给数据安全管理带来巨大的挑战。

8. 业务专网成为攻击者攻击的首要目标

2022 年，工业紧急响应事件主要影响业务专网，其事件占比达 64%；其次是办公网络，占比为 36%。

9. 漏洞利用是攻击者最常用的攻击手段

分析 2022 年的工业紧急响应安全事件可知，漏洞利用攻击占比 34.7%。攻击者通过挖掘工业企业网络安全防护漏洞，利用系统漏洞、设备漏洞等进行破坏性攻击，造成数据丢失、泄露或系统内部受到破坏等严重后果。

10. 数据泄露是工业企业面临的最大挑战

2022 年，观察工业企业遭遇的攻击影响，攻击者侵入系统引发的主要问题包括数据丢失和生产效率下降等。

2.3 工业互联网安全攻击影响

随着工业互联网的广泛应用，工业系统对网络连接、自动化和数据采集的依赖程度不断加深，这些进步极大地提升了工业生产效能。然而，工业互联网的发展同样带来多种安全挑战，主要包括以下几类。

1. 生产中断

攻击者可能利用工业互联网系统的安全短板，借助远程操作，对生产设备、工艺控制系统或自动化流程发起攻击。这导致关键设备关停、生产流程紊乱，进而引发工厂停工或停电，造成重大经济损失，并可能打断供应链，导致上下游企业的生产活动受阻。

2. 数据泄露与机密信息泄露

数据泄露是工业企业面临的一大挑战。攻击者通过漏洞获取敏感数据，包括工艺参数、生产计划、供应链详情、商业秘密和客户信息等。这些数据的泄露可能导致企业机密暴露、商业秘密流失，严重损害了企业的竞争力和声誉。

攻击者通过窃取和加密数据，引发了数据泄露事件。数据显示，约 30%的应急响应事件导致了工业企业发生数据泄露，超过 10%的事件致使工业企业生产效率降低，这是因为攻击者针对系统关键数据库的攻击，严重干扰了系统和业务的正常运作。

3. 供应链风险

工业互联网系统遭受的攻击和存在的漏洞有可能沿着供应链的上下游关系进行传播，威胁整个供应链网络的安全。攻击者一旦侵入某个环节，可能会利用该环节与其他合作伙伴和承包商之间的信任关系进一步扩大攻击范围，影响整个工业生态系统的稳定性和安全性。供应链中的任何安全漏洞都可能成为攻击者的突破口，影响整个供应链的正常运作。

4. 经济损失

工业互联网系统遭受的攻击和存在的漏洞可能导致直接或间接的经济损失。除了生产中断和数据泄露造成的损失外，还可能面临恶意软件攻击引发的财产损失、业务中断，以及修复和恢复所需的额外成本。

5. 社会恐慌和失信风险

一旦工业互联网系统遭受攻击或存在的漏洞被曝光后，公众极易产生不安和恐慌情绪，甚至对产品和服务的可靠性与安全性产生质疑，企业的声誉可能会受损，市场信任度下降，这对经济发展和社会稳定都可能产生深远的负面影响。

6. 公共安全风险

工业互联网系统被攻击可能会威胁到公众的生命和财产安全。在核电厂、化工厂等高风险行业中，攻击者破坏工业控制系统、篡改工艺参数可能引发严重的安全事故，对周边环境和居民的生命安全构成巨大威胁。

7. 国家安全

工业互联网遭受的攻击，可能严重威胁国家的重要基础设施，包括能源、水务、交通和通信等关键领域。恶意攻击者通过破坏工业控制系统、网络基础设施或核心运营系统，可能引发包括生产暂停、电力中断和交通混乱等在内的一系列严重问题，这些问题可能直接影响国家的经济运行和公共安全。

因此，我们必须高度重视工业互联网的安全威胁。这些恶意行为不仅可能导致生产活动的中断和设备的损坏，从而造成巨大的经济损失，影响企业的财务健康和供应链的顺畅运行，还可能涉及数据泄露问题，从而侵犯知识产权、泄露技术机密，削弱国家的创新实力和市场竞争力。最为严重的是，这些攻击可能对国家的关键基础设施构成直接威胁，危及公共安全和社会的整体稳定。此外，工业互联网安全的威胁还可能引发公众恐慌，对企业声誉和市场地位造成长期的负面影响。

2.4 工业互联网安全威胁发展趋势

2022 年，网络安全事件频发，给工业基础设施的所有者与运营商带来一连串挑战。尽管受到这些干扰，威胁的总体格局并没有发生颠覆性变化。2022 年的网络威胁事件标志着网络安全进入全新阶段，地缘政治趋势和相关宏观经济因素已成为影响工业企业和运营技术（Operational Technology，OT）基础设施威胁环境的关键力量。尽管网络犯罪分子的活动遍布全球，他们在追求高额利润和个人安全的过程中，也始终密切监视全球的政治和经济动向。而传统被认为是国家政府情报机构所进行的高级持续性威胁（Advanced Persistent Threat，APT）攻击，也会随着外交政策的调整以及国家间或政府间集团的内部目标的变化而改变。

1. 内部和外部的政治形势变化将为 APT 攻击提供新的方向

（1）攻击地域的演变。随着战术与战略联盟的更迭及新同盟的形成，攻击的地理分布必将随之变化。联盟格局的重塑加剧了网络安全的紧张态势，使昔日盟友转眼成为当下的攻击目标。

（2）行业焦点的转移。APT 攻击的焦点将迅速转向特定行业，这一转变与不断演进的地缘政治形势及经济现实紧密相连。以下实体行业将成为攻击目标。

① 农业、化肥、农机及食品制造业，受粮食危机和市场变化的影响，有可能成为攻击目标。

② 物流与运输业（含能源资源运输），为应对全球供应链的持续变革，有可能成为攻击目标。

③ 能源部门、矿产资源开采与加工、有色及黑色金属冶金、化工业、造船业、精密仪器及机床制造，这些行业的产品和技术是国家及政治联盟经济安全的基石，有可能成为攻击目标。

④ 替代能源领域，尤其是在地缘政治议程中占有一席之地的部分，有可能成为攻击目标。

⑤ 高科技、制药和医疗设备制造，是技术自主性的关键要素，有可能成为攻击目标。

（3）对传统目标的持续攻击。预计针对传统目标的 APT 攻击仍将持续，主要包括以下几种。

① 军工企业，地缘政治紧张和军事对抗的升级，促使攻击者将军工企业作为攻击的主要目标。

② 政府部门，攻击焦点主要集中在搜集与工业部门增长相关的政府行动和计划信息上。

③ 关键基础设施，攻击旨在为后续行动奠定基础，在特定国家的冲突加剧时，甚至可能导致直接损害。

2. 威胁形势的其他变化

（1）致力于推动内外政治议程的黑客群体不断壮大，其攻击的成效和数量都在稳步提升。

（2）在企业界、技术开发者及供应商中，受意识形态和政治动机驱使的内部人员，以及与犯罪组织（尤其是勒索软件团伙）和 APT 集团勾结的内部人员，构成的安全威胁正日益严重。

（3）针对关键基础设施的勒索软件攻击发生的可能性变得更大，尤其是在那些由敌对国家支持或在无法对基础设施攻击进行彻底调查并启动法律诉讼的国家，攻击者能够有效逃避惩罚。

（4）随着各国执法机构沟通的减少，以及网络安全国际合作的停滞，网络犯罪分子将更加肆无忌惮，这使攻击者能够自由地攻击"敌对"国家的目标。这种趋势对所有类型的网络威胁都带来挑战，威胁到各行各业的企业及各种类型的 OT 基础设施。

（5）随着对企业系统初始访问需求的不断增长，犯罪活动中的凭证收集行为也日益频繁。

3. 地缘政治起伏带来的风险因素

当前全球形势正迫使工业组织在选择产品和供应商时需要做出极其复杂的决策。供应链中的信任关系正逐渐瓦解，这不仅增加了采用许多企业所依赖的产品和服务（包括原始设备制造商产品）的风险，还带来以下挑战。

（1）当供应商停止供应产品或退出市场时，实施安全更新变得更加困难。

（2）安全解决方案的质量随之下降，尤其是当安全供应商因退出市场而不再提供定期更新时。

（3）不能完全排除政治压力被用于对某些小市场参与者的产品、技术和服务进行武器化的可能性。

（4）寻找替代解决方案可能非常复杂。本土供应商的产品，其安全开发水平通常不及全球领先企业，可能存在基本的安全漏洞和0day漏洞，容易成为网络犯罪分子和黑客的攻击目标。

即便是在政治局势不需要立即解决上述问题的国家，组织也应考虑影响个人的风险因素。

（1）威胁检测质量下降，信息安全（Information Security，IS）开发商因失去市场份额而流失了部分资深专家，这对所有面临政治压力的安全厂商来说是一个实质性的风险因素。

（2）新"铁幕"两侧，甚至同侧的 IS 开发商和研究人员之间沟通的断裂（由于当地市场的竞争加剧）无疑会降低正在开发的安全解决方案的检测效率。

（3）网络威胁情报（Cyber Threat Intelligence，CTI）质量下降，出于政治目的的网络威胁归因缺乏根据，政治压力和试图利用政府的政治叙事来获取额外利益的行为，降低了网络威胁情报的有效性。

（4）政府对事件、威胁和漏洞信息的整合与限制，不仅削弱了整体安全意识，还可能在没有充分理由的情况下掩盖信息，同时增加了机密数据泄露风险。通过在公共部门建立广泛的网络安全能力，确保敏感的网络安全信息得到负责任地处理和高效协调的漏洞披露，来缓解这一问题。

（5）随着政府在工业企业运营中扮演的角色越来越重要，与政府云和服务连接的安全保护程度可能低于私人云服务，从而带来额外的信息安全风险。

4. 多重勒索成为常态，勒索攻击对产业安全威胁有增无减

勒索软件攻击的威胁呈持续上升的趋势，波及范围广泛，从个体用户的计算机设备到至关重要的基础设施。根据 NTT Security Holdings 发布的《2024 年全球威胁情报报告》，2023年勒索软件和勒索事件数量激增 67%。不仅如此，2024 年 8 月 19 日全球区块链分析公司Chainalysis 发布的最新文章《勒索软件在 2024 年上半年赚了破纪录的 4.5 亿美元》中指出，2023 年勒索软件攻击获得的赎金达到 11 亿美元的新高，而 2024 年勒索软件攻击获得的赎金收入比 2023 年同期又增长了 2%。

近年来，攻击者不断改进勒索策略，采用更为复杂的双重勒索或多重勒索手段。双重勒索，也称"点名羞辱"，攻击者在执行勒索软件前先行窃取关键数据，这样一来，他们不仅能索要解密赎金，还能通过威胁将数据公布于暗网或公开场合来进一步对受害者施压。多重勒索则是指攻击者将受害者的客户或供应商作为新的攻击目标。

2024年8月，奇安信发布的《2024 中国软件供应链安全分析报告》中指出，勒索软件与供应链漏洞相结合的攻击模式已成为亟待强化的风险管控焦点。随着 Log4j、Spring Boot 等

广泛存在的供应链漏洞被勒索软件恶意利用并迅速扩散，以及 2024 年 7 月新发现的 regreSSHion 漏洞的曝光，此类复合攻击手段越发复杂多变。叠加勒索软件即服务（Ransomware as a Service，RaaS）模式的兴起，黑灰产业的工业化和专业化水平不断提高，使得勒索攻击的门槛降低，影响范围以指数级扩大，对不同行业和规模的企业构成了普遍威胁。

在这一背景下，企业在数字化进程中还将持续面临勒索病毒的威胁。安全解决方案提供商必须致力研发更为高效的防勒索软件产品；同时，鉴于勒索攻击往往针对企业安全防护的弱点，企业需从根本上加强安全防御体系，建立稳固的安全基线，并培养内在的安全免疫力。此外，通过实施全面的勒索软件防护策略，增强对勒索攻击的抵御能力。

5. ChatGPT 大模型、AI 计算广泛应用于安全领域，攻防进入智能化对抗时代

ChatGPT 凭借其强大的底层模型、丰富的样本数据集和基于人类反馈的增强学习技术，为智能化对抗带来了前所未有的可能性。网络攻击者可利用这些能力进行精细调整，发起有针对性的攻击，从而对网络安全构成新的威胁。攻击者已开始利用 ChatGPT 来开发恶意软件、暗网平台及其他网络攻击工具。此外，ChatGPT 的应用降低了编写恶意软件代码的技术门槛，这让没有深厚技术背景的个人也有可能加入攻击者的行列。AI 的加持将使传统的网络攻击手段实现技术升级，从劳动密集型和成本高昂的攻击方式转变为更分散、智能化和自动化的攻击策略，使得攻击行为更为精确和迅速。展望未来，随着大型 AI 模型在网络攻击各环节的深入应用，网络安全的局势将变得更加严峻，攻防双方的对抗将全面进入智能化时代。

6. 攻击目标数量逐渐减少

在网络犯罪领域，攻击者选择的目标数量正逐渐减少。例如，在基于间谍软件的身份认证数据盗窃活动中，新的趋势是每次攻击只针对极少数目标，范围可能从几个到几十个不等，这一趋势正在迅速普及。在某些地区，据卡巴斯基统计，被阻止的间谍软件攻击中，高达 20% 的 ICS 计算机遭受了此类精准攻击。今后，此类精准攻击将占据更大比例，并有可能扩展至其他类型的网络威胁中。

7. 恶意软件生命周期缩短

网络犯罪分子正通过频繁更新恶意软件来逃避检测，他们运用高效的恶意代码破解安全防护，一旦现有版本被识别，便迅速迁移到下一个版本。特别是针对间谍软件等威胁，其每个版本的有效期日益缩短，通常不会超过 4 周，有时甚至更短。恶意软件即服务（Malware as a Service，MaaS）平台的兴起极大地方便了全球范围内的恶意软件操作者采用这种策略。这种趋势将在各种威胁场景中变得更加普遍，并且随着攻击目标的减少，恶意软件种类的增加，将给安全解决方案的开发人员带来更大的挑战。

8. APT 攻击更先进且更持久

APT 攻击组织的策略也呈现相似的演进趋势。在 APT 攻击中，"持续性"特征现在不再单纯依赖"高级"技术。研究人员注意到，攻击者正通过不断的努力，在受害者的基础设施中长期隐藏，不断地拓展和更新其攻击工具，探索新的技术手段，并开发替代高成本、复

杂攻击框架的策略，以实现尽可能长时间的隐蔽性。预计这种策略在 APT 攻击中将越来越常见。

9. 减少恶意基础设施的使用

面对安全防御工具的挑战，攻击者试图降低恶意操作的可检测性，尤其是通过减少恶意基础设施的使用来实现这一目标。例如，在某些 APT 攻击中，指挥与控制（C&C）服务器的运行时间极短，仅在预定的攻击期间运行数小时。在一些情况下，攻击者不仅尽量避免使用任何恶意基础设施，还会避免使用任何可疑的或不受信任的设施。例如，间谍软件攻击者采取了一种策略，利用受害者合作伙伴组织中受感染的企业邮箱账户发送钓鱼邮件。在这种情况下，精心设计的邮件与合法通信难以被区分，几乎无法被自动化工具检测。在对工业企业 APT 攻击相关事件的调查中，研究人员发现，攻击者常常在使用受感染的工业基础设施的同时尝试访问母公司的其他组织或资源（包括政府机构），试图避免被察觉。

10. APT 攻击更加复杂和难以预测

APT 攻击的复杂性和不可预测性正在加剧。其攻击目标和战略正经历显著转变，如攻击焦点正从传统政府实体扩散至实体行业组织。同时，新的攻击者不断涌现，他们可能源自此前未曾涉足网络攻击的国家。网络攻击者正巧妙地借助技术的演进和全球政治紧张局势来拓展与强化自身实力。他们可能会通过操纵内部人员、利用供应链弱点等手段发起攻击，并通过发表政治声明来争取更广泛的支持。

参 考 文 献

[1] Osman Ahmed. 改善工业控制系统的网络安全性[J]. 控制工程中文版，2019, (10).

[2] Mishra N, Pandya S. Internet of Things Applications, Security Challenges, Attacks, Intrusion Detection, and Future Visions: A Systematic Review[J]. IEEE Access, 2021.

[3] 中国工业互联网产业联盟. 2022 年中国工业互联网安全态势报告[R]. 2023.

[4] 卡巴斯基 ICS CERT. 2023 年 ICS 网络威胁趋势展望[R]. 卡巴斯基实验室，2022-11.

第 3 章

工业互联网安全防护与管理

工业互联网是一种关键的网络基础设施，旨在满足工业智能化发展的需求。它具有低时延、高可靠性和广覆盖等特点，是新一代信息通信技术与先进制造业深度融合的产物。工业互联网的网络体系是连接工业系统、全价值链和全产业链的基础，包括网络互联、标识解析和数据互通三大体系。数据在工业互联网中扮演着重要角色，包括数据的采集、交换、集成处理、建模分析，以及决策与控制等环节，形成一个优化闭环，推动工业智能化的发展。在工业互联网的广泛领域内，安全扮演着不可或缺的基石角色，它不仅渗透于设备层面的防护，还深入控制体系、网络架构、应用运行及数据管理的每个细微环节，确保了整个系统环境的稳固与可靠。为了提高工业互联网的应用质量和效果，以及为我国的经济结构调整和动能转换贡献力量，全面推进"互联网+"行动计划，有必要加强对工业互联网安全防护和管理技术的学习和研究。这需要紧密围绕国家网络安全法律法规进行工作，确保工业互联网的安全性，以推动我国工业智能化的可持续发展。

3.1 工业互联网安全需求及目标

3.1.1 工业互联网行业安全需求

1. 终端管控安全需求

在工业互联网领域，安全问题关乎系统稳定与产业发展，其范畴涵盖设备安全、控制安全、网络安全、应用安全和数据安全等多个方面。由于大量工业终端设备具有低功耗特性，且计算与存储资源有限，因此部署复杂的安全策略十分困难。这些终端设备容易受到攻击，一旦被攻陷，可能被用于发起分布式拒绝服务攻击，给工业应用和后台系统造成严重威胁。因此，工业互联网企业越来越重视终端管控安全，迫切需要实施自主可控的终端接入认证管理体系。

2. 工业控制系统安全需求

工业控制系统的安全需求与传统 IT 网络的安全需求有所不同。工业控制系统安全侧重于保障可用性、完整性和保密性，并根据工业控制业务的重要性和生产安全划分安全区域与等级。国家网络安全等级保护 2.0 标准已将工业控制系统列为等级保护对象，包括技术安全要求和管理安全要求。工业互联网企业需要符合国家法律法规和行业标准，不断提升工业控制设备、网络和数据的安全保护水平。

3. 标识解析系统安全需求

随着工业互联网的迅速发展，标识解析系统的安全需求也变得尤为重要。随着标识数量的急剧增长，标识解析服务需提供高水平的安全保障，包括数据完整性、一致性、机密性和隐私性的有效保护，以及具备数据源认证和访问控制等关键能力。为确保标识解析系统的安全性，需要综合各类安全技术对标识解析系统进行加固与改造。

4. 网络隔离安全需求

工业互联网企业的数字化转型使得传统专网技术无法满足信息化业务需求，因此需要利用 5G 网络等新兴技术构建安全隔离的专属网络通道，以保障企业的业务安全。网络运营商需要根据工业互联网用户的需求，为其提供量身定制的网络服务。

5. 平台系统安全需求

工业设备通常在设计阶段未考虑安全功能，导致其自身安全防护能力相对薄弱。一旦这些海量工业设备接入工业互联网平台，就容易成为攻击者的目标，可能被用于发起跳板攻击，从而放大了攻击的影响范围和危害程度。因此，工业互联网平台需要设计一套有效的工业设备接入方案，以确保这些海量终端设备在接入时是可信、可管理、可控和可追溯的。

工业互联网平台将涉及多种不同类型的工业设备，这些设备可能具有不同的连接条件和连接方式，存在大量潜在的不安全接口。当前，工业互联网平台的边缘层通常缺乏对这些异构工业设备接入的安全管理，也缺乏接口安全防护。因此，平台边缘层需要具备能够突破异构设备接入限制、实现统一的安全接口自动部署和安全策略自动更新等能力。

6. 边缘计算安全需求

为了满足低时延业务需求，工业互联网引入了 5G 边缘计算技术，将计算和 IT 服务环境下沉到移动通信网络边缘，以便为用户就近提供服务。然而，边缘计算节点容易成为黑客攻击的首选目标，因此需要完善其安全能力来抵御多种类型和高强度的网络攻击，以确保边缘计算应用的安全部署。

7. 数据保护安全需求

工业互联网企业内部的数据包括生产管理数据、生产操作数据、工况状态数据和外部协同数据等，一旦泄露或被篡改，则可能导致系统设备故障，甚至危及生产经营安全、公众安全和国家安全。因此，工业互联网企业需要采取有效措施来确保数据的保密性、完整性和可用性，以及对数据源的认证和访问控制，以提高数据的安全防护水平。

3.1.2　工业互联网安全建设目标

为保障工业互联网的正常运转和安全可信，需要设定合理的安全目标，并根据相应的安全目标进行风险评估和安全策略的选择实施。工业互联网安全目标包括以下六大关键特性。

1. 完整性（Integrity）

完整性要求确保工业互联网中的信息在存储、使用和传输过程中不会被非授权用户篡改。这不仅包括保证信息来源的正确性和可信性，还要求信息在传递过程中不会被修改、破坏或丢失。一旦信息被不法修改或毁坏，将有可能破坏信息完整性，如图 3-1 所示。

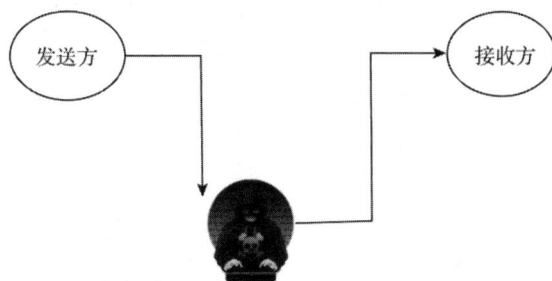

图 3-1　篡改信息导致其完整性被破坏

2. 机密性（Confidentiality）

机密性旨在保护数据不被非授权泄露，一旦信息被侦听就极有可能导致其机密性被破坏，如图 3-2 所示。它确保信息在存储、使用和传输过程中不会泄露给非授权用户或实体。常见的机密性保护手段包括数据加密，以确保重要信息和隐私信息不被未经授权的实体获取或利用。

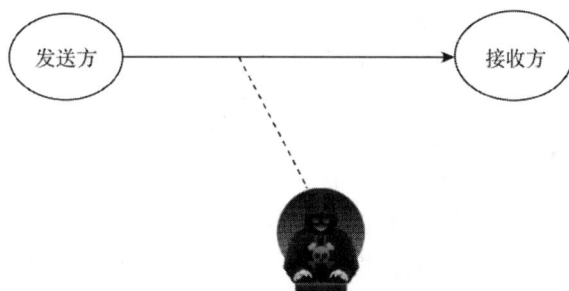

图 3-2　信息侦听导致其机密性被破坏

3. 可用性（Availability）

可用性是一种以使用者为中心的设计理念，信息中断会导致其可用性被破坏，如图 3-3 所示。要保证授权用户能对数据进行及时可靠的访问，确保授权用户或实体对信息及资源的正常使用不会被无端拒绝，允许其可靠且及时地访问信息及资源。对于信息的合法拥有者和使用者来说，在需要这些信息的任何时候，都应该保障他们能够及时得到所需要的信息。该能力应能应对因主客观因素所造成的系统拒绝服务的情况发生。典型的拒绝服务攻击就是向服务器发送大量垃圾信息或干扰信息，使网络瘫痪，导致用户请求无法得到处理的一种攻击。

图 3-3　信息中断导致其可用性被破坏

4. 不可否认性（Non-repudiation）

不可否认性是指防止通信中的任何一方否认其曾经执行的某个操作或行为。具体来说，不可否认性要保证，当信息从发送方传递到接收方后，发送方不能否认这些信息是自己发出的；如果确实收到了发送方所发送的消息，接收方不能否认自己没有收到。数字签名技术是实现不可否认性的主要方式之一。不可否认性包括数据来源的不可否认性和信宿的不可否认性。数据来源的不可否认性，旨在向数据接收者 B 提供确凿的"出处证明"，确保发送者 A 无法否认曾传输过这些数据或否认其内容的真实性。相应地，数据接收方的确认性则为发送者 A 提供了"接收凭证"，旨在防止接收者 B 否认曾经接收过这些数据或对其内容进行否认，如图 3-4 所示。

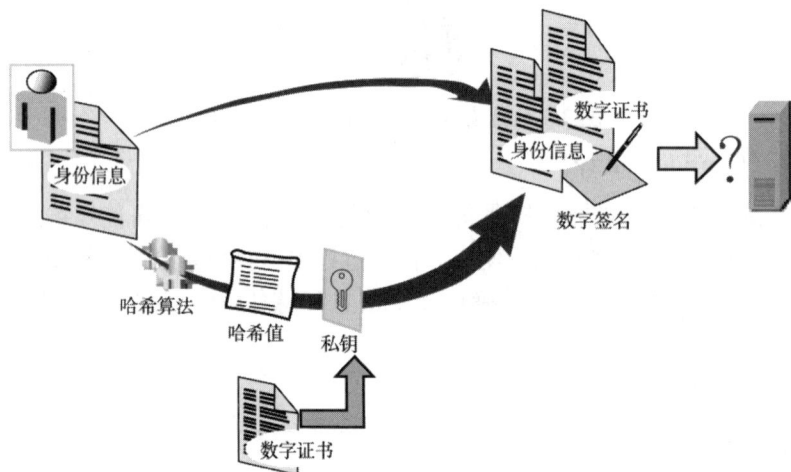

图 3-4　常见的不可否认性方法

5. 访问控制（Access Control）

访问控制的主要目的是保障受保护的资源不被非授权访问。访问控制既可以控制不同用户对信息资源的访问权限，也可以防止授权用户滥用资源，如图 3-5 所示。访问控制分为自主访问控制和强制访问控制。自主访问控制是指用户可以通过转让自身的访问控制权限，从而实现灵活的授权管理机制。强制访问控制是指系统由一名系统管理员统一实施权限管理，用户不能修改、转让自己的权限。

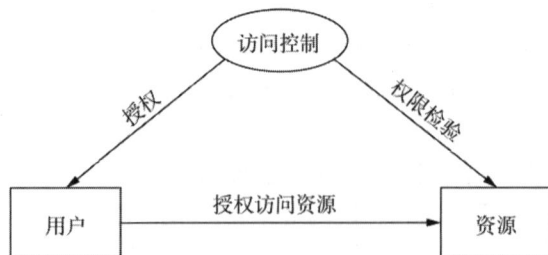

图 3-5　访问控制

6. 认证（Authentication）

认证是为通信过程中实体和数据来源提供鉴别服务。认证分为对等实体认证和数据来源认证。对等实体认证也称身份认证，在网络通信的双方 A 和 B 之间，需要进行双向对等地认证，即 A 可认证对等方 B 的身份，B 也能认证对等方 A 的身份。数据来源认证是指数据的接收方证实所收到数据的发送方的身份，如图 3-6 所示。

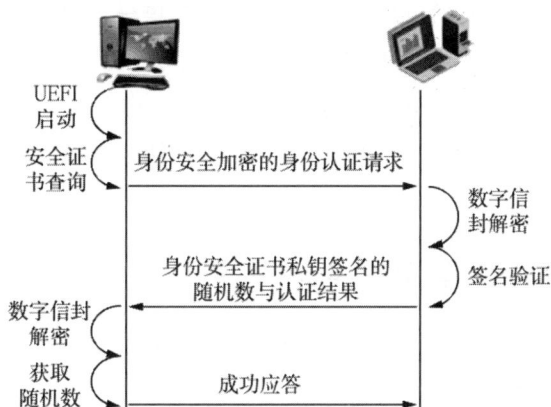

图 3-6　认证流程

3.2　工业互联网安全管理体系

工业互联网安全管理，作为保障工业互联网平台稳定、可靠运行的关键环节，是通过计划、组织、领导、控制等一系列管理职能来协调人力、物力、财力等资源，进而保障工业互联网平台安全。为加快构建工业互联网安全保障体系，全面提升工业互联网安全保障能力，工业和信息化部、教育部、人力资源社会保障部等 10 部门联合印发了《加强工业互联网安全工作的指导意见》，其中对建立健全安全管理制度、落实安全责任作出详细且明确规定。

3.2.1　工业互联网安全管理的基本原则

工业互联网安全管理体系应围绕设备、控制、网络、平台和数据安全展开，以确保企业主体责任和政府监管责任的落实。这一管理体系需要健全制度和机制，采用先进的技术手段，促进产业的健康发展，以及强化人才培育。其目标是构建责任明确、制度健全、技术领先的工业互联网安全保障体系，覆盖工业互联网的规划、建设和运行等全生命周期，以形成事前防范、事中监测和事后应急响应能力，全面提升工业互联网创新发展的安全保障能力和服务水平。

工业互联网安全管理遵循的基本原则包括以下几点。

（1）安全固本，以安促发。将安全作为发展的基础，以安全保障为前提来推动工业互联网的发展。要严格遵守国家的网络安全法律法规，按照"谁运营谁负责、谁主管谁负责"的原则，确保安全与发展同步规划、同步建设、同步运行。

（2）统筹规划，协同共进。在顶层设计和系统规划方面要有整体考虑，结合各地实际情况，精准聚焦关键问题，分步协同推进，以此加速工业互联网安全保障体系的构建，确保安全管理工作得到高效、有序地实施。

（3）分类施策，分级管理。根据行业的重要性、企业的规模及安全风险的程度等因素，对企业进行科学合理的分类分级管理。尤其重点关注并指导重要行业和重点企业，以提升其工业互联网安全保障能力，确保企业切实履行安全主体责任。

（4）融合创新，重点突破。基于工业互联网的融合发展特点，积极探索创新安全管理机制和技术手段。鼓励并推动重点领域的技术突破，加快安全可靠的产品推广和应用，有效应对新型安全挑战。

3.2.2　工业互联网安全管理的主要任务

工业互联网安全管理的主要任务包括以下几个关键方面。

1. 落实工业互联网安全责任

工业互联网企业应依法设定明确的安全责任部门和责任人，制定科学合理的风险评估和安全审计制度，建立完善的安全事件报告和问责机制。同时，企业需增加安全投入，采用有效的安全技术手段，以确保工业互联网的安全稳定运行。政府部门应负责监督管理，在发生网络安全事件引发安全生产事故时，严格按照相关法律法规及规定进行处理。

2. 构建工业互联网安全管理体系

需建立全面的安全管理制度，包括监督检查、风险评估、数据保护、信息共享与通报、应急处置等方面的制度和工作机制，以此强化对企业的安全监管力度。此外，建立分类分级管理机制，将工业互联网企业分为不同等级，实施差异化的管理措施。

3. 提升企业工业互联网安全防护水平

推动相关领域安全标准的研究和制定，包括设备、控制、网络、平台、数据等领域。同时，建设安全技术与标准试验验证环境，以支持相关机构和企业参与国际标准的制定和加速标准的落地实施。

4. 强化工业互联网数据安全保护能力

加强设备和控制系统的安全防护，积极推动设备制造商、自动化集成商与安全企业开展合作，共同提升设备和控制系统的安全性。加强网络设施的安全性，包括网络化改造、IPv6部署和 5G 应用的安全评估和设施部署。强化平台和工业应用程序的安全性，建立事前安全检测机制，切实保护用户信息和数据安全。

5. 完善国家工业互联网安全技术手段

（1）搭建国家、省、企业三级协同的工业互联网安全技术保障平台。由工业和信息化部统筹规划，建设国家工业互联网安全技术保障平台。工业基础较好的省、自治区、直辖市先期试点建设省级技术保障平台。支持鼓励机械制造、电子信息、航空航天等重点行业企业构建企业级安全平台，强化地方、企业与国家平台之间的系统对接、数据共享及业务协作，形成整体态势感知、信息共享和应急协同能力。

（2）建立工业互联网安全基础资源库。建设工业互联网资产目录库、工业协议库、安全漏洞库、恶意代码病毒库和安全威胁信息库等基础资源库，推动研制面向典型行业工业互联网安全应急处置、安全事件现场取证等工具集，加强工业互联网安全资源储备。

（3）建设工业互联网安全测试验证环境。搭建面向机械制造、电子信息、航空航天等行业的工业互联网安全攻防演练环境，测试、验证各环节存在的网络安全风险及相应的安全防护解决方案，提升识别安全隐患、抵御安全威胁、化解安全风险的能力。

6. 加强工业互联网安全公共服务能力

（1）开展工业互联网安全评估认证工作。构建工业互联网设备、网络、平台、工业App 等的安全评估体系，依托产业联盟、行业协会等第三方机构为工业互联网企业持续开展安全能力评测评估服务，推动工业互联网安全测评机构的审核认定工作。

（2）提升工业互联网安全服务水平。鼓励和支持专业机构、网络安全企业等提供安全诊断评估、安全咨询、数据保护、代码检查、系统加固、云端防护等服务。鼓励基础电信企业、互联网企业、系统解决方案提供商等依托专业技术优势，加强与工业互联网企业的需求对接，为其提供全方位的安全保障服务。

7. 推动工业互联网安全科技创新与产业发展

（1）支持工业互联网安全科技创新。加大对工业互联网安全技术研发和成果转化的支持力度，强化标识解析系统安全、平台安全、工业控制系统安全、数据安全、5G 安全等相关核心技术研究，加强攻击防护、漏洞挖掘、态势感知等安全产品的研发。支持通过众测众研等创新方式，聚集社会力量，提升漏洞隐患发现的技术能力。支持专业机构、高校、企业等联合建设工业互联网安全创新中心和安全实验室。探索利用人工智能、大数据、区块链等新技术提升安全防护水平的有效途径。

（2）促进工业互联网安全产业发展。充分利用国家和地方网络安全产业园（基地）等载体，整合相关行业资源，打造产学研用协同创新发展平台，形成工业互联网安全对外展示和市场服务能力。培育一批核心技术水平高、市场竞争能力强、辐射带动范围广的工业互联网安全企业。在汽车、电子信息、航空航天、能源等重点领域开展试点示范项目，遴选优秀安全解决方案和最佳实践案例，并加强应用推广。

3.2.3　工业互联网安全管理流程

工业互联网安全管理流程是指为保护工业互联网的设备、控制、网络、平台、数据等的安全，在日常运营中制定并执行的一系列措施。工业互联网安全管理流程的主要步骤如下。

1. 风险评估

工业互联网安全管理的首要任务是进行全面的风险评估。企业需要运用科学的方法和工具，全面识别内外部潜在的安全风险，包括员工、外部恶意攻击、数据泄露等多方面的威胁。风险评估的结果将指导后续安全措施的制定和优先级的确定。

2. 安全策略制定

根据风险评估的结果，企业应制定适合工业互联网需求的安全策略，包括网络访问控制、数据保护、身份验证和授权等规定。同时，安全策略应与企业整体战略保持一致，并不断更新以适应新的威胁和挑战。

3. 安全意识培训

企业应定期进行安全培训和意识教育活动，以提高员工的安全意识和自我防护技能。培训内容应包括安全操作规范、密码管理策略、应急响应等方面。

4. 安全演练和测试

企业应定期进行全面的安全演练和测试活动，以验证安全策略的有效性和可行性。演练和测试应包括模拟真实的网络攻击和应急响应场景，以提高团队的协作和应对能力。

5. 监测与警报

企业应建立实时监测和警报系统，以及时发现安全威胁和异常活动。监测系统应能够分析网络流量、系统日志和各类安全事件，及时发出警报并采取相应的措施。

6. 安全事件响应

企业应建立完善的安全事件响应机制，以快速、有效地应对安全事件和攻击。响应过程包括确定事件的性质、采取紧急措施、恢复受影响的系统和数据，以及进行事后调查和分析。

7. 定期评估和改进

企业应定期对工业互联网安全管理流程进行评估和改进，以确保其符合最新的安全标准和法规要求。评估应包括对安全策略、培训计划、演练结果和事件响应的绩效等方面的考核。

安全管理流程是保障工业互联网安全的重要手段。通过风险评估、安全策略制定、安全意识培训、安全演练和测试、监测与警报、安全事件响应及定期评估和改进，企业可以建立起一套有效的工业互联网安全管理流程，保障网络的安全稳定运行。工业互联网安全管理体系的建设还需要符合相关要求和法律法规。企业应全面了解并遵守相关安全标准。此外，企业还需与政府有关部门保持紧密合作，了解最新的安全政策和法规动态，及时对安全管理流程进行调整。

3.3 法律法规与指导办法

随着互联网的快速发展，新型信息技术（如云计算等）开始与传统工业深度融合，工业控制系统逐渐朝着智能化方向发展。然而，与此同时，网络安全事件不断涌现，工业控制系统在信息安全领域面临严峻挑战。因此，我国正在逐步完善工业互联网安全政策和标准，如表 3-1 所示，以提高工业信息安全技术保障水平，并推动整个安全产业的发展。

工业和信息化部、应急管理部于 2020 年 10 月联合发布了《"工业互联网+安全生产"行动计划（2021—2023 年）》，旨在通过工业互联网在安全生产中的应用，提升工业安全生产的感知、监测、预警、处置和评估能力，推动安全生产从静态分析向动态感知、从事后应急向事前预防、从单点防控向全局联防的转变，以提高工业生产的本质安全水平。

工业和信息化部还于 2020 年 12 月 22 日发布了《工业互联网创新发展行动计划（2021—2023 年）》（工信部信管〔2020〕197 号），重点强调了工业互联网正处于快速成长期，计划通过深入推进工业互联网创新发展战略，推动工业化和信息化更广泛、更深入、更高水平的融合发展，以提升工业生产的安全和效率。

表 3-1　我国工业互联网安全政策

发布机构名称	政策名称
全国人民代表大会常务委员会	中华人民共和国网络安全法
外交部、国家互联网信息办公室	网络空间国际合作战略
国务院	国务院关于积极推进"互联网+"行动的指导意见
	关于深化制造业与互联网融合发展的指导意见
	关于深化"互联网+先进制造业"发展工业互联网的指导意见
中国共产党中央全面深化改革委员会	关于深化新一代信息技术与制造业融合发展的指导意见
工业和信息化部、国家标准化管理委员会	国家智能制造标准体系建设指南（2024 年版）
工业和信息化部、应急管理部	"工业互联网+安全生产"行动计划（2021—2023 年）
工业和信息化部	工业控制系统信息安全防护指南
	工业控制系统信息安全事件应急管理工作指南
	工业控制系统信息安全防护能力评估工作管理办法
	工业互联网 App 培育工程实施方案（2018—2020 年）
	云计算发展三年行动计划（2017—2019 年）
	工业互联网发展行动计划（2018—2020 年）
	工业互联网专项工作组 2018 年工作计划
	工业互联网平台建设及推广指南
	工业互联网平台评价方法
	工业互联网网络建设及推广指南
	工业互联网综合标准化体系建设指南
	加强工业互联网安全工作的指导意见
	省级工业互联网安全监测与态势感知平台建设指南
	关于加快培育共享制造新模式新业态促进制造业高质量发展的指导意见
	工业互联网企业网络安全分类分级管理指南（试行）
	工业数据分类分级指南（试行）（2020）
	工业和信息化部办公厅关于推动工业互联网加快发展的通知
	工业和信息化部办公厅关于深入推进移动物联网全面发展的通知
	工业和信息化部关于工业大数据发展的指导意见
	工业互联网专项工作组 2024 年工作计划
	工业和信息化部关于印发《工业互联网安全分类分级管理办法》的通知

2021 年，工业和信息化部正式印发了《"十四五"信息化和工业化深度融合发展规划》，全面部署"十四五"时期信息化和工业化深度融合发展重点工作，加速制造业数字化转型，该规划紧密契合"十四五"时期制造业高质量发展要求，以供给侧结构性改革为主线，以智能制造为主攻方向，以数字化转型为主要抓手，推动工业互联网创新发展，围绕融合发展的重点领域设置了五项主要任务、五大重点工程及五个方面的保障措施，进一步深化新一代信息技术与制造业融合发展。

2022 年 10 月 14 日，国家标准化管理委员会发布 2022 年第 13 号中华人民共和国国家标准公告，批准发布国家标准《工业互联网总体网络架构》（GB/T42021—2022），这是我国首个在工业互联网网络领域发布的国家标准，其规范了工业互联网工厂内外网络架构的目标架构和功能要求，并且表明了工业互联网网络实施的框架及对安全方面的要求，这些标准规定有助于提升全行业全产业的数字化、网络化及智能化水平，能够进一步促进相关产业向数字化转型。该标准于 2023 年 5 月 1 日起正式实施。

2023 年 5 月，工业和信息化部编制完成《工业领域数据安全标准体系建设指南（2023版）》，该指南包括总体要求、主要内容和组织实施三大板块，分别介绍了工业领域数据安全标准体系的基本原则和建设目标、体系框架和重点领域，以及组织实施方向。该指南指出，到 2024 年，初步建立工业领域数据安全标准体系，有效落实数据安全管理要求，基本满足工业领域数据安全需要，推进标准在重点行业、重点企业中的应用，研制数据安全国家、行业或团体标准 30 项以上。

2024 年 5 月，工业和信息化部发布《工业和信息化领域数据安全管理办法》，对数据的定义、监管机构和核心数据目录备案等条款进行了调整。在数据处理者责任方面，明确了数据处理活动的安全主体责任，并要求对各类数据进行分级防护，以确保数据持续受到有效保护和合法利用。此外，还增加了有关核心数据跨主体处理和日志留存的规定，要求在需要跨主体提供、转移、委托处理核心数据时，必须进行安全风险评估并采取必要的安全保护措施，经由地方工业和信息化主管部门或通信管理局或无线电管理机构报送工业和信息化部审查。

预计到 2026 年，我国将构建起较为完备的工业领域数据安全标准体系，全面落实数据安全相关法律法规和政策制度要求。届时，标准的技术水平、应用效果和国际化程度将显著提升，基础性、规范性、引领性作用将充分彰显，贯标工作将全面开展，有力支撑工业领域数据安全重点工作，计划研制数据安全国家、行业或团体标准 100 项以上。

国外也在不断推进和完善工业信息安全相关战略、法律、政策及标准体系。欧洲、美国等国家和地区将工业信息安全作为国家信息安全的重要组成部分，先后制定了一系列的相关战略、法律和政策，如表 3-2 所示。2003 年，美国发布了《保障网络空间安全的国家战略》及《关键基础设施的识别、优先级与防护》，明确了工业信息安全相关的部门分工、法律责任和重点领域。2013 年，美国发布了《关于提升关键基础设施网络安全的行政命令》，授权制定关键基础设施网络安全框架，明确应遵循的安全标准和实施指南，为关键基础设施所有者和运营商进行安全检查提供依据。欧盟于 2006 年启动《欧洲关键基础设施保护计划》（EPCIP），2013 年欧盟网络安全局（ENISA）发布《工业控制系统网络安全白皮书》，指导欧盟各国加强工业控制安全的部门协作、能力建设和应急响应。围绕落实关键基础设施网络安全政策，美国制定了工业控制安全标准参考框架，引领企业建立安全防护策略和实施规范。围绕企业加强工业控制安全管理、健全安全策略、强化产品安全等，美国国家标准与技术研究院（National Institute of Standards and Technology，NIST）发布了《工业控制系统信息安全指南》（SP 800-82），IEC、ISA 共同制定了《工业过程策略与控制安全：网络与系统信息安全》系列标准（IEC 62443），促使企业提升安全防护意识和管理水平，保证产品的安全可控。德国、英国等国家对工业控制安全管理和评估等制定了一系列的安全标准。

表 3-2　国外工业互联网安全政策

国家	发布机构名称	政策名称
美国	美国能源部	提高 SCADA 系统网络安全 21 步
		能源行业网络安全多年计划
	国土安全部	中小规模能源设施风险管理核查事项
		控制系统安全一览表：标准推荐
		SCADA 和工业控制系统安全
		美国国家网络事件响应计划
		网络安全战略
	美国核管理委员会	核设施网络安全措施（Regulatory Guide 5.71）
	美国政府	行政令《确保美国大容量电力系统安全》
	美国网络安全和基础结构安全局	工业控制系统 5 年战略《确保工业系统安全：统一计划》
	美国众议院	物联网网络安全改进法案
澳大利亚	澳大利亚联邦政府	国家信息安全战略
		关键基础设施安全法案草案
		行为准则：保障消费者物联网安全
	澳大利亚网络安全增长网络（ACSGN）	网络安全行业竞争力计划
德国	德国联邦议会	网络安全法
瑞典	瑞典民事应急局（MSB）	工业控制系统安全加强指南
俄罗斯	国家杜马、国家安全委员会	信息安全学说
		信息、信息技术和信息保护法
		俄罗斯信息社会发展战略（2017—2030 年）
		联邦关键信息基础设施安全法

3.4　工业互联网安全防护技术及产品

在工业领域，工业互联网安全防护技术及产品专门针对工业领域的网络安全需求进行设计和开发，旨在协助工业企业有效地监控和管理工业网络安全，提升整体的安全防护能力。从功能和技术架构角度出发，这些技术和产品通常分为 5 个部分，包括态势感知、安全管理、安全防护、监测技术及检查评估。下面着重介绍态势感知、日志审计与分析系统、统一安全管理平台。

3.4.1　态势感知

态势感知模块包括态势分析与安全运营管理平台。这个平台可以看作是企业的"安全大脑"，为日常安全运营提供技术支持。其功能涵盖资产管理、漏洞管理、风险评估、合规评估、监测预警、攻击溯源、走势预测以及协同联动等多个方面。它能够提供宏观数据分析，包括系统资产状态、运行情况、攻击态势等，同时提供安全事件的智能分析，以减少误报警和运维压力，为企业提供全方位、多层次的安全保障服务。

具体而言，该产品功能如下。

（1）态势分析。以企业内网资产为核心分析对象，对资产的各种数据进行建模分析，以可视化方式展示内网资产的运行状态和安全状况。

（2）资产管理。具备自动发现内网资产的能力，包括主机设备、网络设备、安全设备、工业控制设备和物联网设备等各类资产，并提供详细的资产信息，为企业的资产管控提供全面的数据支持。

（3）脆弱性管理。通过对系统漏洞进行扫描，将扫描结果与资产信息整合，以查看漏洞分布情况。

（4）监测预警。全面监测系统内的违规操作、攻击入侵、异常行为等，通过智能分析引擎生成高可靠性告警信息。确保安全事件能够及时被发现和处理。

（5）事件处置。在安全事件发生时，自动收集与安全事件相关的数据，并自动生成处置建议或处理规则。

（6）攻击溯源。通过追踪攻击源头、入侵路径和攻击时间轴，进行攻击链分析和攻击路径还原。

（7）数据挖掘。基于历史事件序列数据，通过 AI 算法预测未来趋势，挖掘事件规律和关联关系，提前发现安全风险。

（8）合规评估。对系统进行合规检查，计算合规指数，并针对多区域或多系统的合规指标进行对比分析。

（9）工业场景典型威胁分析。实现对工业典型威胁的分析，如 U 盘滥用、非法设备接入等，进行深入分析和识别，为工业企业防范特定安全风险提供专业的分析工具和解决方案。

（10）多源异构数据采集。支持多种设备、协议、格式的日志采集和标准化处理。

3.4.2　日志审计与分析系统

日志审计与分析系统是专为工业控制网络设计的统一审计与分析平台，用于收集、处理和关联分析不同厂商的网络设备、安全设备、服务器、操作系统、数据库系统等的日志信息，如图 3-7 所示，以满足《中华人民共和国网络安全法》对日志保存的要求。该产品功能如下。

（1）日志范式化。对异构日志格式进行统一的标准化描述，自动识别并范式化字段，支持自定义事件搜索条件。

（2）日志过滤。自动过滤无用日志，减少垃圾数据。

（3）日志源管理。管理日志源的白名单，只采集白名单内的日志。

（4）日志交互分析。对安全事件进行文本分析，支持自定义事件搜索条件，建立个性化的搜索分析策略。

（5）日志关联分析。基于规则开展关联分析工作，提供逻辑关联、统计关联和情境关联等分析，支持多种告警方式。

（6）日志告警。提供告警统计策略，支持告警信息归并和统计图表展示。

（7）日志报表。按照天、月度、季度、年度等时间周期生成报表；在报表中以柱状图、曲线图、饼图等方式统计安全报警情况；帮助运维人员快速生成日常日志分析和运维报告。

（8）系统管理。对自身运行的 CPU、内存和磁盘空间等的使用率进行实时监测，并设置告警阈值，支持对采集的日志源进行监控，一旦日志源发送日志间隔超过阈值，系统将自动告警。

（9）用户管理。系统内置系统管理员、安全管理员和安全审计员，遵循三权分立原则。

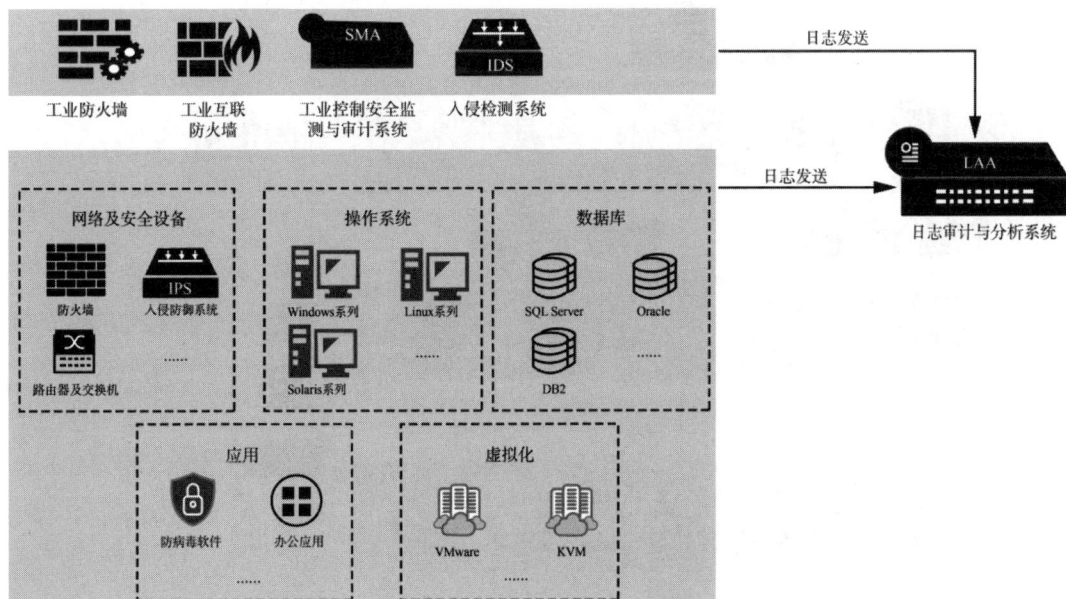

图 3-7　日志审计与分析系统

3.4.3　统一安全管理平台

统一安全管理平台是一种集成化的专业产品，用于集中管控工业网络中的安全产品和安全事件。通过对生产控制网络中的各种安全产品（如边界隔离、网络监测、主机防护、入侵检测、运维管理等）进行集中管理，可保障系统的整体安全性，如图 3-8 所示。产品功能如下。

（1）安全域管理。统一安全管理平台允许管理员对不同安全产品的配置进行集中管理，确保安全策略的一致性和协同性。

（2）拓扑管理。平台提供专业的设备管理工具和网络拓扑管理工具，可以对现有的设备进行数字化管理，对当前的网络拓扑结构进行创建和修改。

（3）可信主机管理。通过配置可信主机列表，只有在可信列表中的主机才可以登录安全管理平台。

（4）资产管理。具备自动发现在线安全设备的功能，支持设备升级、自动发现和日志备份等配置操作。此外，还能管理工业控制设备，并查看其信息。

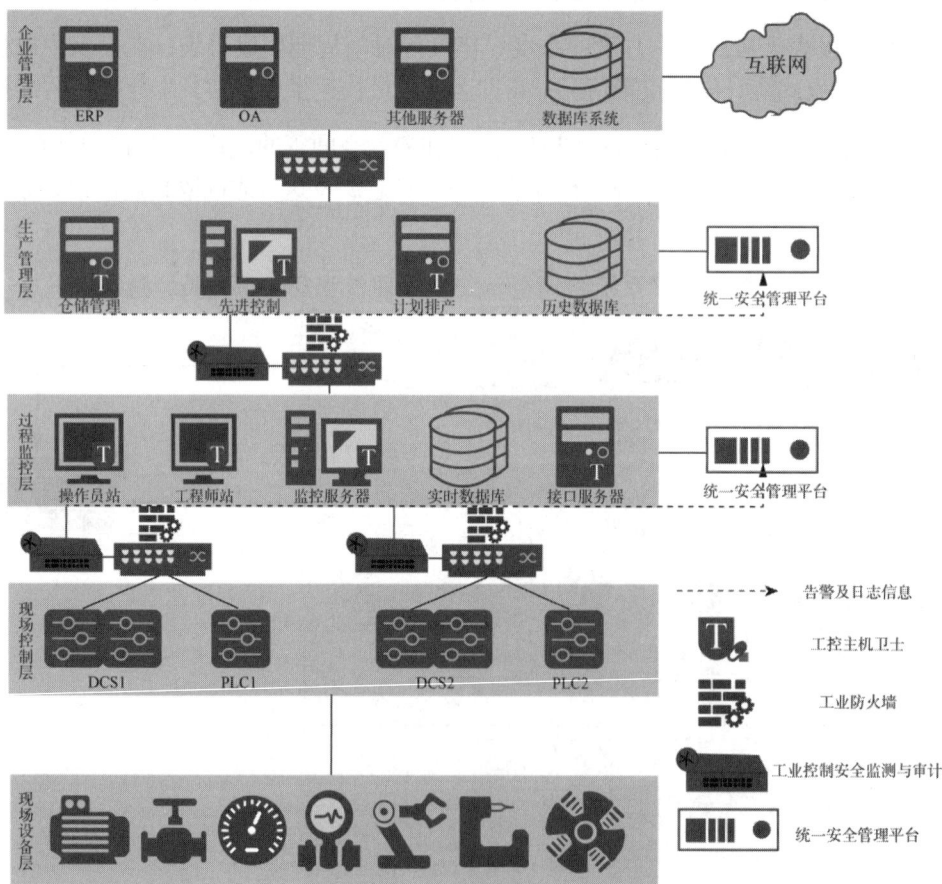

图 3-8　统一安全管理平台

3.4.4 工业防火墙

工业防火墙是专为工业控制系统环境设计和开发的边界隔离和安全防护产品。该产品基于工业级 ARM 多核处理器芯片的硬件架构，并搭载自主知识产权的智能工业控制安全操作系统。

工业防火墙采用工业级 ARM 多核处理器芯片，结合自主研发的工业控制安全操作系统，以确保高性能和可靠性。优化的软硬架构提高了产品对报文的处理能力，如图 3-9 所示，确保高效的数据传输和处理。工业防火墙具备深度报文解析功能，能够对主流工业协议进行深入解析，以确保精确的流量控制和分析。采用了白名单和智能学习技术，用于建立工业控制网络区域间通信模型。这样确保只有可信任的流量才能在网络中传输，提供了对工业控制网络与外部网络连接，以及工业控制网络与内部区域之间网络连接的安全保障。产品功能如下。

（1）日志管理。管理访问策略日志、白名单日志、黑名单日志；专有工具查看、检索、备份、审计日志，支持日志备份；支持以直方图的形式统计日志，支持快速检测未知设备。

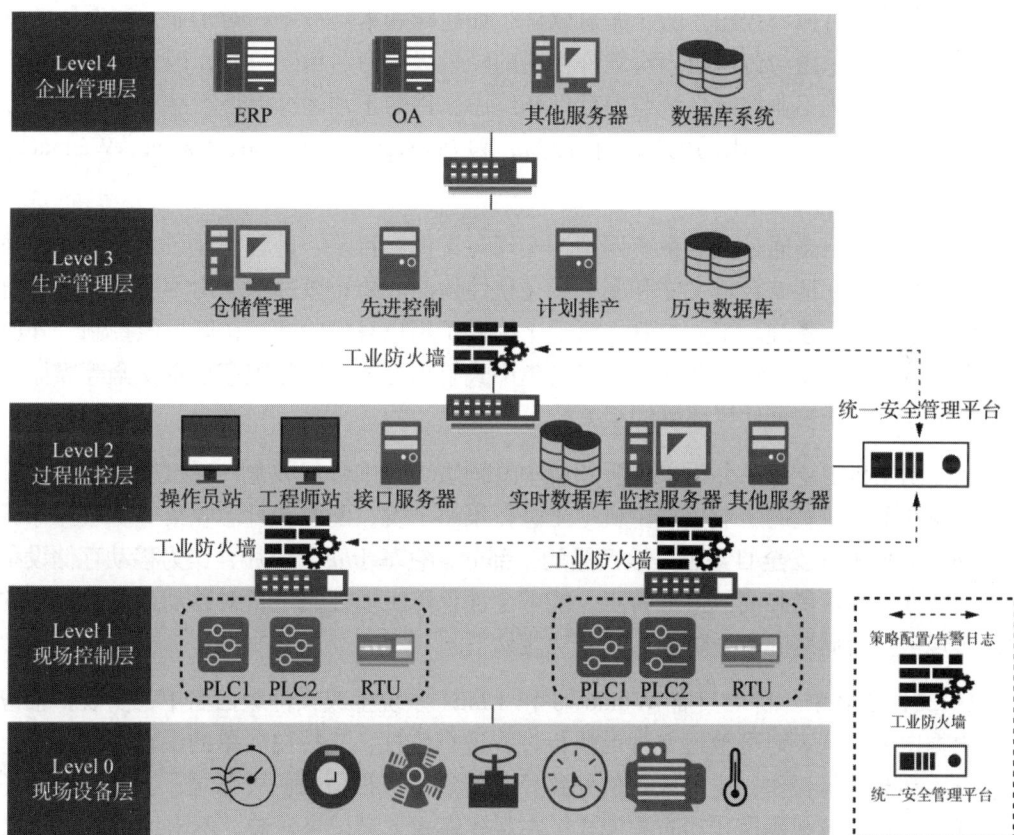

图 3-9 工业防火墙

（2）安全策略。基于安全域的安全策略，支持手动配置基于源 IP、源 MAC、目的 IP、目的 MAC、协议（TCP/IP）访问控制规则；支持基于白名单的访问控制策略；支持自学习创建白名单规则，学习时间可调节；支持 IP/MAC 地址绑定规则；支持访问控制列表（Access Control List，ACL）时间段控制，支持 ACL 编译，快速 ACL 查找。

（3）过程监控层设备访问控制。以串联方式部署在生产执行层与过程监控层之间。采用会话状态检测、包过滤检测机制，限制对过程监控层的非授权访问行为；自动学习网络间通信关系，对正常通信行为建模，异常通信行为将被拦截；建立设备白名单基线，对设备接入行为进行实时监测，发现未知设备接入即产生告警，支持现场控制层设备指令级防护。

（4）以串联方式部署在过程监控层与现场控制层之间。基于工业控制协议的深度解析，实现对非法操作指令的拦截和告警；基于工业控制协议的通信记录，自动学习业务通信逻辑关系、操作功能码和参数等，形成正常通信行为模型。对包过滤日志、工业协议过滤日志等安全事件日志进行记录，并上报至统一安全管理平台。

3.4.5　病毒查杀

工业控制主机卫士是专为工业现场主机（如工程师站和数据服务器）而设计的安全软件产品。它旨在管理可执行程序，防止恶意软件，如病毒和木马程序，对工业控制系统的感染。工业控制主机卫士采用与传统防病毒软件不同的轻量级"白名单"机制，因此对系统资源的占用很小，不会干扰工业控制系统监控软件和组态软件的正常运行。该产品能够有效地阻止各种工业控制恶意程序或代码的执行和传播，包括 Stuxnet、Flame、Havex、WannaCry、BlackEnergy 等。

工业控制主机卫士通过拦截系统调用，实现对文件、目录、进程、注册表和服务的强制访问控制。此外，它还结合了文件和服务的完整性检测、防止缓冲区溢出等功能，将普通操作系统变为安全操作系统。工业控制主机卫士提供了用户身份验证、访问权限控制、外设控制、完整性校验、日志审计等功能。它采用集中式管理方式，满足国家信息安全等级保护和分级保护标准中关于安全计算环境的相关技术要求。

工业控制主机卫士产品分为单机版和集中管理版。集中管理版允许通过统一的安全管理平台对分布在不同位置的工业控制主机卫士进行策略下发、配置和日志收集等管理操作，如图 3-10 所示。此外，安全 U 盘也是该产品的一部分，它基于安全芯片，作为移动存储设备，具备高安全性、高性能和高效率等特点，能够全面保障工业控制主机对移动存储设备等的安全性，实现全生命周期的安全防护。产品功能如下。

（1）文件白名单。自动扫描 Windows 和 Linux 系统生成文件级白名单；安装扫描应用程序，根据白名单列表对可执行文件的执行过程进行监控，支持白名单的编辑、删除、追加、查询、导入和导出等操作；支持配置例外路径，指定不被扫描的例外目录；支持配置信任路径和信任进程；支持观察模式和防护模式，在观察模式下只记录告警，不阻拦。

（2）网络白名单。支持针对主机的 SYN 攻击防护；支持配置控制程序连接，以及 TCP 或 UDP 端口连接的规则。

（3）访问控制。基于 BLP 和 BIBA 模型的强制访问控制；支持配置文件和注册表完整性保护；支持进程内存空间保护。

（4）安全检测。检测主机系统安全状态并形成检测报告。

（5）安全基线。对账户及账户密码的长度、复杂度、使用期限进行基线设置；支持对系统登录事件、账户登录事件、对象访问等进行基线设置；支持对交互式登录、网络访问、自动播放、默认共享、关机时清空内存页面等进行基线设置；支持对操作系统日志保留大小和时间进行基线设置；支持对操作系统的数据执行保护进行基线设置。

（6）非法外联。对自定义的 IP 或域名访问进行检测；对非法网络访问提供日志记录和告警信息。

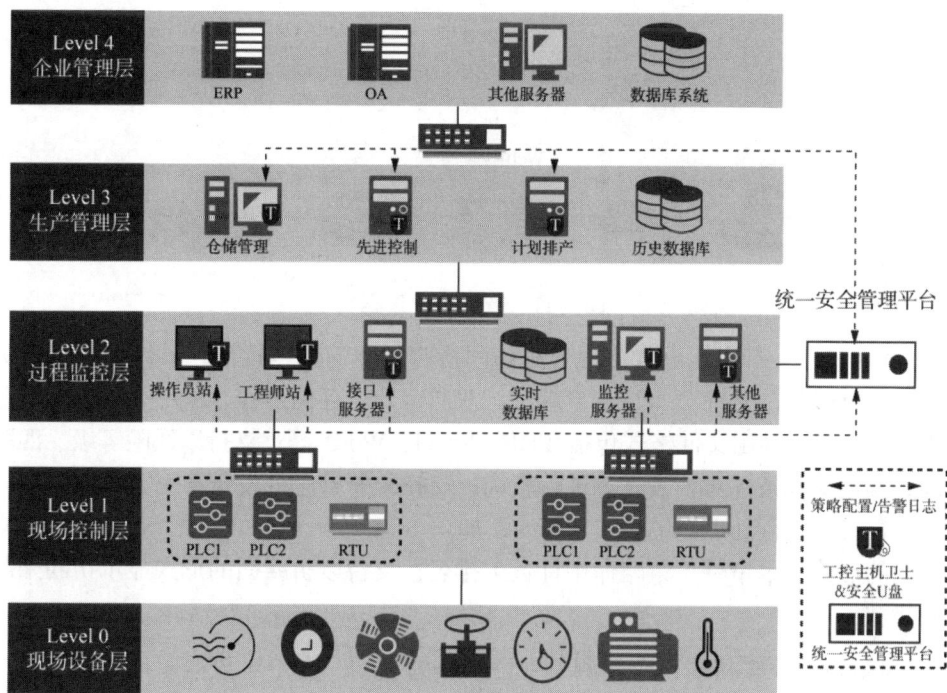

图 3-10　工业控制主机卫士

3.4.6　数据审计

随着信息化的迅速发展，数据库已成为客户数据的主要存储媒介。数据的安全与稳定直接关系到信息系统的安全与稳定。如果数据库受到攻击，可能会导致用户敏感数据泄露，甚至间接导致用户业务系统的停机。因此，信息安全建设的重心已从网络防护逐渐转向了数据防护，数据库系统的安全防护至关重要。

数据库审计系统通过监控数据库的多个状态和通信内容，不仅能够准确评估数据库所面临的风险，而且能通过日志记录提供事后追踪机制。其主要功能包括但不限于单向和双向审计、日志检索、风险告警、灵活策略配置、实时报表生成、自动学习、敏感数据发现、性能监控、风险扫描等。

这些功能使数据库审计系统能够全面保护数据安全，及时检测潜在的风险并采取相应措施，如图 3-11 所示为数据审计过程，数据审计可以确保数据库审计系统的正常运行并防止数据泄露和不当访问。因此，数据库审计系统的安全防护已成为威胁防御的重中之重。产品功能如下。

（1）防护策略。全局参数配置，方便不同策略引用内置高风险规则，防范维护人员执行 no where 删除、truncate table 等合法授权的高危操作；支持默认情况下全部记录的规则，为自动学习提供策略支持；支持数据库连接工具白名单功能，自动忽略数据库连接工具访问数据库的默认操作；内置清表、删表、提权等高风险操作特征规则。

图 3-11　数据审计过程

（2）审计日志。日志能够详尽地显示访问行为发生的具体特征，具体信息包括访问的时间、次数、目标等；支持 Oracle 变量绑定、双向审计、存储过程、SQL Server 辅助登录；支持检索结果导出，导出文件格式包括 PDF、Excel、Word 等；支持以风险等级、匹配的策略、时间、其他操作条件对告警日志进行查询；支持告警日志外发至第三方日志平台；支持对误报的告警日志进行处理，包括加入基线、加入 SQL 注入例外、禁用 SQL 注入规则；支持以柱状图的形式显示事件（策略命中计数）排名；支持以折线图的形式显示访问来源趋势和攻击趋势。

（3）风险评估。支持弱口令检测，保证口令的强度；支持对数据库审计系统用户权限分配的风险扫描，评估权限分配是否合理；支持对数据库、操作系统的安全配置检测，检测范围包括系统类、授权类、认证类，系统应提供扫描策略自定义功能，可以根据实际情况进行策略调整。

（4）系统管理。支持三权分立的内置用户设置，不同用户负责产品不同模块的配置与使用；支持"系统配置+审计日志"的全量备份；支持系统时间手工、自动与 NTP 服务器同步，保证审计日志时间准确性；系统能够自动对审计进程、解析进程、存储进程、检索进程进行诊断分析，方便用户排除故障；支持系统 CPU、内存、网络吞吐率、交换分区、磁盘的使用率监控；支持磁盘的读写速率监控。

3.4.7　行为审计

行为审计系统是一种综合型的上网行为管理产品，专为企业、数据中心、大型网络边界、行业中心和分支机构等场景而设计开发。该产品集成了应用控制、行为审计和网络业务优化等多项功能，为用户提供了全面、完整的解决方案，适用于各种业务应用场景。

行为审计系统可以采用多种模式部署在网络的关键节点上，包括透明模式、旁路模式、路由模式和混合模式等，以便对数据进行全面的 2~7 层检查和分析。它具有深度识别、管控和审计常见应用的能力，并利用智能流量控制、智能阻断和智能路由等技术提供强大的带宽管理功能。此外，该系统还提供了网络应用行为的精细化管理功能，以及清晰的管理日志等特性，如图 3-12 所示，从而提供全面且完善的网络行为管理解决方案。

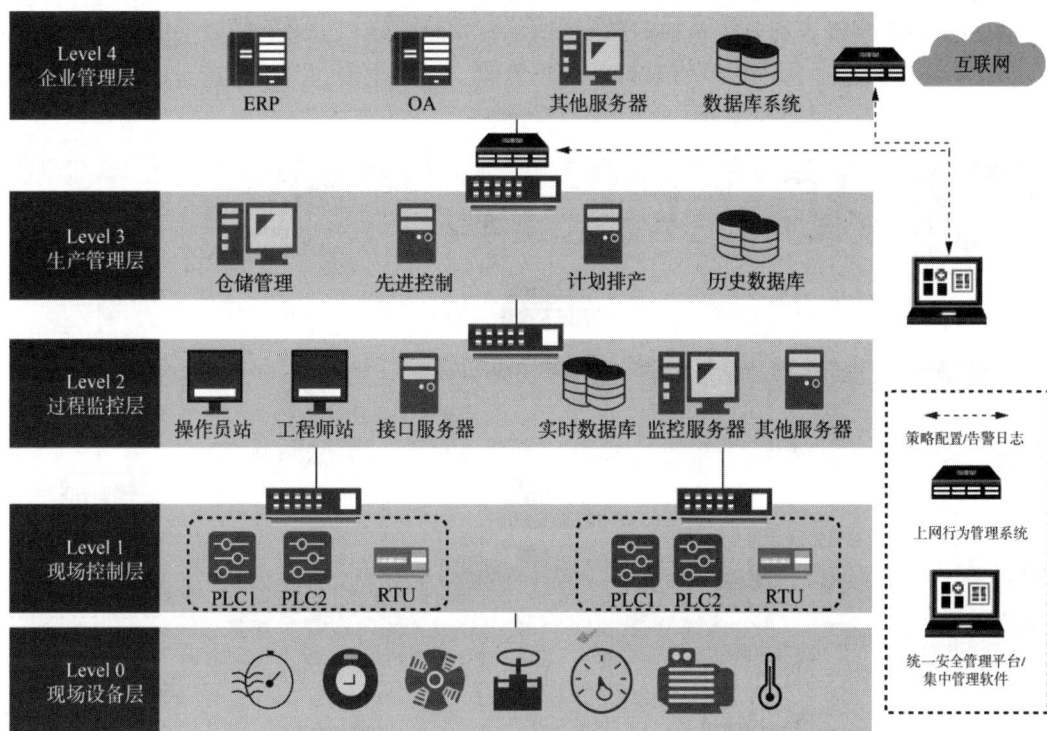

图 3-12 行为审计系统

总的来说，行为审计系统是一款多功能产品，旨在帮助用户管理和控制网络上的各种行为，提高网络的安全性和效率。它适用于各种不同的网络环境，为用户提供了强大的工具来管理和优化其网络资源。产品功能如下。

（1）丰富的用户识别和身份认证功能。能够实时与第三方用户系统同步上、下线用户信息，保障上网实名制；支持本地认证、第三方认证、服务器认证、IP/MAC 认证、单点登录、短信认证、Portal 认证和混合认证等多种身份认证方式，可有效地区分用户。

（2）精准的上网行为识别和审计。基于内置的应用识别特征库，上网行为管理系统支持常见应用的审计，包括电子邮件类、即时通信类、网络论坛类、博客类、网购类、微博类等应用；支持详细、清晰、易用的日志特性，可以全面记录审计用户上网行为、使用流量、访问网站、所用终端系统及设备类型平台等信息。

（3）细粒度的流量控制和带宽管理。将物理线路划分为若干虚拟线路和流量控制通道，基于用户/组、应用/组、服务、源地址等七元组的方式实现带宽管理细化，满足用户带宽管理的需求；支持流量动态调配技术，智能租借空闲流量，动态调整网络拥堵通道的最大带宽值，避免带宽资源浪费，保障业务正常开展。

3.4.8　入侵防御

入侵防御系统是一款集检测与防御于一体的全面安全工具，专为保障工业网络环境免受威胁而设计，融合了高效的入侵检测技术和即时的防御响应能力。该系统通常部署在网络边界和关键节点上，以在线或旁路的方式工作。它遵循安全策略，对进出工业网络系统的数据进行全面的 2~7 层检查和分析，如图 3-13 所示，实时感知和记录网络流量中的各种网络攻击，包括病毒、蠕虫、木马、间谍软件、网页篡改、注入攻击、跨站攻击、DDoS 攻击、漏洞扫描、异常协议、网络钓鱼等。

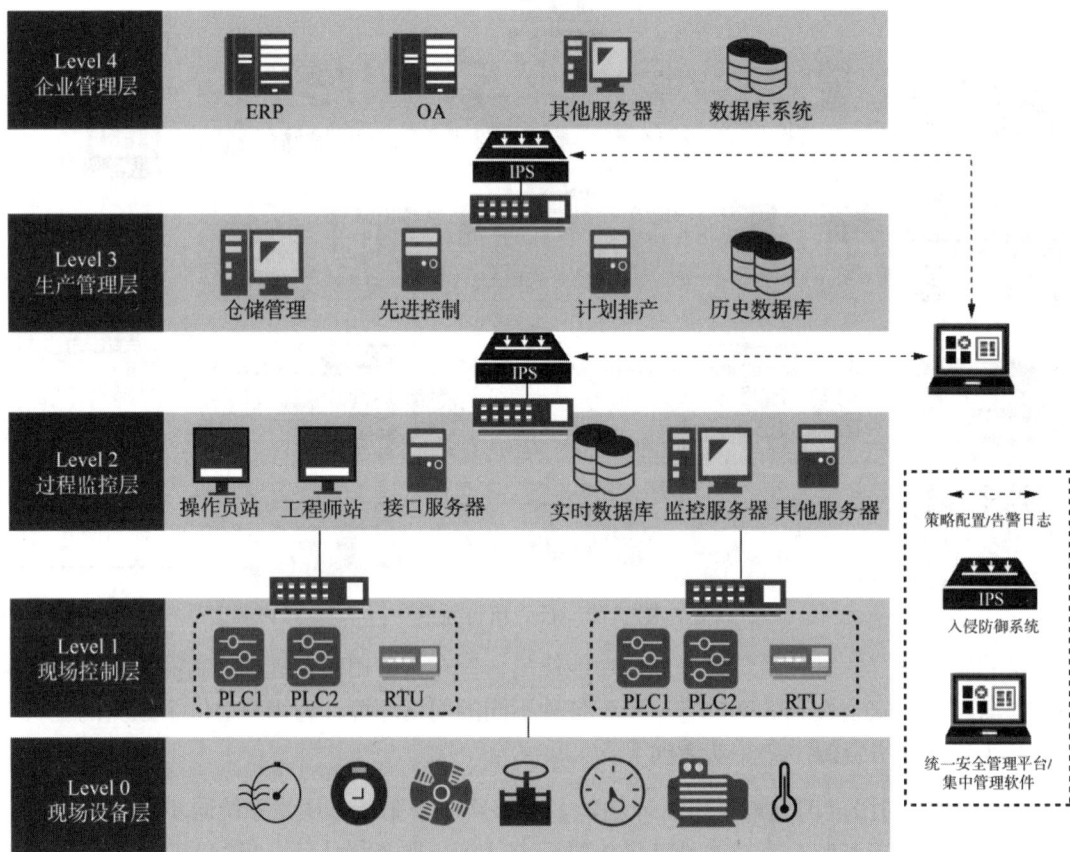

图 3-13　入侵防御系统

入侵防御系统通过深入分析网络数据包，并使用特征库进行行为匹配，实现对入侵行为的检测和阻止、病毒和恶意代码的查杀、Web 攻击的防护，以及带宽管理、URL 过滤、关键字过滤、安全风险评估等多种功能。通过部署入侵防御系统，可以及时发现来自生产网络内外的违反安全策略的行为或其他攻击行为，并通过实时阻断来确保生产网络的安全运行。

综上所述，入侵防御系统是一种多功能的安全设备，旨在保护工业网络免受各种网络威胁的侵害，提高网络的安全性和可靠性。它是工业网络安全的重要组成部分，有助于确保生产系统的连续运行和数据的完整性。产品功能如下。

（1）强大的入侵防御能力。产品内置超过 4000 种预定义的攻击特征库，结合多核硬件架构和流检测技术对各类应用进行深入分析，支持针对已知通用应用协议或应用系统漏洞的攻击行为检测和防护，同时产品具备病毒和恶意代码查杀、Web 攻击防御等应用层安全防护能力。

（2）灵活的安全策略管理。产品采用基于策略的防护方式，内置多种默认安全策略，用户可以根据需要选择适合自己需要的策略，以达到防护效果。用户还可以根据防护的类型选择不同的事件集，这样既可以提高系统的性能，也可以减少误报的发生率。

（3）检测/防御一体化设计。产品支持多样化的部署策略，包括但不限于透明模式、旁路模式、桥接模式、混合配置及双机冗余等，能够依据实际场景需求进行灵活的配置与组合。它既能以旁路模式运行，仅监测和记录攻击行为并发出警报，也能直接串联在网络路径中，实现攻击流量的即时阻断。产品集成了入侵检测与防御的双重功能，便于在单一平台上实现综合防护。此外，通过中央化的管理平台，能够跨地域整合并统一管控多台部署在不同位置的设备，实现全局的安全防护策略与高效管理。

3.4.9　安全隔离

安全隔离与信息交换系统是一种专为工业网络环境设计的安全隔离系统，旨在实现不同安全级别网络之间的数据安全交换。该产品采用多机系统架构，通过一系列安全处理步骤，包括信息落地、还原、扫描过滤、防病毒、入侵检测、审计等，来有效防止黑客攻击、恶意代码和病毒的侵入，同时防止内部机密信息的泄露，以实现网络之间的安全隔离和信息交换。

安全隔离与信息交换系统集成了文件交换、数据库访问和同步、视频交换、组播代理、访问交换、工业控制等多个功能模块。这些功能模块的整合旨在确保用户信息系统的安全性，同时提供方便的用户体验。

总之，安全隔离与信息交换系统是一款针对工业网络环境设计的安全隔离与信息交换系统，如图 3-14 所示，通过多机系统架构和多重安全处理措施，为不同安全级别网络之间的数据交换提供了可靠的保护，既确保了信息安全，又提供了便捷的功能模块，以满足工业网络的安全和应用需求。产品功能如下。

（1）高安全性隔离。采用"内外网双主机+专有安全数据交换模块"架构及专用安全系统，确保内外网在任何时候无电气连接，剥离 TCP/IP 协议栈，摒弃 OSI 七层模型的所有不安全因素，实现网络的高安全隔离。

（2）全面的信息交换。支持工业控制代理、Web 代理、邮件交换、条件交换、数据库交换等 5 种信息交换类型，结合访问控制、入侵检测、防病毒、内容过滤、日志审计、身份鉴别等多种安全防护措施，以"摆渡"方式进行安全数据交换。

（3）高可靠性。产品采用专用安全主板设计，网络设备可在超高负荷的环境下长期稳定运行，双机热备的部署方式可使系统抵抗灾难性损坏时的可靠性成倍提高。

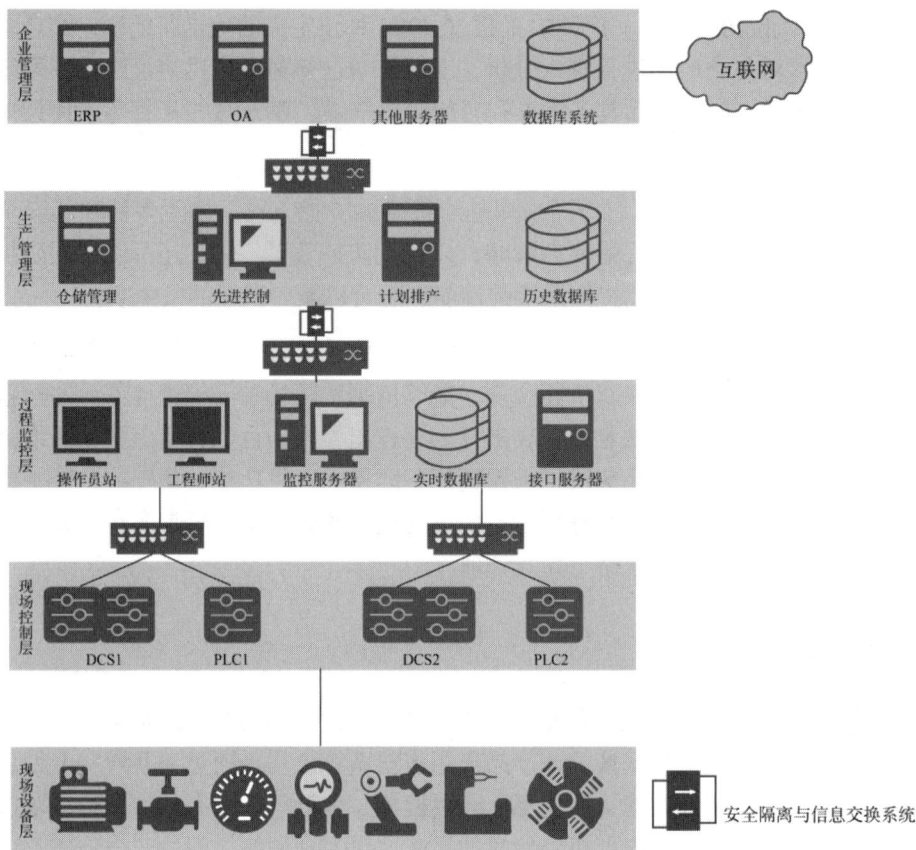

图 3-14　安全隔离与信息交换系统

3.4.10　准入控制

当前网络接入的形式复杂多样，接入设备的种类繁多，对如此多样的接入进行控制，管理人员越来越难以招架。另外，各种网络攻击、勒索软件、入侵破坏等网络威胁事件日趋频繁。同时，伴随着《中华人民共和国网络安全法》的颁布实施，对网络安全的法规要求也日益严格。采用网络准入控制系统构建完整的网络接入系统，如图 3-15 所示，采取有效灵活的措施可使网络进入安全管理系统。产品功能如下。

（1）清晰的边界划分。网络准入控制系统能够兼容各种混合网络环境和数十种网络设备，提供了桥接、策略路由（Policy-Based Routing，PBR）、MVG 等实现方案。该系统能够支持内置身份认证，外部 Radius、LDAP、AD 域、短信、指纹、CA 系统、USB KEY 等多种认证方式。在认证的基础上提供完善的角色、安全域、访客权限管理。让用户从设备和人员两方面进行网络边界的划分。

（2）广泛的网络适应。网络准入控制系统全面兼容各种终端和网络设备，广泛适应异构系统、BYOD、BYON 的应用。采用先进的设备特征采集技术，能够自动识别多种设备，有效地对设备进行标示和固定。自动识别的设备包括各种交换机、路由器、PC、iPhone、iPad、安卓系统设备等。

（3）安检策略丰富完善。网络准入控制系统配备了丰富的核心规范库，提供了数十种基础安全规范。该系统提供了符合行业特征的安全规范，包括电子政务网、军工制造、能源电力、电信、移动、医疗卫生、智能制造等，使用户能够快速进行行业安全规范应用。

（4）支持分布式部署。网络准入控制系统提供了控制器（NSC）产品，可以在网络规模特别大、网络结构特别复杂的情况下，将控制器部署在网络的不同区域，由中心设备统一对控制器进行管理，能很好地适应巨系统的部署。

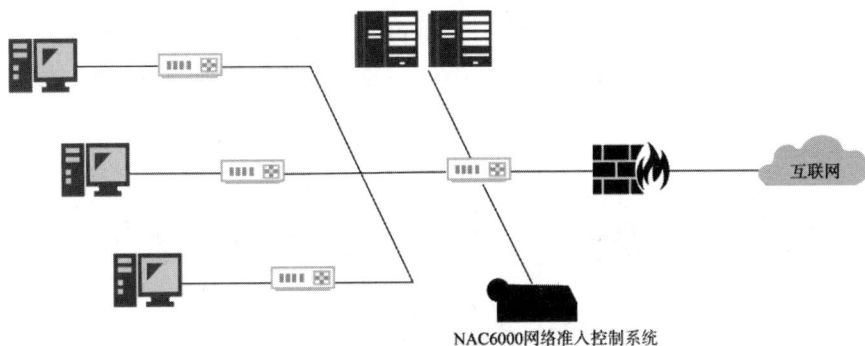

NAC6000网络准入控制系统

图 3-15　网络准入控制系统

3.4.11　网络诱捕

网络诱捕系统（简称诱捕系统）旨在保障企业用户内网的安全。它的主要目标是双重的：一方面，诱捕系统引导网络攻击者对其发起攻击，从而延缓工业控制威胁的渗透；另一方面，通过捕获和分析攻击流量，有效地检测各种网络攻击，包括 APT 攻击，从而提高企业内网安全威胁的识别和发现能力。这些功能共同为企业的持续生产运营提供了强有力的安全保障。

诱捕系统在保护企业内网安全方面发挥着重要作用，通过引导攻击者和分析攻击流量，不仅延缓了攻击的渗透，还提高了威胁的检测和识别能力，以确保企业的运营持续安全进行。产品功能如下。

（1）全面的蜜罐仿真功能。产品支持多种类型设备的仿真，如工业控制服务器蜜罐、工业控制全能蜜罐、工业控制业务上位机蜜罐、工业控制 PLC 蜜罐、工作数控系统蜜罐，全面覆盖工业场景中的各种设备，从网络流量、设备信息、虚拟端口、系统漏洞 4 个维度进行模拟仿真，混淆真实设备与蜜罐，达到欺骗攻击者的目的。

（2）全网攻击流量的数据捕获。产品对攻击者入侵过程进行原始信息的采集，包含攻击源 IP 与端口信息、攻击目的 IP 与端口信息、攻击者操作系统与浏览器信息、恶意代码与执行命令，并记录交互过程中所有的原始流量。

（3）精准的攻击流量数据分析。蜜罐部署在客户内网中，不参与客户现场正常业务的交互，不与业务相关的设备进行通信，凡是主动侦测蜜罐的流量，都可被认为是攻击流量，蜜罐产品全量捕获攻击流量，对捕获的数据进行深度分析，生成低误报的安全告警，能够提取原始数据中特征项向量形成攻击行为信息，并基于杀伤链与 ATT&CK 模型分析攻击者所处的攻击阶段，提前预防攻击者的下一步攻击。

（4）高效的蜜网管理功能。产品对部署在工业控制网络中的多个分布式蜜罐节点进行集中管理，监控蜜罐所处的运行状态与正在遭受的攻击，快速创建与删除蜜罐节点，动态调整蜜罐种类并灵活构建蜜罐网络。

3.4.12 入侵检测

入侵检测系统构成了一种全面的安全保障框架，它巧妙融合了入侵行为的即时侦测与主动防御机制，依据预设的安全策略密切监控工业网络系统的运行状态，确保系统免受潜在威胁。该系统旨在发现并阻止各种入侵攻击、异常流量、非法操作或异常行为，是一种软硬件一体化的设备，如图 3-16 所示。

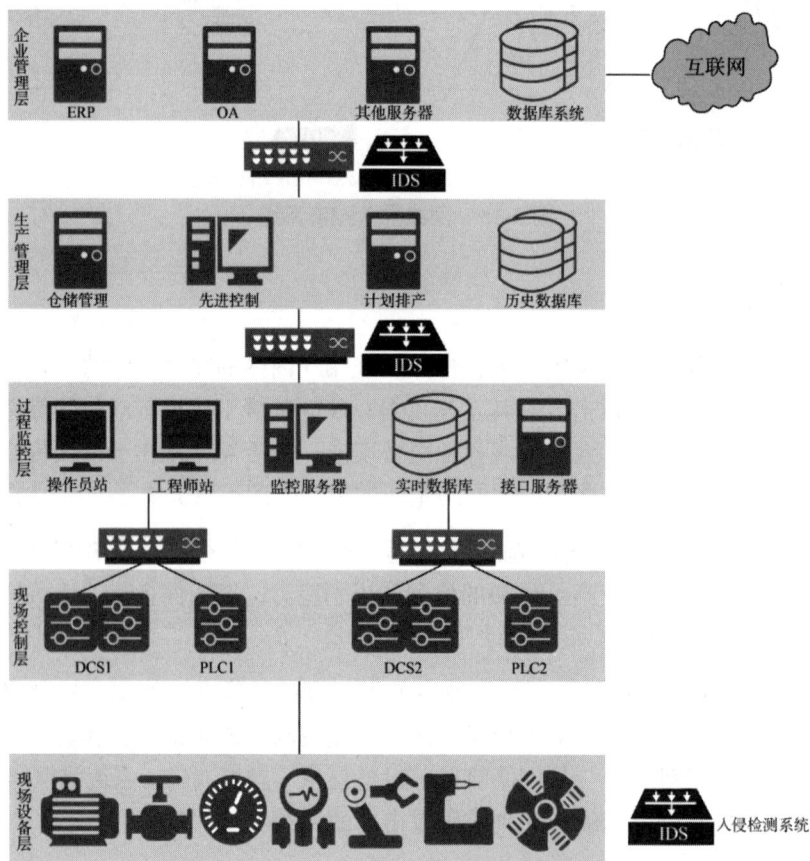

图 3-16　入侵检测系统

该产品通过深入分析网络上捕获的数据包，并结合特征库进行相应的行为匹配，实现了多种功能，包括入侵行为检测和防御、病毒和恶意代码查杀、Web 攻击防护、安全风险评估，以及安全威胁可视化等。通过部署入侵检测系统，可以及时发现来自生产网络内外的违反安全策略的行为，同时通过告警系统提醒工业用户采取应对措施，最终实现生产网络的安全运行。

综上所述，入侵检测系统是一种多功能的解决方案，它有助于监视和保护工业网络系统，防止潜在的安全威胁和攻击。产品功能如下。

（1）灵活的安全策略管理。产品采用基于策略的防护方式，内置了多种安全策略集，用户可以根据需要选择适合自己的策略，以达到防护效果，用户也可以根据防护的类型不同而选择不同的事件集，既可以提高系统的性能，也可以减少误报的发生概率。

（2）检测/防御一体化设计。产品支持多样化的部署模式，包括透明模式、旁路模式、桥接模式、混合配置及双机冗余等，能够灵活应对各种实际场景需求，实现部署方案的定制化。在旁路模式下，它能有效监测攻击行为并发出警报；在直接串联部署时，能即时阻断攻击流量。尤为突出的是，单台设备即能实现入侵检测与防御的双重功能，从而实现防护能力的深度融合。此外，通过中央集控平台，可轻松管理跨地域分散部署的多台设备，实现安全策略的集中制定与防护效果的统一展现，确保安全防护的连贯性与高效性。

3.4.13 安全监测与审计

工业控制安全监测与审计（Security Monitoring and Auditing，SMA）系统是专为工业控制网络设计的信息安全审计平台，它以旁路模式部署，旨在确保工业生产过程的零风险，如图 3-17 所示。该系统通过深度解析工业控制协议的通信包，能够实时检测工业协议的网络攻击、用户的误操作、非法设备接入，以及蠕虫、病毒等恶意软件的传播，并实时发出警报。同时，它会详细记录所有的网络通信行为，包括工业控制协议通信的指令级细节，为工业控制系统的安全事件调查提供坚实的基础。

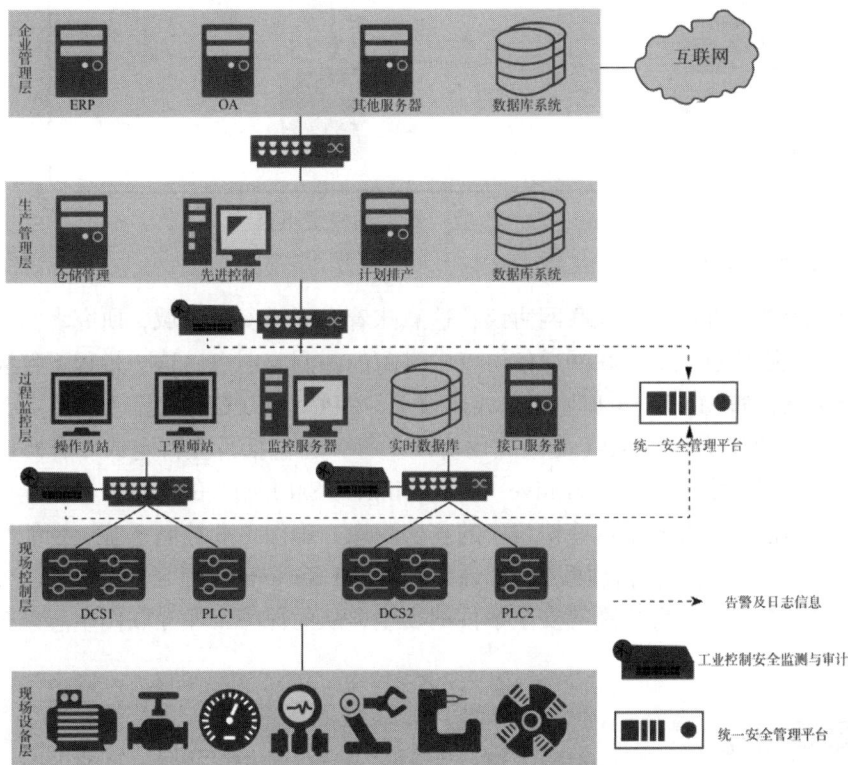

图 3-17 安全监测与审计

产品提供细粒度协议指令检测与审计功能。通过对工业控制协议的深度解析能力，结合白名单+智能学习机制，对各类工业控制协议数据包进行快速捕获和指令级解析，利用智能算法学习建立工业控制通信基线，对网络中工业控制协议通信行为与基线进行对比分析，不符合工业控制通信基线的异常指令操作、异常连接行为、异常通信地址/端口等将触发告警。

3.4.14 漏洞挖掘

1. 工业控制漏洞挖掘平台

工业控制漏洞挖掘平台是一款由北京威努特团队自主研发的黑盒测试产品，专用于发现工业控制设备中的未知漏洞并验证其安全状况。该产品采用智能 Fuzzing 技术，用于对工业控制设备（如 PLC、RTU 等）及工业控制系统（包括 DCS 和 SCADA 等）进行未知漏洞挖掘、安全性测试及健壮性测试，如图 3-18 所示。它深入挖掘工业控制设备和工业控制系统中的各种已知和未知漏洞，并生成符合 ISASecure 标准的测试报告。这些报告能够清晰地定位问题，提供测试报文，以便进一步进行问题排查和修复，从而显著提高工业控制系统的安全性。

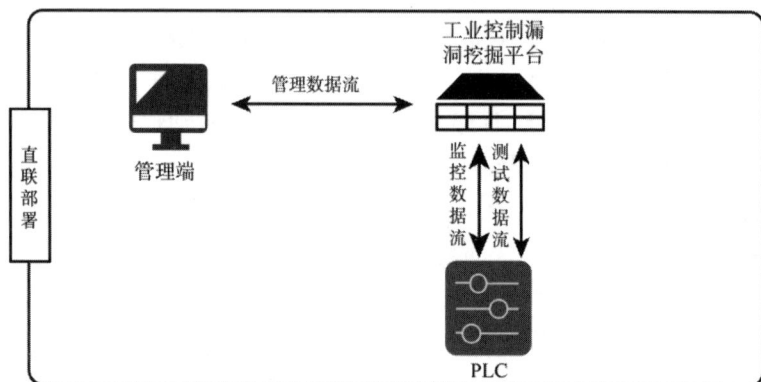

图 3-18　工业控制漏洞挖掘平台

2. 工业互联网协议全覆盖

漏洞挖掘覆盖全部的工业互联网协议，这意味着在网络安全领域，研究者与防护团队致力深入探索并识别所有工业互联网通信协议中潜藏的漏洞与弱点。这一过程不仅涵盖了广泛使用的标准协议，如 Modbus（莫迪康总线协议）、OPC UA（CPU 统一架构）、MQTT（消息队列遥测传输协议）、CoAP（受限应用协议）等，还包括行业特定或专有协议，以及新兴技术如时间敏感网络（Time-Sensitive Networking，TSN）相关的协议。通过全面的漏洞挖掘工作，旨在提前发现并修复这些协议中的安全隐患，确保工业控制系统、智能制造设备、物联网基础设施等关键信息物理系统（Cyber-Physical Systems，CPS）的安全运行，防止未授权访问、数据泄露、服务中断等安全事件的发生，从而保障工业互联网生态系统的整体安全与稳定。

3.4.15 漏洞扫描

工业控制漏洞扫描平台是一款专为工业控制网络脆弱性分析和安全评估而设计的漏洞综

合管理系统。该产品内置了丰富的工业控制系统漏洞库，可对工业现场的控制设备、数字化设计制造软件及控制系统中的已知漏洞进行扫描、识别和检测，如图 3-19 所示，并生成详细的脆弱性扫描评估报告。这些报告能够清晰定位工业控制系统中存在的脆弱性风险，并提供漏洞修复建议和预防措施，帮助工业企业全面了解工业控制系统的安全状况，从而提高工业控制系统的整体安全性。产品功能如下。

（1）安全基线漏洞扫描。产品支持针对 Linux、Windows、UNIX、网络设备、安全设备配置基线漏洞扫描。安全基线漏洞检测目标支持人工输入、安全域导入、文件导入；安全基线漏洞扫描支持 50 000 条以上扫描方法；支持 TELNET、FTP、SSH、POP、SMB 等登录方式。

（2）工业控制系统扫描。产品支持对传统 IT 设备/系统/数据库进行漏洞检测；产品具备 50 000 条以上漏洞规则库；支持扫描西门子、施耐德、三星、研华、罗克韦尔、松下、罗杰康等 20 多家厂商的各类工业控制系统；支持识别主流工业控制协议，包含 S7、Modbus、IEC104、Crimson、DNP3、EtherNet/IP 等；支持对扫描对象安全脆弱性的全面检查，如安全补丁、服务配置等；支持对工业控制防火墙、交换机、SCADA 系统、上位机、PLC、HMI 等多种类型的系统进行安全检查；支持漏洞库涵盖目前的安全漏洞和攻击特征，漏洞库具备 CVE、CVSS、CNVID、CNNVD、CNCVE、Bugtraq 等编号，支持对 Windows、macOS、Linux、AIX、HP-UX、IRIX、BSD、Solaris 等目标主机的系统进行扫描。

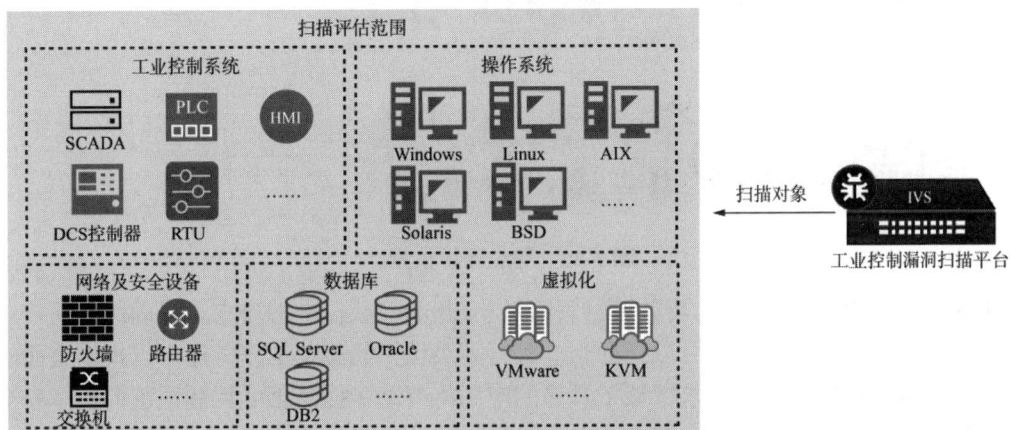

图 3-19　工业控制漏洞扫描平台

（3）报表管理及告警。扫描完成后会出具易懂的漏洞描述和详尽的安全修补方案建议，并提供相关的技术参数供管理员参考；支持实时查看报表导出进度；支持动态显示扫描结果和实时查看扫描结果；支持扫描结果自动发送至指定邮箱，或者发送到指定 FTP 服务器；支持扫描完成后进行邮件告警、短信告警、SNMP Trap 告警、Syslog 告警、FTP 告警。

3.4.16　等级保护检查

根据《信息安全技术网络安全等级保护基本要求》及《工业控制系统安全等级保护检查工具技术规范》等权威标准的要求，本章介绍一种工业控制等级保护检查的工具箱。该工具箱结合了各类工业现场的特点，旨在实现工业控制系统安全等级保护工作中的全流程管理，包括"定级备案、安全建设、等级测评、安全整改、监督检查"等各个环节，如图 3-20 所示。该工具箱可为监管检查机构、企业自查，以及安全评估工作提供必要的技术支持。

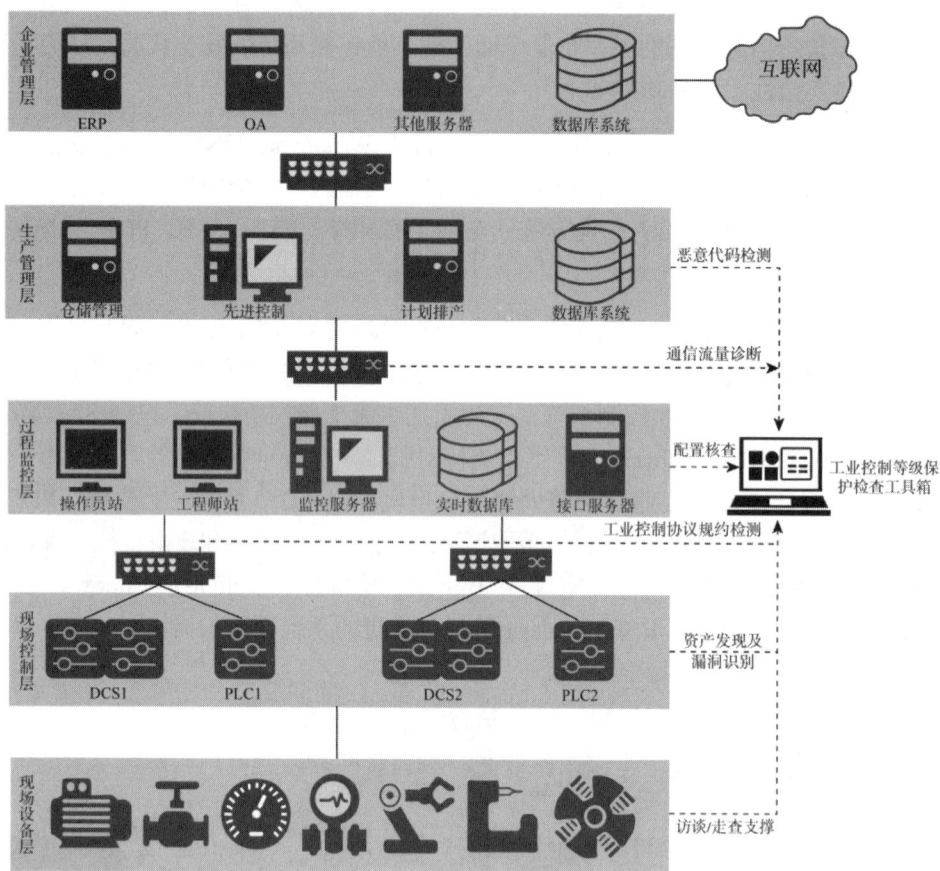

图 3-20　等级保护检查

工业控制等级保护检查工具箱的设计和开发应基于权威标准的要求，以确保工业控制系统的安全性和稳定性。它不仅可以帮助企业进行等级保护的相关工作，还可以提供全面的技术支持，以满足监管检查的需求。该工具箱的应用将有助于提高工业控制系统的整体安全水平，确保其正常运行并有效应对潜在的安全威胁。产品功能如下。

（1）合规性检查。产品支持按照不同安全等级进行合规性评估；支持生成资产安全分析评估报告；支持可扩展的评估框架，可自定义检查评估内容；支持评估结果的综合展示，包括定级结果、选项结果和统计信息等。

（2）资产安全检查。支持以列表方式呈现资产信息，包括设备厂商名称、版本、型号等信息；支持以直观的方式呈现所选网络区域内各个资产的漏洞数量及详细的漏洞信息；支持无损漏洞探测方式；支持多种检测策略；支持在线自动检测和离线手动检测两种模式，按照网段对不同级别漏洞的设备数量进行统计；支持对工业控制网络及安全设备进行检查，包括设备厂商名称、版本、型号、相关服务和端口等；支持对工业控制系统信息设备进行检查，包括主机内存、版本、启动项、账户和口令有关的安全策略等；支持 500 种以上工业控制设备的评估，包括西门子、施耐德、罗克韦尔、ABB、霍尼韦尔、通用电气等知名厂商的 PLC、DCS、SCADA 等。

（3）异常行为检查。支持工业控制系统组成单元的典型攻击行为检查；支持实时解析协议数据包，分析威胁异常结果应包括时间和日期、规则、源地址、目标地址、源端口、目标端口、协议类型等；支持旁路连接模式，可根据设定的方式包括流量大小、时间来对目标环境下的流量进行获取解析；支持流量数据包导出；支持生成流量威胁分析综合结果信息。

（4）恶意代码检查。支持对工业控制主机恶意代码的快速检查、全盘检查、自定义检查等功能。

3.4.17 安全配置核查

安全配置核查系统是一款专门针对资产配置进行核查的检查工具。该系统采用机—机的方式，也就是计算机之间的自动交互，如图 3-21 所示，取代了传统的人—机交互方式。它能自动访问工业控制网络中的软硬件资产，通过模拟人工访问的方式，自动采集企业控制网络终端资产的安全配置信息，并进行解析。然后，它会将这些信息与安全知识库中的配置要求和基线进行比对，以核查安全配置是否符合要求，并生成详细的核查报告。

图 3-21　安全配置核查系统

安全配置核查系统主要为工业企业用户提供常态化的安全配置脆弱性核查。通过自动化的方式，有效地检查资产配置，帮助企业及时发现并解决安全配置方面的问题。安全配置核查系统的应用有助于提高工业控制系统的整体安全性，确保其正常运行并降低潜在风险。

该系统内置重点行业检查规范，包括信息系统安全等级保护、工业和信息化部规范、电信通信行业等配置检查规范；支持自定义行业规范，支持对各类核查对象进行添加，并可对检查对象权重、范围等进行设置；支持自定义核查对象合规参数，对各核查对象的核查内容、合规参数等进行设置。

参 考 文 献

[1] 李拴保，范乃英，任必军. 网络安全技术 [M]. 2 版. 北京：清华大学出版社, 2017.

[2] 中国工业互联网产业联盟. 2022 工业控制网络安全态势白皮书[R]. 北京: 中国信息通信研究院, 2023.

[3] 中国工业互联网产业联盟. 2020 年中国工业互联网安全态势报告[R]. 北京: 中国信息通信研究院, 2021.

第4章

标识解析安全

4.1 工业互联网标识解析发展现状

4.1.1 节点设施的发展

当前，我国已经全面建设了工业互联网标识解析体系。这一体系是工业互联网的重要组成部分，被视为工业互联网的"神经系统"。该体系主要包括标识编码和解析系统两大部分。其中，标识编码相当于"身份证"或"门牌号"，为工业互联网上的每个物理实体和数字对象都赋予全球唯一的编码；解析系统则依据这些标识编码对网络地址和相关联的信息进行查询与统一解析，实现精准定位，支持跨系统、跨企业、跨地域的供应链全流程管理、追踪溯源、网络精准协同等应用。

近年来，我国工业互联网标识解析体系的建设取得了显著进展。武汉、广州、重庆、上海、北京5个国家顶级节点及南京、成都2个灾备节点相继建成上线，标志着"5+2"国家顶级节点全面建成。截至2023年7月，该体系已经全面建成。拥有312个二级节点，实现了31个省（区、市）的全覆盖。累计注册量突破3300亿次，服务企业近27万家，较2022年同期增长71%。此外，该体系已经扩展到46个行业，日均解析量超过1.5亿次，成为推动企业数字化转型和提升经济社会高质量发展的关键力量。

工业互联网标识解析体系的建立，旨在通过促进产业链上下游数据互通和信息共享，提升产业链供应链的韧性和安全性。它通过自主规划设计和建设的能力，实现了对多种国际主流标识体系的互联互通，打破了物理世界与数字空间之间的界限，促进了数据的无缝流动和交互。这一体系的成功建设和应用，有力地推动了我国经济的数字化转型、智能化升级和高质量发展。

4.1.2　标识技术能力不断增强

1. 标识解析的软硬件自主化

在工业互联网发展的过程中，标识解析核心软硬件系统的自主化是提升系统性能、安全性和可管理性的关键。其中，权威解析服务器、标识解析专用服务器、递归解析服务器等硬件设备，作为系统稳定运行的基石，不仅确保了系统的安全、高效和稳定运行，还促进了相关创新应用和产业的发展。

2. 区块链技术的创新应用

当前，工业互联网标识解析领域的创新主要集中在区块链技术的应用上。该领域采用自主研发的许可公有区块链技术，它结合了公有区块链的开放性、灵活性和可扩展性，以及联盟区块链的易于监管、高性能和安全可控性方面的优势。这样的区块链技术系统为构建国家级新型区块链基础设施提供了技术支撑，并有助于改善全球网络空间的治理格局。

3. 主动标识载体的拓展

随着 5G、窄带物联网（Narrow Band Internet of Things，NB-IoT）等新型连接技术的发展，标识载体正从条形码、RFID 等被动形式向 SIM 卡、模组等主动形式拓展。为此，我们建立了物联网设备与标识解析系统之间的连接接口，该接口在可信状态下支持基于标识的设备发现、数据获取和数据运营服务，确保数据的可靠性和传输的安全性。同时，它还能提供信息安全服务，保障终端和通信安全。

4.1.3　标识应用推广加速发展

1. 二级节点的结构与功能

二级节点构成了工业互联网标识解析体系的核心，它们不仅能满足特定行业的需求，而且扩展了服务的能力、覆盖范围和深度。这些节点是建立一个安全、稳定、高效且可靠的解析体系的重要基础。基于服务的覆盖范围，二级节点分为行业型节点和综合型节点，其中行业型节点可以在同一行业中多次设立。目前，这些节点已经扩展到 28 个行业领域，包括船舶、集装箱、石化、食品和医疗器械等。它们直接向行业企业提供标识服务，并已初步建立了标识应用体系，该体系正不断向更深层次、更广范围和更大规模的方向发展。

2. 行业应用模式的创新

在标识应用的探索上，节点企业已经发展出一系列可复制的典型案例。这些案例基于现有成果，形成了 5 种典型的标识应用模式：智能化生产管控、网络化生产协同、全生命周期管理、数字化产品交付和自动化设备管理。例如，江苏中天为预制棒、光缆、光纤及生产设备赋予工业互联网标识，实现了产品全生命周期信息的关联，并将产品数据与设备运营数据整合，从而提升了智能化生产管控的效率，生产效率提升超过 15%。另外，浪潮和金蝶通过将工业软件数据交互设备与标识解析体系相结合，实现了数据的自动化注册和异构标识的转换，灵活设置数据管理权限，实现了按需查询，有力促进了上下游企业的网络化生产协同。

3. 公共服务能力的拓展

通过整合公共客户端、物联网设备、支付终端和标识读写设备等多种服务接入点，标识应用场景得到了进一步扩展。这些服务的集成逐步形成了强大的公共服务能力，可为社会大众提供全面的应用服务。例如，通过将国家顶级节点与支付宝连接，"扫一扫"功能成为一个连接互联网域名和标识解析体系的服务入口。这种整合推动了公共服务平台的创建，并促进了标识解析体系向更广泛的领域延伸。

4.1.4 标识产业生态的加速构建

随着工业互联网的快速发展，标识产业生态也在加速构建中。在政府引导和市场主导的机制下，标识生态的参与者类型更加丰富多样，规模也在不断扩大。这一过程涉及多个关键方面。

1. 技术标准制定

为了实现标识解析的标准化，需要制定一系列技术标准，确保不同设备和平台之间具备良好的互操作性和数据的一致性。

2. 软硬件研发

软件和硬件的研发是标识产业生态的关键，包括研发能够高效读取和解析标识的设备，以及支持这些设备的软件系统。

3. 安全防护

在构建标识解析体系时，安全防护至关重要。这要求安全厂商积极参与到标识安全市场中，提供解决方案、认证服务，研究国密算法，并提供加密芯片等安全产品。

4. 测试验证

建立标识解析测试验证体系，以支持标识技术、产品和系统的研发与验证，确保其可靠性和安全性。

5. 二级节点建设

二级节点作为标识解析体系的重要组成部分，需要持续建设和完善，以满足不同行业和领域的需求。

6. 公共应用支撑

发展公共应用平台，支持广泛的标识应用和服务，使得标识技术能够更好地服务社会和经济发展。

7. 国际合作

积极参与国际合作，参与国际标准的制定，加入国际发码机构，提升国际影响力。

8. 端到端生态建设

构建端到端的生态系统，涵盖从标识生成、应用、管理到服务的全流程，实现标识产业全链条发展。

为了推动这一生态体系的构建，工业和信息化部等政府机构在推动标准化制度、管理办法的制定和配套制度的完善方面发挥了关键作用。通过《工业互联网标识管理办法》及其配套制度，可以统一管理和协调发展，有效地凝聚各方力量，形成推进合力，指导各级节点的建设和运营，从而加速构建一个开放共享、互利共赢的标识产业新格局。

4.1.5 现有工业互联网标识解析体系

目前，国内外存在多种工业互联网标识解析体系，根据其演进方式可分为 DNS 域名解析技术、基于改良路径的标识解析技术、基于革新路径的标识解析技术三类。

1. DNS 域名解析技术

域名系统（Domain Name System, DNS）是一种分布式的网络目录服务，其主要功能是将域名与 IP 地址相互关联，实现域名与 IP 地址之间的转换。DNS 定义了网络设备的命名语法和规范，便于通过名称来委派域名权限，为全球范围内的网络设备分配域名，如图 4-1 所示。

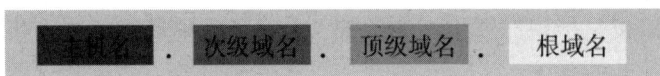

| 主机名 | . | 次级域名 | . | 顶级域名 | . | 根域名 |

图 4-1 DNS 命名方式

DNS 采用分层的树状命名结构，不同层级之间以点（.）分隔，格式通常为：[主机名].[次级域名].[顶级域名].[根域名]。每个域名服务器仅负责域名体系中的一部分，并通过递归或迭代查询的方式提供解析服务。DNS 在 Web 浏览器和电子邮件等多种应用中得到了广泛应用。

DNS 域名解析过程包含两种查询方式，分别是递归查询和迭代查询。

（1）递归查询。在递归查询过程中，当本地域名服务器接收到查询请求时，它会代表请求者向上级域名服务器发起查询。这个过程可能会经历多个层次，直到找到相应的 IP 地址或下一个应查询的域名服务器。

例如，设想一台主机（其域名为 m.xyz.com）希望查询域名 y.abc.com 的 IP 地址。其过程如下：主机首先向本地域名服务器发起递归查询请求；接着本地服务器向根域名服务器发起请求；接着根域名服务器向相应的顶级域名服务器查询；最后顶级域名服务器向权威域名服务器发起查询。查询到的 IP 地址会沿着查询链路逆向传递，最终返回给请求的主机，如图 4-2 所示。

（2）迭代查询。本地域名服务器在此过程中会逐级向上查询，而不是代替客户端完成全部查询。具体来说，本地域名服务器首先向根域名服务器发起查询，根域名服务器会提供顶级域名服务器的 IP 地址；然后本地域名服务器向顶级域名服务器发起查询，顶级域名服务

器会提供权威域名服务器的 IP 地址；最后本地服务器向权威域名服务器查询得到最终的 IP
地址，并将结果返回给请求的主机，如图 4-3 所示。

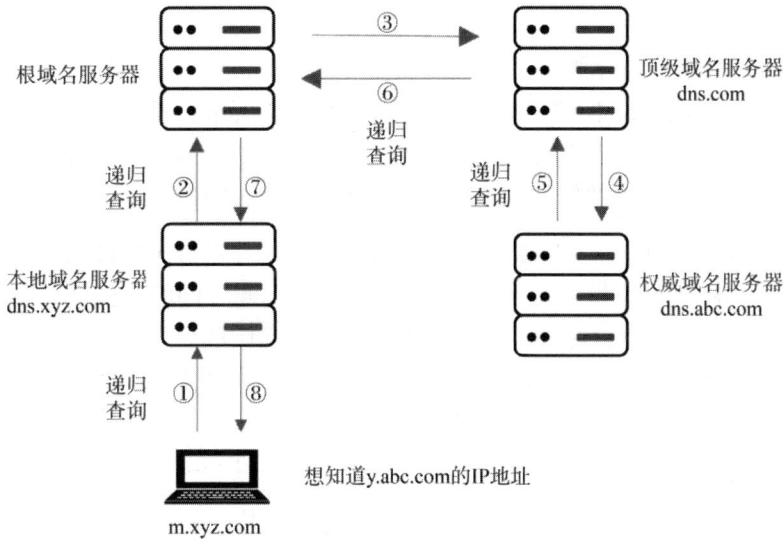

图 4-2　IP 地址递归查询流程

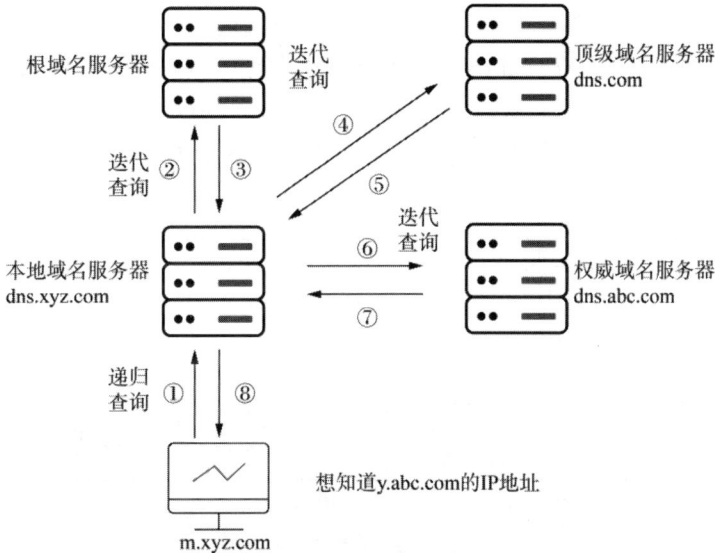

图 4-3　IP 地址迭代查询流程

　　由于递归查询可能会给被查询的服务器带来较大负担，实际应用中通常采用的模式是从
请求主机到本地域名服务器之间使用递归查询，而从本地域名服务器到其他服务器之间使用
迭代查询。

2. 基于改良路径的标识解析技术

　　基于改良路径的标识解析技术对现有的域名系统（DNS）架构进行了增强，以满足工业
互联网环境下对标识解析的需求。这种技术作为 DNS 上层应用提供服务，利用 DNS 的资源
记录来进行标识解析。其安全性主要依赖现有的 DNS 安全措施，而不是引入新的安全机制。

其中，典型的技术实现包括对象标识符（Object Identifier，OID）和物联网统一标识（Entity Code for IoT，Ecode）等方法。

1）OID 体系

OID 体系是由国际标准化组织（International Organization for Standardization，ISO）和国际电信联盟（ITU-T）在 20 世纪 80 年代共同提出的一套标准，其主要目的是为物联网环境中的众多对象和服务提供唯一的识别机制。截至 2020 年 9 月，该体系已经扩展至全球 206 个国家和地区，并在国际 OID 数据库中注册了超过 150 万个顶级对象标识符。

OID 体系的服务是通过将 OID 结构映射到域名系统的一部分来实现的，这一机制不仅具备可读性、灵活的层次结构和强大的扩展性，而且能够跨越不同的异构系统，并为各类对象提供独一无二且永久的标识。此外，OID 体系拥有一个无限的命名空间，支持对全球任何对象进行标识。OID 体系还允许在其域内进行自主管理，使有权机构能够自由地添加新的节点。

值得注意的是，OID 体系在设计上独立于具体的网络技术，因此不会受到底层设备的限制，这使它能够与其他现有的标识机制兼容。凭借这些优势，OID 体系已经在医疗、信息安全、物流等多个领域中得到广泛应用，并展现出良好的基础和广阔的发展潜力。

OID 体系为一种分层的树状结构，其顶层为国际根节点，下面分为 ITU-T、ISO 以及 ISO 与 ITU-T 的联合 3 个主要分支。此结构能够为各类对象提供唯一标识，覆盖范围包括用户、网络组件、服务、有形资产及无形数据（如目录结构）。OID 的层次化标识方案通过编码规则定义了从根节点到特定标识节点的路径。图 4-4 清晰展示了从顶级节点至目标对象标识的分层路径。

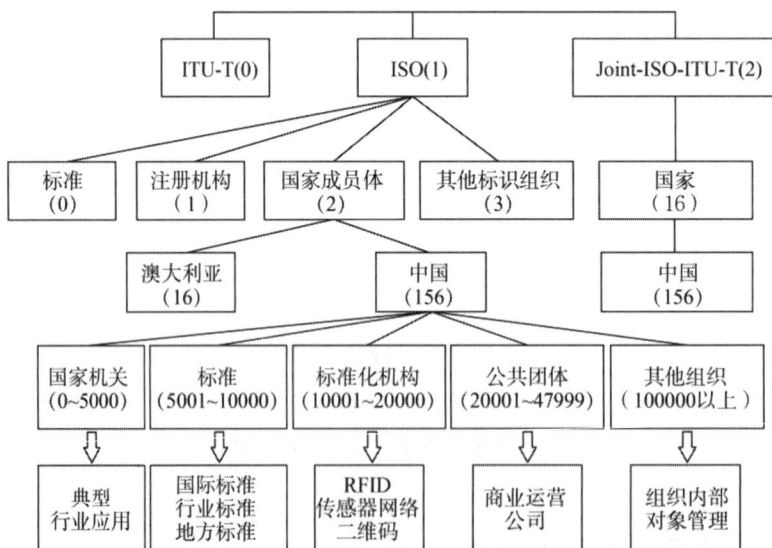

图 4-4　OID 体系分层路径流程

OID 支持 3 种主要的标识方案：传统标记法、点标记法和 OID 国际化资源标识符（OID Internationalized Resource Identifier，OID-IRI）。点标记法是这 3 种方案中应用最为广泛的。

它们的具体特点和区别可以参考表 4-1。

表 4-1　标识方案对比

标识方案	分隔方式	标识组成	示例	特点
传统标记法	空格	数字 文字附加数字说明 文字、数字共同组成	{2 1} {joint-iso-itu-t(2)asn(1)} {joint-iso-itu-t asn(1)}	接近机器语言、检索快 可读、有效性差 性能介于上述两种方案之间
点标记法	点	数字	1.3.6.1.6.3	不可读、检索快、较为安全
OID-IRI	斜线	Unicode	/joint-iso-itu-t/asn	可读、检索快、安全性强

（1）传统标记法。传统标记法是 1986 年提出的标识方法，其表达形式以 "{" 开头、以 "}" 闭合，其中的子命名空间由文字和数字组合而成，并通过空格进行分隔。此方法有 3 种具体实现形式：①完全由数字构成，此形式接近于机器语言，能够实现快速检索，但缺乏直观性，目前使用较少；②文字与数字结合，其中文字后接数字以提供附加说明，这种方式在保持人类可读性的同时考虑了机器的检索效率，然而会因包含冗余信息而牺牲标识效率；③文字与数字结合，对于少数高层命名空间不强制附加数字说明，而对于较低层的命名空间则要求数字说明，这种方式的性能介于前两者之间。

（2）点标记法。点标记法是由互联网工程任务组（Internet Engineering Task Force，IETF）引入并持续使用的一种标识方法，其结构规范且仅由数字构成，使用点（.）来分隔不同的命名空间。标识符是一个表示从树的根到叶节点全部路径上的节点顺序的字符串。虽然点标记法的可读性不强，但其检索速度快且相对安全。

（3）OID-IRI。OID-IRI 是在 ITU-T X.680|ISO/IEC8824-1 中定义的一种 ASN.1 类型，它在 20 世纪 90 年代被提出并一直使用至今。OID-IRI 由一系列的 Unicode 标签构成，并使用斜线（/）进行分隔。这种标识方案具有普适性和可读性，同时允许在特定的域内自定义标识，提供了较大的灵活性。然而，与其他标识方案相比，其安全性相对较低对象标识符（OID）解析系统采用了递归查询的方法和分层的树形结构。该系统被称为 OID 解析系统（OID Resolution System，ORS），承担着提供解析服务的任务，并且能够兼容两种主流的标识方式：点标记法和 OID-IRI。ORS 基于域名系统的解析服务，利用域名系统中的完全合格域名（Fully Qualified Domain Name，FQDN）和名称权威指针（Naming Authority Pointer，NAPTR）记录来完成解析过程。NAPTR 记录是域名系统中的一种类型，它记录了统一资源名称（Uniform Resource Name，URN）、统一资源定位符（Uniform Resource Locator，URL）及常规域名之间的映射关系，并为客户端与映射资源之间的通信协议提出建议。OID 解析系统的完整架构有 4 个主要组成部分：应用程序、ORS 客户端、DNS 客户端和 DNS 服务器，如图 4-5 所示。

① 应用程序子系统。应用程序子系统承担着向 ORS 客户端发起 OID 解析请求的职责。这些请求包含 3 个关键部分：OID 标识、ORS 服务类型及安全标志。ORS 服务类型是一个字符串，用于识别 ORS 服务，在 NAPTR 资源记录中得到应用。

② ORS 客户端子系统。ORS 客户端子系统作为中介，通过功能性接口与应用程序和 DNS 客户端进行通信，接收来自应用程序的 OID 解析请求。它具备两项核心功能：一是在收

到应用程序的请求时，子系统将 OID 转换为 FQDN，并向 DNS 客户端发起 DNS 解析请求，以获得相应的 NAPTR 记录；二是一旦收到 DNS 客户端的响应，ORS 客户端将处理 NAPTR 记录，并将结果及 DNS 响应代码返回应用程序，可能包括零个或多个信息。

③ DNS 客户端子系统。DNS 客户端子系统的职责是接收来自 ORS 客户端的 DNS 解析请求，并将这些请求转发到 DNS 服务器，以获取相应 FQDN 的 NAPTR 资源记录。

④ DNS 服务器子系统。DNS 服务器子系统负责处理来自 DNS 客户端的请求，并返回相应的 NAPTR 资源记录或错误信息。OID 解析系统架构相比其他解析架构，具有层次灵活、可扩展性强、能够利用现有网络基础设施及部署便捷等优势。然而，OID 解析依赖于域名系统，因此 DNS 系统的升级、替换或失败都可能导致 OID 服务不可用。此外，OID 解析也继承了域名系统的一些问题，如单点故障、易受攻击、负载过重等。由于 OID 是对域名系统的扩展，而域名系统是维持互联网正常运作的关键基础设施，因此对域名系统的任何扩展都应当十分慎重。同时，鉴于域名系统已面临过重的负担，工业互联网时代基于 OID 体系的大量请求可能会导致域名系统服务过载，进而影响域名系统的正常运行。

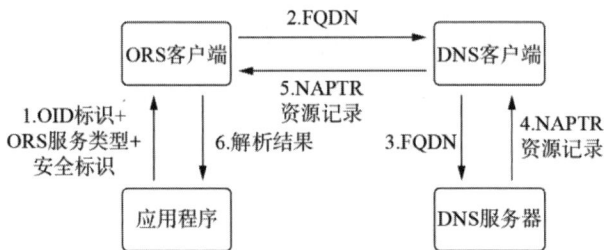

图 4-5 OID 解析系统架构

2）Ecode 体系

Ecode 体系由中国物品编码中心于 2011 年提出，是一种拥有中国自主知识产权的编码系统。Ecode 体系具备完善的编码方案和统一的数据结构，适用于物联网中各种对象的标识。Ecode 体系明确了编码规则、解析架构及解析服务的相关要求。它由多个组成部分构成，包括 Ecode 编码、数据标识符、中间件、解析系统、信息查询与发现服务，以及安全机制。

该体系基于一物一码的原则进行唯一标识。在感知层面，Ecode 中间件支持与二维码、条形码等多种异构接入方式的兼容。在应用层面，Ecode 能够与其他编码方案（如 Handle 和 OID 等）实现兼容。Ecode 体系已在中国的工业生产领域得到广泛应用，它为产品的追溯查询、防伪验证及产品营销等方面提供了强有力的技术支持。

（1）标识方案。Ecode 采用三段式层次编码结构，由版本号（Version，V）、编码体系标识（Numbering System Identifier，NSI）及主码（Master Data code，MD）组成。Ecode 根据主码内是否含有语义信息，可分为标头编码结构和通用编码结构两种标识方案，如表 4-2 所示。

版本号（V）用于指定 Ecode 标识的版本，并影响编码长度的不同。编码体系标识（NSI）是一个代码，用以标明标识所属的注册体系，如 Ecode、OID、Handle 等，它的作用在于实现不同标识体系间的兼容性。NSI 的长度取决于版本号，由我国物联网统一编码管理机构分配。主码（MD）的长度和数据结构则由 NSI 确定，由相应编码体系的管理机构负责管理和维护。标头编码的主码包含厂商、项目、校验等具有语义的信息，通用编码的主码则不包含语义信息。对于尚未编码的对象，可以使用标头编码结构；对于已在其他体系中注册的对象，则可以采用通用编码结构进行映射，以实现与其他标识方式的兼容。针对这两种编码方案，Ecode 提供了标识结构解析和通用结构解析两种不同的解析方法。

表 4-2 两种标识方案对比表

标识方案	编码结构	命名空间	解析方式	标识对象
标头编码结构	V+NSI+MD，MD 包含语义信息	部分版本有界命名空间 部分版本无界命名空间	标识结构解析	针对未编码对象
通用编码结构	V+NSI+MD，MD 不包含语义信息	有界命名空间	通用结构解析	针对已在其他体系注册的对象

Ecode 是一个层次化的编码结构，由一系列数字组成，具有全球唯一性、安全性和人类不可读性。Ecode 编码中蕴含着版本、编码体系和厂商等信息，意味着任何对厂商、项目等信息的更新都可能导致原有编码的失效，从而缩短了标识的有效生命周期。此外，Ecode 中某些版本采用了定长编码方案，这虽然提高了检索速度，但是在可扩展性方面表现不足。

（2）解析机制。Ecode 的解析架构类似于互联网上的域名系统（DNS），它通过迭代解析方式来定位和解析编码。在这种体系中，NAPTR 资源记录被用于提供解析服务，这些记录包含了重要信息，用以指导如何逐步解析 Ecode 编码。Ecode 的解析机制由 4 个核心组件构建而成：应用客户端、编码体系解析服务器、编码数据结构解析服务器及主码解析服务器，这一架构的详细布局通过图 4-6 直观展示。

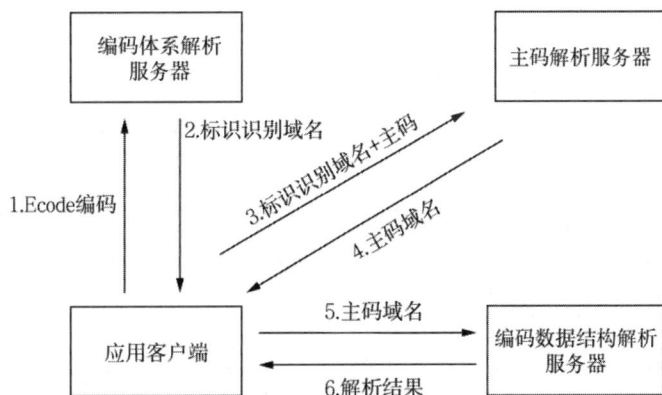

图 4-6 Ecode 解析架构

① 应用客户端。

a. 负责发起解析请求。

b. 向编码体系解析服务器发送请求，以获取编码所属的体系。

c. 向编码数据结构解析服务器发送请求，以解析编码的数据结构。

d. 向主码解析服务器发送请求，以获取最终的标识解析结果。

② 编码体系解析服务器。

a. 接收来自应用客户端的编码体系解析请求。

b. 从 Ecode 编码中分离出版本号（V）、编码体系标识（NSI）和主码（MD）。

c. 根据预设的转换逻辑，将接收到的数据转换为特定格式的标识符，以此识别对应的域名信息，并随即将处理结果返回给应用客户端。

③ 编码数据结构解析服务器。

a. 接收来自应用客户端的编码数据结构解析请求。

b. 存储将标识识别域名转换为主码域名的 NAPTR 记录格式的转换规则。

c. 通过这些转换规则将标识识别域名转换为主码域名，并返回给应用客户端。

④ 主码解析服务器。

a. 接收来自应用客户端的主码解析请求。

b. 通过查询 A/AAAA 记录或 NAPTR 记录来获取 Ecode 编码对应的解析结果。

c. 将解析结果返回给应用客户端，完成解析响应。

标识结构解析和通用结构解析是 Ecode 的两种不同解析方式。

依据既定的转换准则，识别出的域名标识将进一步被映射为主码域名形式，随后将这一转换结果安全地传递回应用客户端。

在解析标识架构的流程里，应用客户端会依照顺序，逐一调用编码体系解析服务器、编码数据结构分析服务器及主码解析服务器，通过连续迭代逐步深入直到最终解析成果。编码体系解析服务器首先根据版本号（V）和编码体系标识（NSI）确定编码的体系，如 Handle 体系；然后主码解析服务器根据编码体系查找 Handle 体系的入口地址，并将解析请求重定向到 Handle 入口。

这个过程确保了 Ecode 编码能够被有效地解析，无论是在物联网环境中还是在其他需要全球唯一标识符的应用场景中。通过这种方式，Ecode 提供了一个灵活、可扩展的解决方案，以支持不同的编码体系和信息检索需求。

Ecode 体系在采用传统的安全技术和 DNS 防护措施的基础上，还引入了自认证机制，该机制通过引入校验码以增强编码的准确性、完整性和真实性。随着时间的推移，Ecode 的安全防护措施已经得到了进一步的加强和完善。2019 年 4 月，物品编码中心发布了《物联网标识体系 Ecode 标识系统安全机制》的标准草案，此草案旨在规定 Ecode 系统在物联网标识体系中的基本要求，包括但不限于编码数据的安全性、身份鉴别与授权、访问控制、交互过程的安全性、安全评估及管理规范。

3. 基于革新路径的标识解析技术

标识解析技术的创新路径并不依赖于传统的域名系统（DNS）。相反，它采用直接基于传输控制协议（Transmission Control Protocol，TCP）或用户数据报协议（User Datagram Protocol，UDP）的服务方式，形成了新型的标识技术。其中包括数字对象标识解析技术（Handle System）和泛在识别技术（Ubiquitous ID，UID）。这些技术为实现快速、可靠的资源识别和访问提供了新的机制。

1）Handle 体系

Handle 体系是一种分布式的通用标识服务系统，它由互联网先驱罗伯特·卡恩（Robert Kahn）在 1994 年提出，其目标是提供一个高效、可扩展且安全的全球标识解析服务。自 2005 年起，Handle 体系被纳入下一代网络的研究范畴，并且成为全球网络创新环境（Global Environment for Network Innovations，GENI）项目中数字对象注册表的一个重要组成部分。作为最早出现且应用最广泛的全球数字对象唯一标识符系统，Handle 体系提供了从名称到属性的绑定服务。这些名称，被称为 Handle，它们被用于标识唯一的数字对象、服务及其他网络资源。

Handle 体系构建了一套开放的协议、命名空间及其参考实现，其中包括了编码规则、后端解析系统和一个全球性的分布式管理结构。该体系采用了一个无中心根节点的分层服务模型，顶层由几个并行运作的全球 Handle 注册表（GHR）组成，这些注册表之间实现了实时数据同步和平等互联；而在下层部署本地 Handle 服务（LHS），它们负责具体的标识解析和管理工作，如图 4-7 所示。

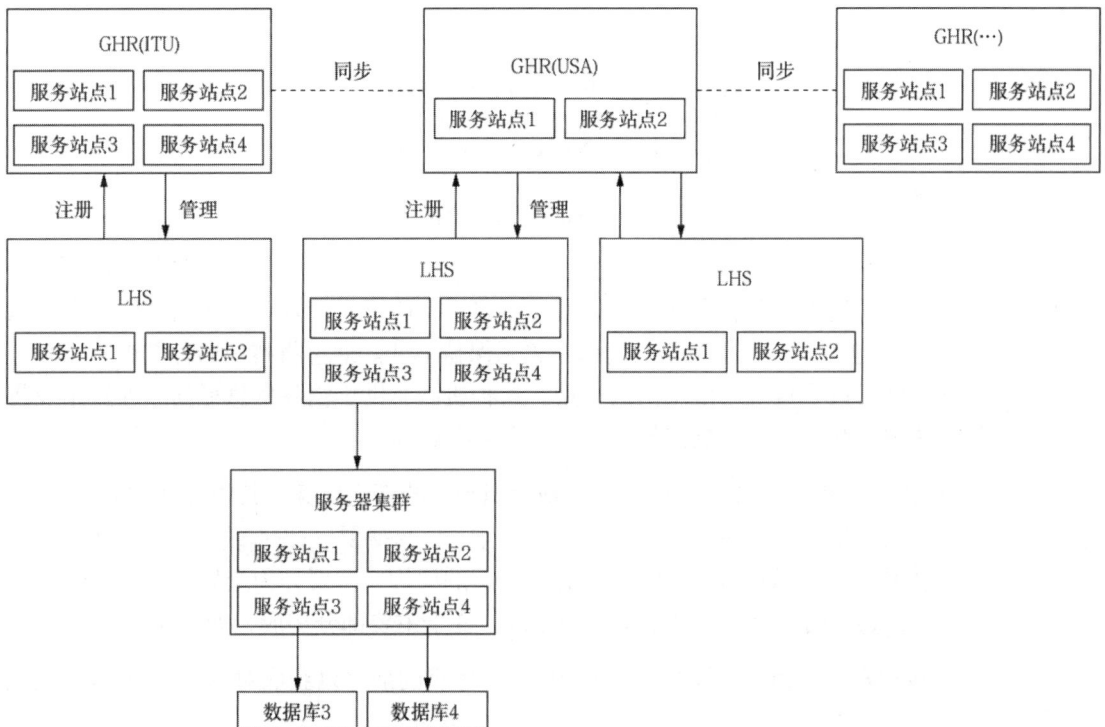

图 4-7　Handle 体系架构

全球 Handle 注册表和本地 Handle 服务在结构上是相同的，都由一个或多个并行运作的服务站点构成。每个站点都拥有与其他站点相同的数据副本，确保了服务的高可用性和一致性。每个服务站点由若干 Handle 服务器组成，这些服务器可以根据需要弹性扩展配置。各站点在结构上是平行的，所有的 Handle 请求都会被均匀地分配到各个 Handle 服务器上，以实现负载均衡。

GHR 和 LHS 的主要区别在于它们所提供的服务范围。GHR 承担全球层面的管理职责，包括分配唯一的前缀、授权命名空间，以及维护全局的命名空间一致性。相对地，LHS 则专注于管理本地命名空间，定义其编码方式，并确保本地命名空间的前缀和地址在 GHR 中能得到注册与认可。这种分层的管理架构有助于实现标识解析服务的可伸缩性和灵活性。

（1）标识方案。Handle 体系采用了分层的标识方案，其中每个 Handle 标识都由两个主要部分组成：前缀和后缀。前缀代表了标识的命名机构，而后缀是该命名机构下的唯一本地名称。这两部分通过斜线（/）进行分隔，如"前缀/后缀"，如图 4-8 所示。

<Handle> :: = <Handle Naming Authori_x0002_ty> "/" <Handle Local Name>

图 4-8　Handle 标识方案

命名机构负责 Handle 标识的创建和管理，且可能包含多个非空的子命名机构。这些子命名机构通过点号（.）连接，共同构成一种树状的分层结构。后缀则由各个命名机构自主定义，如图 4-9 所示，只要在其本地命名空间内保持唯一性，就能确保在整个 Handle 体系中具有全局唯一性。

例如：
Handle " 20.500.12357 /BUPT_FNL "
命名机构是 "20.500.12357"
本地名称是 "BUPT_FNL"

图 4-9　Handle 命名分析

Handle 的全局命名空间可以视为众多本地命名空间的集合体，每个本地命名空间都拥有一个独特的前缀。任何本地命名空间都可以通过申请一个前缀来加入全局命名空间。在加入 Handle 体系后，本地标识与其相关联的值绑定关系保持不变。通过将本地名称与前缀结合，形成全局标识，便可以实现全局范围内的引用。这种机制有助于消除信息孤岛，促进企业将各自的信息系统整合起来，并且能够与其他的标识方案兼容。

（2）解析机制。Handle 体系提供的是一种标识到值的绑定服务，其中每个 Handle 标识能够解析成一组值的集合。这些值可能包含物品简介、信息摘要、URL 或其他类型的自定义信息。Handle 体系采用了迭代解析的方法和分层解析的架构，主要分为全局处理器（GHR）和本地处理器（LHS）两个层次。其解析架构由以下 3 个主要部分构成，如图 4-10 所示。

①Handle 客户端。此组件的职责是向 GHR 发送标识的前缀以获取对应的 LHS 服务站点信息；同时，它向 LHS 服务站点发送完整的标识以获取解析结果。

②全局处理器（GHR）。GHR 负责接收来自 Handle 客户端的前缀解析请求，并通过查询注册信息来检索相应的 LHS 服务站点。一旦找到，GHR 就会将该服务站点信息返回给 Handle 客户端。

③本地处理器（LHS）。LHS 处理来自 Handle 客户端的标识解析请求。它通过查询本地数据库来检索标识对应的值集合，并将解析结果返回给 Handle 客户端。

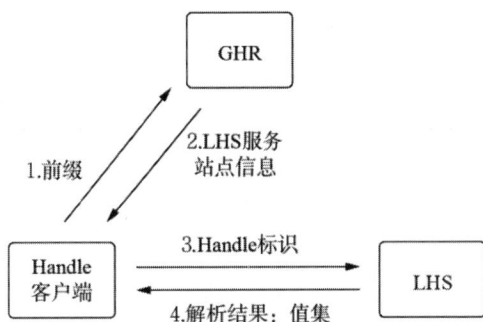

图 4-10　Handle 解析系统架构

为了提高解析性能，Handle 客户端可以选择将从 GHR 返回的 LHS 服务站点信息进行缓存处理，并使用这些信息进行后续的查询操作。这样，Handle 客户端可以直接将请求发送到相应的 LHS 服务站点，无须再次询问 GHR。此外，Handle 体系对其顶层结构进行了平行化改进，采用非单一根架构，这有助于缓解域名系统集中式管理可能带来的问题。同时，Handle 体系允许已注册的 LHS 自定义其命名空间和解析机制，并支持无缝集成其他协议和子域，使它能够方便地与其他标识解析系统兼容。

（3）安全防护。Handle 体系是一个独立于传统域名系统（DNS）的应用层解析系统，它提供了一种原生安全防护方案，主要包括以下 3 个方面。

① 管理员与权限设计。

a. Handle 体系允许为每个 Handle 标识设置一个或多个管理员。

b. 管理操作需要由具有相应权限的管理员执行。

c. 在响应任何管理请求之前，该系统都必须对管理员的身份和权限进行验证。

d. 管理员可以拥有添加、删除或修改 Handle 值的权限。

② 客户端身份安全与操作合法性。

a. 客户端可以发起解析请求和管理请求，两种请求都需要身份验证。

• 解析请求：根据权限对客户端进行差异化解析。

• 管理请求：采用质询响应协议进行身份验证。

b. 客户端发送管理请求到 Handle 服务器。

c. 服务器发送质询请求以验证客户端身份。

d. 客户端用管理员私钥签名回应质询。

e. 服务器验证签名以确保客户端身份合法。

f. 如果管理员具有相应权限，服务器将执行管理操作并报告成功；否则，返回拒绝信息。

③ 服务器身份安全。

客户端可以要求 Handle 服务器使用私钥对响应进行签名，如图 4-11 所示，以便进行服务器身份验证。

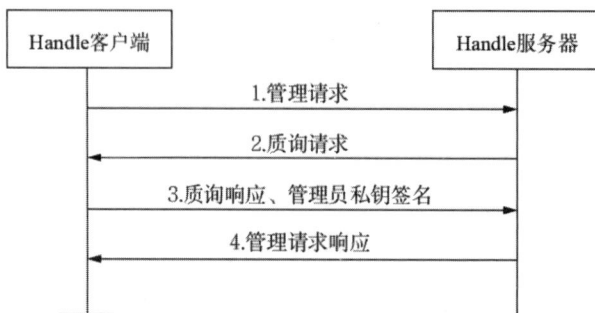

图 4-11　Handle 身份验证过程

Handle 体系的设计考虑了分布式数据管理的能力，它兼容不同的存储方式，包括分布式、集中式和云存储，以确保用户数据的主权。与 DNS 相比，Handle 体系提供了更强的内容保护机制和抗攻击能力。此外，Handle 体系定义了权限认证机制，支持数据、访问权限和用户身份的自主管理，确保了身份、数据和行为的安全性，因此具有较高的安全性和可靠性。

2）UID 体系

UID（Ubiquitous ID）技术是为了支持泛在计算而发展的，旨在实现对现实世界中各种对象的智能识别和互联互通。它的核心是利用 Ucode（Ubiquitous Code）作为标识符，来标识唯一实体对象、空间、地址甚至是概念等，无论是物理上的还是逻辑上的对象。

UID 技术的关键组成部分如下。

（1）Ucode。这是 UID 体系的基础，为每个对象分配一个全球唯一的标识符，类似于互联网上的 IP 地址或域名。

（2）Ucode 关系模型。这个模型定义了对象之间的关系。每个关系由 3 个部分组成：主体 Ucode、关系 Ucode 和客体 Ucode，它们共同描述了两个对象之间的关系，或者一个对象与一个未分配标识对象之间的关系。

（3）Ucode 关系图。为了描述更加复杂的多实体环境信息，多个 Ucode 关系单元可以被组织成一个关系图，提供了一种更为丰富和复杂的数据结构来表示对象之间的多样化关系，如图 4-12 所示。

Ucode 相关技术于 2012 年 10 月被纳入 ITU-T 国际标准，可确保任意对象通过互联网进行识别和通信，是实现泛在计算、物联网和 M2M 计算范式的重要技术。该技术适用于工业互联网场景，可用于建筑物管理、食品和医疗产品追溯、工厂设施处置、旅游信息服务及公共资产管理等应用领域。随着技术的不断发展和应用的扩大，UID 有望成为连接现实世界与数字世界的重要桥梁，为智能城市和智能生活提供支撑。

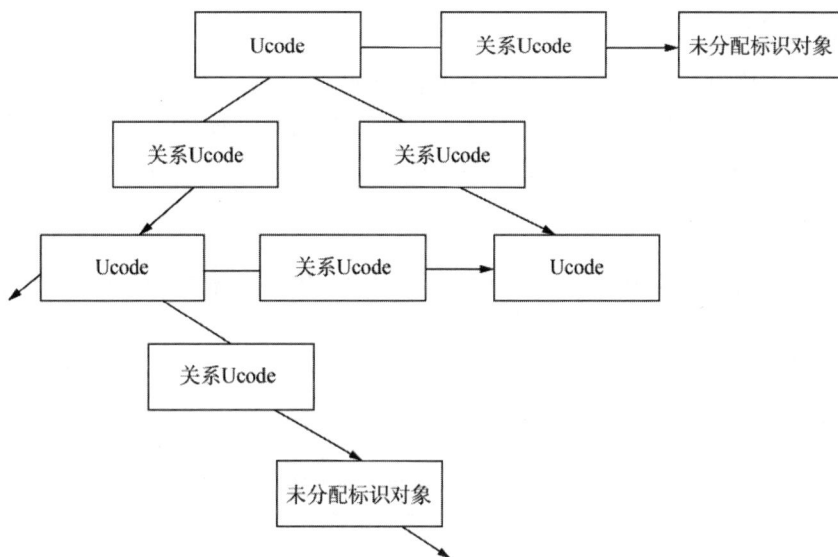

图 4-12　Ucode **关系图**

1）标识方案

Ucode 是一种用于唯一标识对象的编码系统，为支持物联网（IoT）和泛在计算环境中的对象识别与交互而设计。Ucode 的结构使其可以唯一地标识各种类型的对象，包括实体、概念、地点和关系等。Ucode 的设计特点包括层次结构、固定长度编码及可扩展性。

Ucode 的编码结构如下，如图 4-13 所示。

（1）版本（4bit）。指明 Ucode 的版本。

（2）顶级域代码（16bit）。指明 Ucode 的顶级域管理者。

（3）类代码（4bit）。其中最高位用于指明 Ucode 是否进行了长度扩展，其余位用于指明二级域代码和标识码之间的边界。

（4）二级域代码。长度由类代码指定，指明 Ucode 的二级域管理者，由顶级域管理者分配。

（5）标识码。长度由类代码指定，用于对象进行唯一标识。

图 4-13　Ucode **编码结构**

Ucode 的优势在于它可以标识多样的主体类型，包括实体、概念、地点、关系等，适用于工业等领域的多样化标识需求。由于 Ucode 是由一系列数字组成的，对于人类来说是不可读的，这反而增加了其在某些应用场景中的安全性。

然而，Ucode 也有其局限性，具体如下。

（1）不具备兼容性。Ucode 编码并未提供与其他标识体系兼容的方案。

（2）命名空间受限。固定长度编码方式意味着其命名空间是有限的，难以满足未来海量数据标识的需求。

为了突破这些限制，需要进一步的技术创新和标准化制定工作，以确保 Ucode 能够适应不断增长的物联网设备和服务的需求。此外，随着物联网的快速发展，可能会有更多的标识系统出现，它们之间的互操作性和兼容性将变得越来越重要。

2）解析机制

Ucode 解析系统的架构设计反映了其在物联网和环境感知场景中的应用。该系统的功能是通过对 Ucode 编码的解析，构建出对象之间的关系图，并提供相应的环境信息。图 4-14 所示是 Ucode 解析系统的 4 个核心组件的作用和流程。

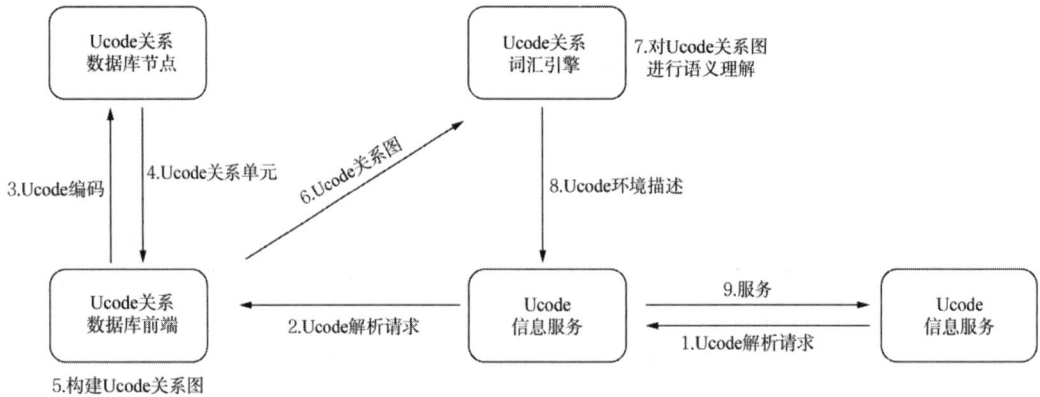

图 4-14　Ucode 解析系统的 4 个核心组件的作用和流程

（1）Ucode 关系数据库前端。

① 接收 Ucode 编码的解析请求。

② 向分布式 Ucode 关系数据库节点发起请求，获取相关的 Ucode 关系单元。

③ 利用 Ucode 关系单元构建 Ucode 关系图。

④ 使用 Ucode 关系词汇引擎对环境信息进行描述。

（2）Ucode 关系数据库节点。

① 作为 Ucode 关系数据库的独立节点，参与 Ucode 关系单元的分布式存储。

② 响应前端组件的查询请求，返回所需的 Ucode 关系单元。

（3）Ucode 关系词汇引擎。

① 部署在应用程序内，根据应用程序的不同适配不同版本的引擎。

② 提供语义理解和搜索逻辑，使应用程序能够从 Ucode 关系图中提取出有用的信息。

（4）Ucode 信息服务。

① 同样部署在应用程序内，根据 Ucode 关系图的搜索结果为用户提供服务。

② 支持应用程序能够根据特定需求从环境信息中筛选和利用相关内容。

3）安全防护

为了应对不同应用场景中对安全性需求的多样性，UID 体系在传统安全防护技术的基础上，通过细化并分级实现了安全功能。这些功能从基础到高级依次为：数据完整性校验、抗物理复制及伪造、接入控制、防篡改、支持与未知节点进行安全通信、支持基于时间的资源管理，以及支持内部程序和安全信息的更新，共计 7 个层级。

（1）数据完整性校验功能。UID 体系能够及时侦测到由物理损坏或外部干扰等造成的 Ucode 标签数据不完整或损坏的情况，确保数据的准确性和完整性。

（2）抗物理复制及伪造功能。该功能用以确保 Ucode 编码在物理层面难以被复制或伪造，从而保障数据的安全性。

（3）接入控制功能。通过权限设置和接入控制机制，此功能阻止未授权的第三方应用识别 Ucode，禁止访问与 Ucode 相关的环境信息、状态和方法，以确保行为的安全性。

（4）防篡改功能。此功能负责将 Ucode 的访问控制策略和管理信息安全地存储在标签中，防止非法读取或修改，以保护数据不被篡改。

（5）支持与未知节点进行安全通信功能。即便是与未预先共享密钥的未知节点进行通信，该功能也能确保建立安全的数据交换通道，保障数据传输的安全性。

（6）支持基于时间的资源管理功能。通过为数据、安全信息和操作设置时间限制，一旦超出设定的有效期，相关的数据访问和操作将自动中止，以此确保行为的安全性。

（7）支持内部程序和安全信息的更新功能。该功能旨在确保安全防护系统始终保持最佳状态，通过定期更新固件和安全补丁来维护软件的安全性。

UID 体系通过上述 7 个安全防护功能，提供了一个精细化且灵活的安全保护方案，以满足不同用户在安全性方面的特定需求。通过保障数据的安全性和行为的安全性，UID 体系为工业互联网的安全提供了坚实的保障。

4.1.6　现有标识解析体系分析与总结

本节对不同的标识解析体系进行综合比较，涵盖分类、标识主体及其特点、解析方法、架构与解析结果、安全防护措施及应用领域，并以域名系统（DNS）作为对照基准，如表 4-3 所示。

首先，从标识主体和解析结果的角度来看，DNS 服务的固定性限制了其在满足工业互联网多样化需求方面的能力。尽管对象标识符（OID）和 Ecode 体系基于 DNS 服务进行了扩展，增强了其标识主体和解析结果的能力，但它们仍然无法完全适应工业互联网环境的个性化需求。相较之下，革新路径体系表现出更高的灵活性，支持用户自定义和环境描述，从而更适合工业互联网环境的应用。

其次，考虑到标识的特点，除了 UID 体系使用固定长度编码外，其他体系均采用可变长度编码。这表明 UID 体系虽然可以实现更快速的标识查询和匹配，但其有限的命名空间可能成为未来发展的限制因素。在解析架构方面，尽管上述体系大多采用层级结构，可能存在服务依赖的风险，但Handle体系在顶层实施并行处理，这在一定程度上缓解了层级结构所固有的问题。

最后，从安全防护的角度来看，Handle 体系在安全性和隐私保护方面的设计最为全面。通过采用公钥和私钥技术、质询-应答协议等手段，Handle 体系能够有效地确保身份安全、数据安全和行为安全。

表 4-3　现有标识解析体系对比

体系	分类	发起者	标识主体	标识特点	解析方式	解析架构	解析结果	安全防护	应用领域
DNS	无	保罗·莫卡派乔斯（Paul Mockapetris）	主机	字符串编码；编码不定长；无界命名空间	递归、迭代	树状；单根	IP 地址	DNSSEC	消费互联网
OID	改良路径	ISO/IEC、ITU-T	任何类型的物理或逻辑对象	字符串编码；编码不定长；无界命名空间	递归	树状；单根	URL 或 IP 地址	通过安全标志决定是否使用 DNSSEC	电子认证证书、医疗卫生领域、金融领域、食品溯源领域等
Ecode	改良路径	中国物品编码中心	任何物联网对象	纯数字编码部分版本定长、部分版本不定长；部分版本有界命名、部分版本无界命名空间	迭代	树状；单根	URL 或 IP 地址	使用传统安全技术与 DNS 防护方案；标码支持自认证	茶叶、红酒、农产品、成品粮、工业装备、原产地认证等
Handle	革新路径	罗伯特·卡恩（Robert Kahn）	数字对象	字符串编码；编码不定长；无界命名空间	迭代	两层；单根	自定义解析结果	权限设计保证行为安全；质询响应协议保证用户身份安全、操作合法；公私钥技术保证服务器身份安全	美国国防部数字图书馆项目、数字对象唯一标识符项目等
UID	革新路径	东京大学	物理、逻辑对象及其关系	字符串编码；编码不定长；有界命名空间	递归	两层	环境描述	安全功能划分为 7 个等级，可满足安全的差异化需求	泛在计算TRON项目

综上所述，各标识解析体系在不同方面各有优势和局限，选择适合特定应用场景的体系是实现工业互联网有效安全管理的关键。

4.2　工业互联网标识解析安全风险分析

工业互联网标识解析安全风险分析主要包括架构安全风险分析、身份安全风险分析、数据安全风险分析、运营安全风险分析四大风险分析对象，如图 4-15 所示。

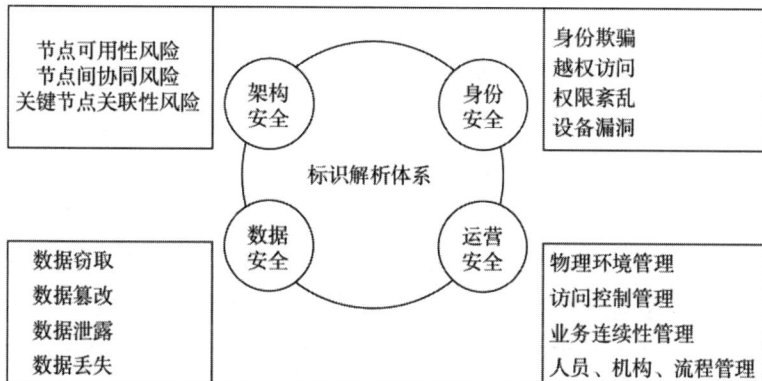

图 4-15　工业互联网标识解析安全风险分析分类

4.2.1　架构安全风险分析

工业互联网标识解析体系在结构上采用分层的树状架构，在逻辑层面上则基于分布式信息系统构建。安全性是该架构的关键要素，它在事务处理的每个环节中都至关重要，依赖于各个组成部分的安全性。若体系中的任何一层出现安全漏洞，则将对整个体系的安全性造成影响。这种影响可能涉及多个方面，包括但不限于节点的可用性风险、节点间的协同性风险及关键节点的关联性风险等。因此，确保每个节点的安全运行对于维护整个体系的安全至关重要。

1. 节点可用性风险

节点可用性风险涉及工业互联网标识解析体系中的各层级，在保持其可用性方面所面临的威胁。当节点遭受攻击时，其可用性可能会遭到破坏，导致节点功能失效或变得无法访问。

分布式拒绝服务攻击（DDoS 攻击）：攻击者通过控制僵尸网络，使用大量服务请求耗尽目标节点的系统资源，使其无法响应合法用户的请求。对于标识解析体系而言，DDoS 攻击可以根据发起者和攻击特征进一步细分。

（1）根据发起者分类。

①僵尸网络：通过控制僵尸网络，使用真实的标识协议栈发起大量的标识查询请求。

②模拟工具：使用工具软件伪造源 IP 地址，发送大量的标识查询请求。

（2）根据攻击特征分类。

①Flood 攻击：通过发送大量的标识查询报文，耗尽网络带宽，阻塞正常的标识查询请求。

②资源消耗攻击：通过发送大量非法的标识查询报文，引发标识解析服务器进行连续的迭代查询，以较小的攻击流量消耗大量的服务器资源。

识别并防御这些攻击对于保障工业互联网标识解析体系的可用性至关重要。通过采取适当的安全措施，如流量监控、异常检测和响应策略，可以有效地减轻这些风险并提高系统的韧性。

2. 节点间协同性风险

节点间协同性风险是指在一个分布式解析体系中，各个节点之间需要协同工作以保持数据的一致性和完整性。如果节点之间的协同工作出现问题，可能会导致数据同步或复制过程中出现延迟，进而引发数据不一致或完整性问题。下面是节点间协同性面临的主要风险及其影响。

（1）代理服务器延迟。代理服务器作为用户和服务器之间的中介，负责安全性校验及提供标识匹配和转换等功能。如果代理服务器遭受攻击或出现其他问题，可能会导致响应解析请求的延时增加，严重时甚至无法正常提供解析服务。这种延迟会直接影响终端用户的体验，因为他们可能无法及时获取所需的解析结果。

（2）镜像服务器延迟。镜像服务器用于在不同地理位置提供数据的冗余副本，以提高数据访问速度和系统的可靠性。如果镜像站点之间数据同步的过程存在延迟，可能会导致不同镜像站点上的数据不一致。这种不一致可能会误导客户端，特别是对于依赖实时或近实时数据的应用，这可能是一个严重的问题。因此，对于时间敏感的数据，建议将解析请求发送到主服务站点以获取最新的数据。

（3）数据完整性。为了确保数据的完整性，管理员需要精心筛选镜像站点，并确保每个站点遵循相同的安全协议和更新过程。此外，可以利用软件工具来监控和验证镜像站点之间数据的一致性，确保所有站点都有最新和准确的数据副本。

3. 关键节点关联性风险

关键节点关联性风险涉及分布式系统中的关键组件，它们在遇到问题时可能会影响整个系统的性能和稳定性。以下是关键节点关联性风险的两种主要形式及其潜在影响。

（1）缓存击穿。是指当一个热点数据项突然失效（如过期）时，如果有大量并发请求该数据项，此时这些请求会绕过缓存直接请求下游的数据库或标识解析服务器。由于缓存不再吸收这些请求，所有的负载会直接作用于后端服务器上，这就可能导致服务响应时间变长，甚至服务器因为负载过重而崩溃，如图4-16所示。

（2）缓存穿透。缓存穿透是指当请求尝试获取一个根本不存在的数据项时，这个请求会穿过缓存直接到达后端服务器。如果这种请求量很大，同样会给后端服务器带来巨大压力，导致服务器资源消耗过多，影响正常服务。

（3）反射/放大攻击。攻击者通过向解析服务器发送大量广泛的标识查询请求，同时将这些查询请求的源 IP 地址伪装成其预定攻击目标的 IP 地址。在接收到这些请求后，标识解析服务器将进行查询并向假定的请求源——实际上是攻击者指定的目标发送响应数据。由于请求数据的体积远小于响应数据，攻击者能够通过此技术放大其有限的带宽资源，从而产生更大的攻击流量，如图4-17所示。

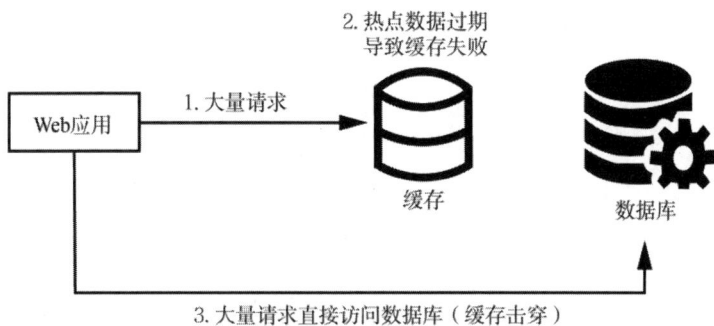

图 4-16　缓存击穿

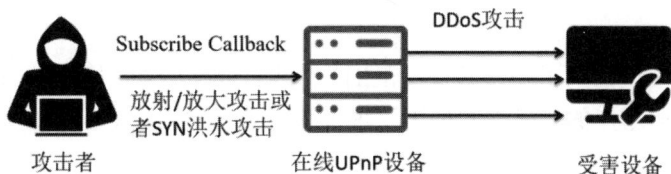

图 4-17　反射/放大攻击

4.2.2　身份安全风险分析

身份安全是工业互联网标识解析的基石，作为系统使用的起点，要求用户在接入前完成身份验证，其重要性不言而喻。因此在分析标识解析体系时，必须从人、机、物三个维度审视不同角色的身份及其潜在的风险点。各角色根据其功能被授予特定的权限，它们各自的权限层次和类型不尽相同，而体系中的任何风险点都可能导致这些权限或信任关系遭到　破坏。

1. 身份欺骗

在工业互联网标识解析体系中，身份欺骗也称为标识欺骗，是指通过伪造标识信息非法获取系统权限的行为，因为体系内的所有身份均通过标识表示。以下是从人、机器、物三个维度对身份欺骗的分析。

（1）从人员角度看，身份欺骗主要表现为伪造合法身份以获得相应权限。例如非法用户冒充合法用户，或者合法用户冒充其他用户，如普通用户冒充标识数据管理员，或者标识数据管理员冒充第三方监管机构。

（2）从机器角度看，身份欺骗是指设备或服务器的身份被冒用。这种情况可能发生在国际根节点与国家顶级节点、二级节点与企业节点，以及工业互联网客户端与企业节点之间。例如，当企业节点收到来自非法企业伪造身份的认证请求时，若二级节点未能及时识别欺骗行为，则可能会错误地授予认证。

（3）从物的角度看，身份欺骗是指伪造产品或终端设备的身份，传递虚假信息。例如，一个工业互联网终端设备可能伪装自己的标识，将物品 A 表示为物品 B，从而欺骗企业完成节点的认证，并持续以物品 B 的身份提供信息，如图 4-18 所示。

身份欺骗的核心问题在于缺乏有效的标识验证机制，常见攻击手段包括中间人攻击、网络嗅探和证书伪造等。

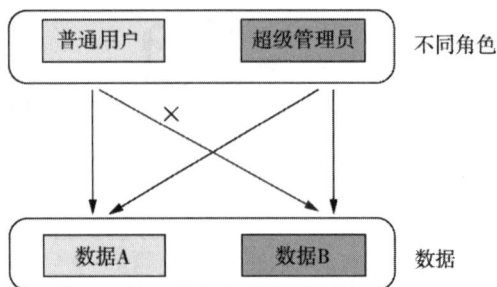

图 4-18　身份欺骗

2. 越权访问

越权访问是指用户访问了超出其权限范围的资源。例如，标识管理员的职责仅限于管理标识，而不包括普通用户的功能。若标识管理员获取到普通用户的功能，则构成越权访问。

产生越权访问可能有多个原因，包括但不限于以下几点。

（1）系统访问控制设计不当可能导致权限界定不清，权限管理缺乏明确条理，从而引发设计上的越权访问漏洞。

（2）系统可能遭受攻击，导致角色权限被非法提升。例如，数据库用户可能利用数据库漏洞或不当函数提升自己的权限；通过 Web 页面进行 SQL 注入攻击，实现对数据库的非法访问和提升用户权限。

3. 权限紊乱

在使用标识解析服务时，因涉及的设备和人员数量庞大，尽管对于最小必要时间和资源的授权是有效的，但授权过程复杂。管理上的疏忽，如权限分配不当、职责分割不明确、特殊权限未妥善限制、权限撤销不及时等，可能被不法行为者利用。攻击者有可能通过注入、渗透等手段逃避权限管理，进而侵入系统。

身份标识与产品关联错误是指身份标识未能准确对应到相应的产品上，从而引发数据收集的错误。例如，将大闸蟹的身份标识错误地附加到茅台酒上，可能导致服务端错误地收集并处理茅台酒的数据，而误认为是大闸蟹的信息。

设备漏洞是指标识解析体系中的服务器、客户端或终端设备可能存在的安全漏洞，或者使用了包含已知漏洞的组件。这些漏洞可能被攻击者利用，绕开设定的访问控制策略，实现远程控制、侵入或篡改设备及其标识数据。

4.2.3　数据安全风险分析

工业互联网标识解析的数据安全风险分析主要聚焦于标识注册、解析及日志数据 3 个方面。数据安全能力，根据《信息安全技术——数据安全能力成熟度模型》（GB/T 37988—2019）所述，涵盖数据完整性、机密性及可用性等关键维度。在标识解析的过程中，数据安全涉及采集、传输、存储、使用、交换及销毁等多个环节。据此，标识解析数据面临的安全风险主要包括数据窃取、数据篡改、隐私数据泄露及数据丢失等问题。

1. 数据窃取

在工业互联网标识解析过程中，数据窃取风险主要威胁数据机密性，可能导致标识注册、解析或日志数据被未经授权的用户获取。此类风险在数据采集、传输、交换和存储阶段均可能发生。

（1）数据采集阶段。在数据采集阶段，风险主要源自工业互联网设备的计算安全漏洞和网络通信安全漏洞。设备在进行数据采集及传输活动时可能遭受数据窃取，如通过调试或监听设备运行过程。此外，硬件拆解或篡改、非法调试软件接口（如 GDB）或硬件接口（如 JTAG）也都可能导致数据被非法访问。

（2）数据传输阶段。数据传输阶段的安全风险主要来自多数工业互联网设备依赖 HTTP 进行数据传输，仅少数设备采用 SSL/TLS 等加密措施。设备性能限制以及不可控的加密算法可能造成传输数据的泄露。此外，不当的数据保护措施，如明文传输、缺乏身份验证和完整性校验等，可能使攻击者截取并窃取数据。

（3）数据交换阶段。在数据交换阶段，标识查询和解析过程涉及工业标识数据的处理，这些数据可能包含关键的生产制造信息、核心流程和企业管理数据。如果缺乏有效的安全防护措施可能导致数据分析过程中的价值泄露。

（4）数据存储阶段。在数据存储阶段，标识解析系统及其载体可能存在安全漏洞，攻击者可能借此侵入节点服务器或数据存储服务器，获取控制权限并泄露信息。此外，内部员工的权限管理不当或安全意识不足也可能导致管理信息和服务器配置信息的泄露，从而危害数据存储安全。

2. 数据篡改

当工业互联网设备连接至工业互联网络时，它们会暴露于潜在的安全威胁之下。攻击者可能通过物理手段或远程方式侵入这些设备，并对存储数据执行未经授权的读取或修改操作。在这种情况下，数据可能面临被恶意篡改或伪造的风险，并且如果数据处理算法及其过程被破解，则可能会导致关键的注册数据、解析数据及日志信息遭到篡改。

3. 隐私数据泄露

在缺乏有效安全防护的情况下，标识数据的使用过程就可能轻易遭受隐私泄露。这包括关键的设备数据、产品信息、管理资料及客户详情等。这些泄露的信息为不法行为者提供了可利用的机会，特别是因为标识的工业数据包含了识别和路由信息，可被用作进一步侵入企业系统的跳板，从而导致更广泛的核心数据泄露。数据泄露不仅为网络攻击提供了切入点，一旦网络设备、主机和服务器等关键基础设施被攻破，企业的内部信息防线将面临持续的风险。此外，重要数据的泄露可能导致严重的经济损失，尤其在国家关键领域，核心的工业工艺和设计流程一旦外泄，可能给企业乃至国家安全带来不可估量的影响。

4. 数据丢失

在缺乏安全保护措施和适当备份策略的情况下，非法行为者可能通过攻击缓存或代理服务器获得权限，并恶意删除数据。此外，自然灾害、操作人员的误操作也可能导致关键的设备数据、产品信息和用户数据的丢失，给工业企业带来重大损害。

（1）内部人员风险。内部人员风险源于缺乏细致的数据和设备访问权限分类、分级及审批流程。这可能导致内部人员能够访问、操作超出其权限范围的数据和设备，滥用接口和功能，从而造成数据和服务系统文件的不可恢复性损坏，影响正常服务的提供。

（2）设备异常。设备异常可能由于设备断电、组件不兼容等问题而导致数据丢失。恶意攻击，包括内部和外部的 DDoS 攻击、系统漏洞利用等，可能会导致服务器停机、系统损坏、数据删除等严重后果，进而引发数据异常或丢失。

（3）程序异常。程序异常，如采集程序错误、网络问题或服务端数据存储故障，也可能导致数据丢失或不可用。备份异常，包括备份数据损坏、备份流程未按计划执行或备份数据未经完整性校验，可能导致数据恢复失败。

（4）不可抗力因素。不可抗力，如不可预见、不可避免且无法克服的客观情况，若标识解析节点的建设者和运营者没有建立完备的异地备份与恢复流程，可能会导致数据丢失和服务中断。

4.2.4　运营安全风险分析

随着工业互联网标识生态的发展，参与主体日益增多，其规模也逐渐扩大。这一趋势进一步推动了用户群体和系统架构的扩展，从而对标识解析系统的稳健运行提出了新的挑战，如图 4-19 所示。无论风险是源自内部还是外部，均可能对工业互联网标识解析的安全性和可控性产生影响。

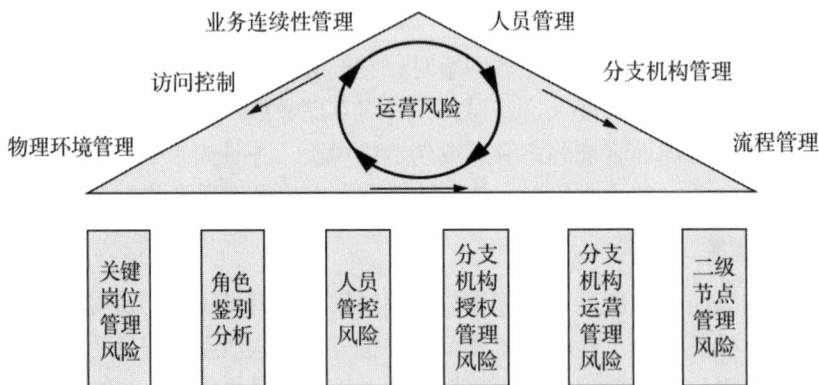

图 4-19　运营风险类型图

在运营风险管理方面，其职责包括识别、评估、监督、控制及报告二级节点的运营风险。这些风险主要涉及物理环境管理、访问控制、业务连续性、人员管理、分支机构管理及流程管理等多个方面。

1. 物理环境管理风险

在标识解析体系的运营过程中，若物理环境和相关控制管理措施不完善，可能导致未经授权的访问以及设备损坏和干扰的发生。为预防这些风险，应对运营区域所需的安全级别进行细致评估，并根据各区域的具体情况实施相应的安全控制措施。这样可以确保敏感信息得到妥善保护，并在安全的环境中得到有效管理。

2. 访问控制风险

访问控制风险分为物理访问和系统访问两大类。物理访问控制风险涉及未经授权的入侵和强制性进入，通过对各安全区域实行差异化的物理访问控制措施，可以有效降低这些风险。系统访问控制风险则包括非授权的登录和访问、不严格的授权访问控制、不合理的权限配置，以及网络访问授权认证和关键应用访问控制的问题。在制定访问控制策略时，应遵循最小必要权限原则，并严格执行身份认证要求，以确保系统安全。

3. 业务连续性管理风险

在标识解析体系的运营过程中，不可预见的事件，如事故或其他灾难的发生，可能会导致服务业务的中断或恶化，从而对组织的运作造成不利影响。缺乏或未充分维护的业务连续性计划，以及设备、系统、数据和关键信息的备份策略是否科学合理，都可能增加业务中断的风险。因此，降低潜在的业务中断风险至关重要。

4. 人员管理风险

标识解析体系的运行需满足高度可靠性与安全性的标准，所有授权使用或控制可能影响标识分配、解析、业务及数据管理等关键操作的人员（包括员工和第三方服务人员，以下简称人员）均对系统的稳定运行具有重要影响，这些人员统一被视为可信角色。

（1）角色鉴别风险。角色鉴别风险涉及对潜在可信角色的物理身份真实性和可靠性的识别及鉴别，以及背景调查过程中的风险，这包括对不同角色所需背景要求的制定、背景调查的实施，以及人员与其角色可信要求的匹配度评估等方面。

（2）关键岗位角色管理风险。在标识服务运营的关键岗位角色管理中，必须实施恰当的角色管理控制，以确保角色职责和权限的清晰性与可控性。关键岗位角色管理风险包括对可信角色的背景调查、培训、考核及离退机制的风险，还涉及后续跟踪评估和培训制度的完整性，以及关键岗位角色间权限分离机制的风险。

（3）人员操作风险。在标识服务的敏感操作方面，必须建立、维护和执行严格的人员操作控制流程，以确保敏感操作由多名可信人员共同执行，从而降低风险。人员操作风险包括错误操作、越权操作，以及缺乏互相牵制和监督机制等问题。

5. 分支机构管理风险

在标识解析体系中，分支机构管理风险是指提供标识服务的实体或机构在其生命周期中所面临的管理挑战。这些挑战包含但不限于授权、运行、违约和服务终止等方面的风险。

（1）分支机构的授权风险。授权风险涉及对运营二级节点的主体及为工业互联网应用场景提供技术支持的供应商进行审核、评估和授权的过程。在这一过程中，存在对这些机构进行准确评估并授予适当权限的挑战。

（2）分支机构的运行风险。运行风险关注直属分支机构在其基础设施管理、运营和维护能力方面的潜在问题，以及这些机构在代替主体机构提供服务时是否能遵循服务规范、系统运作和管理规范。

（3）分支机构的违约风险。违约风险发生在分支机构在提供服务时未能遵守与主体机构约定的客户服务内容或协议规定，这可能会损害服务质量，引发客户投诉，进而导致合规性问题。

（4）分支机构的服务终止风险。服务终止风险是指分支机构可能存储关键运营数据，而其服务的中断可能会影响业务的承接性和连续性，从而对整个标识解析体系造成不利影响。

6. 流程管理风险

系统运营依赖于一系列业务流程的集成，而缺乏适当的业务流程管理可能导致运营人员基于个人经验而非规范化程序执行任务，增加了系统运营的随意性和风险。

（1）业务流程管控风险。业务流程管控风险发生在业务层面的多个环节，随着涉及的部门和人员数量的增加，系统变得更加复杂，统一的规划和管理也随之变得更加困难。任何业务流程的失衡都可能对整个系统的运营产生负面影响。

（2）二级节点管理风险。二级节点管理风险涵盖了二级节点申请流程的管理，包括对建设方案、业务规划、网络安全保障方案和服务承诺的审核、评估和授权。此外，还包括二级节点的运行管理风险，如标识注册、监测、备案，以及安全数据的上报和应急处置等。

4.2.5 演进趋势

目前，中国工业互联网标识解析的建设处于初期阶段，与此同时，安全保障能力的建设也相对滞后。随着工业互联网标识解析体系面临新的风险挑战，诸多安全风险逐渐显现，主要包括架构安全、身份安全、数据安全和运营安全4个方面。

（1）架构安全风险。国际上已有如 Handle、OID、DNS 等多种解析方案，但这些方案尚不成熟，且对其协议安全性的考量尤为缺乏。在推动工业互联网标识解析体系的发展过程中，必须同步规划和部署相应的安全措施。这涉及整体架构的安全性，以及实际运行中与DNS 的互联互通问题。例如，体系架构中的任何一个节点出现问题，都可能对整体安全性构成威胁，包括节点的可用性、节点间的协同性及关键节点的关联性等风险，以及面临的网络攻击（如 DDoS、缓存感染和系统劫持等）。

（2）身份安全风险。主要涉及系统中各种角色，包括人、机、物的身份风险。身份认证安全、访问控制、客户端安全及标识解析服务器身份的真实性核验都是关键点。在不同层级的节点间，身份认证的互信、标识源的真实性验证以及用户终端与标识解析节点间的互信等方面，都存在潜在的监听或攻击风险。

（3）数据安全风险。工业互联网中的数据类型繁多，包括标识注册、解析和日志数据等。在数据的全生命周期内，包括采集、传输、存储、使用和销毁等环节，数据流向和路径的复杂性导致了暴露面的广泛与复杂性。由于工业互联网标识解析数据可能存在于顶级节点、二级节点、企业节点和业务终端等多个环节，因此需要全面考虑数据保护措施，以防范数据窃取、篡改、丢失或泄露等风险。

（4）运营安全风险。主要体现在物理与环境管理、访问权限控制、业务连续性规划、人力资源管理、分支机构运营及流程管控等多个维度。当前，工业互联网的安全标准体系尚未完善，安全接入、数据保护和平台防护等方面的标准未能到位。同时，工业企业普遍存在重视发展而忽视安全的现象，缺乏对工业互联网安全的充分认识。在企业运营方面，关键岗位的监管不严格、人员管理机制不完善、越权访问和伪造标识等安全风险仍然存在。

4.3　工业互联网标识解析安全防护建设

为了应对标识解析在架构、身份、数据和运营方面所面临的风险与威胁，必须实施综合的防护策略，结合技术手段与管理措施。这些策略旨在确保标识解析的运行环境、用户身份、数据内容及服务运营的安全性，同时遵守《信息安全技术　网络安全等级保护基本要求》（GB/T 22239—2019）、《网络安全审查办法》、《中华人民共和国密码法》、《中华人民共和国数据安全法》等相关法律法规和标准。通过这种方法，可以建立一个健全的安全保障体系，保障工业互联网的稳定与可靠运行。

4.3.1　运行环境安全建设

为确保工业互联网标识解析体系的终端、节点和平台在运行环境中的安全，必须实施一系列全面的安全防护措施。这些措施涵盖物理环境、设备与软件系统及网络安全。

（1）物理环境安全方面。应建立严格的机房安全管理体系，实施访问授权和视频监控等措施，对机房区域进行保护，并定期检查通信线路。对于存放核心软硬件的区域，需要采取更为严格的措施，包括安全域隔离、访问控制、视频监控和专人监管，同时确保防火、防盗、防静电措施以及温湿度、防尘和电力供应的稳定性，还有电磁干扰的防护。

（2）设备与软件系统安全方面。首先要进行有效的资产管理，创建详尽的标识解析系统基础设施资产清单，并进行资产分类、定级和管理，确保及时修补关键系统的安全漏洞。其次建立健全的恶意代码防护机制，定期通过手动或自动更新来强化防护。最后保持对工业控制系统安全漏洞的关注，及时更新补丁，并在部署前对补丁进行彻底的安全评估和测试。

（3）网络安全防护方面。首先要进行安全域的划分，隔离不同的安全区域，并通过网络边界防护设备实现安全隔离。其次，建立入侵检测和报警系统，能够记录攻击的详细信息，并对关键系统的数据流进行过滤，限制网络流量和并发数，并阻断关键的入侵行为。最后，执行严格的安全审计，记录关键设备的运行情况、网络流量和系统管理活动，并保护这些记录不被篡改或未授权访问，以便支持未来的调查和访问控制监督。

4.3.2　身份安全建设

为确保工业互联网标识解析体系中终端、节点和组织机构的身份可信，并防御伪造身份的中间人攻击、重放攻击及越权访问，必须在组织机构、终端、协议和平台系统等多个层面实施防护措施，以增强身份管理和应用安全的能力。

（1）组织机构层面。需强化实体身份的认证过程。对新申请加入的组织进行彻底的身份和资质审查，建立明确的身份信息标识体系，确保在操作过程中身份的可验证性，以预防机构身份的伪造。

（2）终端安全层面。首先要增强标识载体的安全性，利用防伪技术和标识绑定等手段防止标识编码的被动或主动篡改与伪造。其次，提高客户端的安全性，通过软件安全防护技术防止客户端遭受破坏，以及身份的篡改、伪造和恶意利用。

（3）协议层面。应采用内置认证机制的通信协议，在节点间及客户端与服务器间的通信过程中对主体身份和消息进行安全认证，并支持创建相应的认证密钥。

（4）平台系统层面。构建能够支持多种认证方式的身份与权限管理平台，实现对工业互联网标识解析体系中多个主体对象的身份和权限的统一管理。此外，对用户访问的整个过程实施严格的权限控制，确保正确的用户获得恰当的权限，包括从登录到退出的完整过程。

4.3.3　数据安全建设

为确保工业互联网标识解析体系中数据在注册、接入、管理和解析等业务流程的安全性，防范数据篡改、丢失和泄露的风险，必须在数据存储、传输和使用等各个环节实施防护措施以维护数据的可用性、完整性和保密性。根据《工业和信息化领域数据安全管理办法（试行）》，工业互联网数据安全技术主要包括以下几种。

（1）数据校验技术。在数据存储、传输等环节采用校验技术，确保数据的完整性和准确性，及时发现数据是否被篡改或损坏。

（2）数据加密技术。用于数据的加密保护，在数据存储时，对重要数据和核心数据采用密码技术进行安全存储，防止数据被非法窃取和读取；在数据传输过程中，采用密码技术对传输的数据进行加密，确保数据在传输过程中的保密性和完整性。

（3）数据安全传输。传输重要数据和核心数据时，使用安全传输通道或者安全传输协议，如 SSL/TLS 协议等，建立安全的传输链路，防止数据在传输过程中被监听、窃取或篡改。

（4）数据容灾备份。对存储的重要数据和核心数据实施数据容灾备份，定期进行数据恢复测试，确保在数据丢失或损坏时能够快速恢复数据，保障业务的连续性。

（5）数据安全监测。工业和信息化部建立数据安全风险监测机制，组织制定数据安全监测预警接口和标准，统筹建设数据安全监测预警技术手段，形成监测、预警、处置、溯源等能力。工业互联网相关企业也应当开展数据安全风险监测，及时排查安全隐患，采取必要的措施防范数据安全风险。

（6）数据操作审计。工业和信息化领域数据处理者应当在数据全生命周期处理过程中，记录数据处理、权限管理、人员操作等日志，以便对数据的操作和流转进行追溯和审计，及时发现异常行为和安全事件。

4.3.4　运营安全建设

为确保工业互联网标识解析服务的安全性并维护服务质量，必须构建一个包含安全运营管理制度、标准规范指导、技术手段保障、资源管理协同及实地应用技术并落实制度要求的运营体系，以提升服务运营的安全性并确保标识解析体系的安全、稳定和持续运行。

（1）建立和完善规范化的运营管理制度。为标识解析注册机构、服务运营机构、监管方、安全服务提供方及安全运营方等制定相应的管理制度和运营规范，明确各机构的职责、权益和工作流程。制定并发布关于工业互联网标识解析安全的政策文件，向各级解析节点提供安全保障技术要求和风险评估规范。在涉及国家和公众安全的关键领域中，应建立标识解析服务的准入审查机制，以加强其运营和应用的安全性、可控性和透明性。

（2）制定运营安全的技术标准规范。为了确保运营安全，需要制定相关的技术规范，并着手建立和完善工业互联网标识解析的安全标准体系。在此过程中，应优先关注接入安全和运营安全，制定相应的技术规范和标准，并加快安全管理、防护和评估标准的立项与制定进程。

（3）综合采用安全技术手段。针对物理环境、终端设备、软件系统和网络设施等，建立立体化的防护体系，在服务及运维阶段实施多样化的安全防护措施，以保障各环境和服务的安全。确保标识解析业务的连续运行，维持主备服务器间的数据同步与更新，并定期备份日志，实现操作的可追溯性和历史数据的可统计性。

（4）加快形成资源管理的协同机制。完善标识注册备案机制，加强对标识解析注册与服务机构的认证和管理工作，妥善管理解析节点的授权和标识资源的使用。利用云计算、大数据等新技术手段，实现数据资源共享、机构高效协同和责任边界的明确。

（5）实地应用技术并落实制度要求。按照既定的管理制度规范，进行安全审计，记录每个用户账号的操作、行为、标识资源使用情况和系统的重要安全事件，并对这些记录进行保护。实施身份鉴别，在标识解析系统的运营维护、配置和补丁管理、系统升级、主机登录、标识解析服务资源访问等过程中应用身份认证管理，以实现规范化的技术应用、体系化的运营管理和立体化的安全保障。

4.4　工业互联网标识解析安全关键技术

4.4.1　标识解析网络测量

标识解析网络测量集合了一系列活动，其目的是通过采用特定的方法和技术及软硬件工具来测试或验证网络性能指标。在工业互联网领域，标识解析空间的测量是一种关键手段，它能够揭示标识解析动态变化的情况并捕获其性能特征。这种测量对于构建精确的行为模型和评估标准至关重要，它促进了对工业互联网标识解析的科学管理和有效控制，从而增强了标识解析的应用能力和安全性。

通过收集拓扑数据，构建一个全面的标识解析网络视图，这一视图详细反映了各级节点和终端设备的连接关系，以及不同服务类型的分布和运行状况。并将性能测量的结果整合到这一网络视图中，可以实时监测网络节点的状态、链路的负载情况及业务的运行状况。这一过程有助于识别网络中的性能瓶颈、不稳定节点和潜在的安全风险点。此外，这些测量结果为业务行为的分析、模型构建、标识解析系统的状态管理、系统设计的优化调整及安全策略的实时部署提供了坚实的基础。

4.4.2　标识解析监测与审计

标识解析安全监测与审计旨在识别、分析和记录标识数据和流量中的安全问题。此过程涉及审查标识数据内容，结合人工及自动化技术，以识别并标记含有不当或有害信息的标识。此外，通过采集上层交换机镜像的标识流量或从标识解析节点服务器产生的业务流量，读取并解码数据包，生成标准化日志文件。同时，对标识节点执行多维度业务指标监测，形成日志文件，分析流量日志、解码日志和监测日志中记录的系统与用户活动、操作行为及设备运行信息，以便发现系统中现有和潜在的安全威胁，并对安全事件进行实时分析和警报。

4.4.3　标识解析威胁检测

标识解析威胁检测构成了确保标识解析系统安全运行的关键技术。该过程涉及收集系统运行数据，并运用多种异常检测及威胁识别技术来分析并报告安全事件。威胁检测的流程涵盖威胁分析数据的收集、异常数据的识别和威胁事件的提取。

在数据收集环节，分析所依赖的数据包含解析流量、设备运行和用户行为等信息。这些数据通过网络采样、数据镜像和接口数据获取等手段进行收集。

对于异常数据的检测，有传统数据分类分析和基于机器学习的分析两种方法。传统数据分类分析通过分类和聚类算法，并依据预设的阈值标准，区分正常与异常数据。基于机器学习的分析方法则采用贝叶斯分类、决策树等技术，实现自动化的异常数据分类。

在威胁事件提取方面，利用已识别的异常分类信息，结合现有的威胁特征库进行比对，以确认威胁事件，并对未匹配的事件特征进行学习和记录。

4.4.4　标识解析安全编排

标识解析安全编排是一种根据标识解析应用的具体需求，为各类解析服务分配适当安全策略的技术。其目标是确保安全策略与服务的兼容性，同时保障业务的可用性和服务质量。鉴于标识解析服务的多样性、安全需求的复杂性及对服务质量的高标准，安全服务链编排技术被用于为不同的业务需求定制各类标识解析服务的服务链。这一过程包括分析业务的安全需求并构建相应的安全服务需求模型，将安全策略细化为可管理的安全服务组件，并评估这些组件的资源需求。随后，将安全服务需求与服务组件相映射，以形成安全服务链。通过考虑网络状态感知结果和服务组件的资源需求，服务链被映射到安全设备上，选择最优的数据传输路径。此外，利用虚拟化技术，可以动态部署和灵活调配安全服务组件，从而实现标识解析安全服务的需求驱动和动态编排。

4.4.5　标识解析云化安全

标识解析系统为了满足应用需求和服务的必要性，通常采取软硬件相结合、云化混合的部署策略。这种做法允许将标识解析功能作为服务部署在云平台上，旨在减少部署成本并增强服务的可扩展性。然而，当解析数据迁移到云端时，可能会遇到透明度不足、管理复杂性增加及数据泄露的风险。此外，将解析功能云化可能引发隔离安全的问题。为了解决这些挑战，可以采用云访问安全代理技术，对云端的标识数据使用进行全面监控，构建数据流动视图以检测数据使用情况。同时，通过应用微服务隔离技术，可以对不同安全级别的标识解析功能进行有效隔离，从而防止数据泄露，确保在云化部署中实现功能安全和数据安全。

4.4.6　标识解析安全代理

在标识解析系统中，身份认证和传输加密环节需依赖大量的密钥数据。面对动态的业务场景、众多的解析设备及多样化的异构环境，必须实施一种既灵活又易于部署的安全密钥管理策略。通过采用云化密钥技术，可以在软件层面执行密码算法运算，同时密钥通过管理互通协议与远程的硬件密钥管理系统进行交互，创建出一个融合软件与硬件优势的组合模式，有效弥补了纯硬件模式的局限性。此外，云密钥管理技术的应用实现了密钥全生命周期的管理，确保了在传统和云化部署系统中密钥的安全使用。借助专用的代理加密技术，密钥的自动备份与恢复得以完成，从而达到了对标识解析密钥进行动态管控和安全管理的目标。

4.4.7　标识解析加密认证

在标识解析系统中，数据的安全保护至关重要。必须在数据的采集、传输和存储等各个环节实施适当的保护措施，以确保数据免受窃取、篡改和丢失等安全威胁。鉴于标识数据通常包含关键的工业信息，采用自主可控的安全解决方案成为一项必要举措。将国家商用密码算法深度整合进数据采集、传输和存储设备的软件代码及硬件实现是一种有效的方法。这样做可以在数据生成的最初阶段对其进行签名认证和加密处理，从而减少潜在的安全风险环节，并确保解析数据的安全。此外，应用数字签名和数据加密技术可以确保身份认证的可靠性、校验数据的完整性及维护数据的保密性。

4.4.8　标识解析安全接入

在标识解析系统中，确保接入网络的设备和标识解析节点具备可信的唯一标识至关重要。系统应对这些设备和节点执行身份认证，以保障合法性的接入和连接，同时对非法设备和节点的接入行为采取阻断与告警措施。安全芯片为设备提供了随机数生成、唯一 ID 和密钥管理等服务，成为设备安全接入的信任基础。身份认证是实现安全接入的关键技术，通过验证实体身份的合法性和消息的可信性来保障通信安全。

基于安全芯片的主动标识载体，具备与标识数据读写设备、标识解析服务节点以及标识数据应用平台之间进行通信交互的能力。这种载体不仅提供安全存储和运行环境，还支持密码算法计算、随机数生成和自身安全防护等功能。安全芯片支持可信数据采集，并能结合5G、NB-IoT等通信技术，主动建立网络连接。此外，安全芯片加强密码算法的防护，运用隐藏和掩码技术确保密码算法的安全性。安全芯片内部的芯片操作系统（Chip Operating System，COS）对工业互联网标识、密钥等关键信息进行严格管理，配合监管和密钥分发机制，有效抵御外部攻击，确保访问者的合法性，以及数据的保密性、不可抵赖性和不可篡改性，并防止标识被非法读取、复制或盗用。

身份认证对于保障通信双方的安全至关重要，它能够有效防止身份伪造、数据篡改和隐私泄露。实体认证技术包括基于口令、生物特征、PKI体系的数字证书和基于IBC的认证方案，能够在标识解析服务提供方与使用方、同级或跨级节点以及终端设备与管理平台之间建立信任关系。基于实体身份的消息认证保障了标识解析请求和响应过程中消息的完整性与可靠性。

4.4.9 标识解析访问控制

标识解析访问控制在确保工业互联网标识解析各参与者安全存取标识数据方面扮演着关键角色。它需具备动态性、可调节性和灵活性，同时具备处理大量并发访问请求和抵御拒绝服务攻击的能力。针对不同的业务需求，可以采用基于访问控制列表（Access Control List，ACL）、角色、属性、规则、业务场景及信任等多种访问控制机制，并集成这些技术以实现灵活的权限管理。此外，通过负载均衡和拒绝服务攻击防护技术，系统能够有效应对大量甚至超出正常范围的访问请求。

4.4.10 标识解析数据治理

标识解析数据治理构成了组织对数据使用的全面管理活动，涉及对数据资产的权力行使和控制。在工业互联网的背景下，标识管理是数据治理的核心，涵盖了从异构标识到可循环标识、关联标识，以及标识数据的智能分析和对等解析等多个方面的研究。隐私保护则是贯穿工业互联网标识解析数据治理始终的安全要求，它在标识的编码、发布、存储、分析和使用的各个阶段都必须得到充分考虑与整合。

工业互联网标识解析的数据管理技术包括统一标识的有效性管理、异构数据标识、可循环标识管理、映射与关联信息的收集，以及标识数据的智能分析和对等解析技术等。这些技术共同构成了一个复杂的技术体系，旨在确保标识解析的准确性和高效性。

在隐私保护方面，标识数据的隐私保护技术涉及标识编码的隐私保护、数据发布、存储、分析挖掘及数据使用等多个环节。标识编码的隐私保护方案主要分为两类：层级式结构化标识编码方案，优化了标识编码的分级查询和安全管理；扁平化的随机数标识编码方案，其去中心化特性在网络攻击和防御中表现出色。在数据发布环节，隐私保护技术包括泛化技术和

K-匿名技术及其改进模型。在数据存储环节，隐私保护技术则包括同态加密、多级索引和安全多方计算等。在数据分析挖掘环节，隐私保护技术包括抑制技术、假名化技术、随机化技术和差分隐私模型。在数据使用环节，基于角色和属性的访问控制技术确保数据访问的风险得到有效管理。

4.5 工业互联网标识解析安全建设的意义及展望

作为新一代信息技术与制造业深度融合的产物，工业互联网正日益成为新工业革命的关键支撑，同时是深化"互联网+先进制造业"战略的重要基石。它对未来工业发展产生的影响是全方位、深层次的，并具有革命性意义。鉴于此，标识解析安全关系到整个工业系统的稳定运行和信息安全。

1. 标识解析安全是工业互联网安全的重要基础

工业互联网的标识解析功能是促进工业数据流通和信息交换的关键支柱，为设备、人员及物料的全生命周期管理提供了强有力的支持，构成了破除信息孤岛、实现数据互操作和挖掘海量数据的基础。标识解析的安全性对于工业互联网的健康发展至关重要，它既是前提也是保障。如果标识解析系统遭受入侵或攻击，其影响可能不限于单一企业，而可能扩散至整个工业互联网的关键要素和生态系统。因此，确保标识解析的安全是保护工业互联网应用生态和关键要素安全的基石。

2. 可支撑提升工业互联网整体安全防护水平

标识解析体系对工业互联网安全保障能力的构建起着至关重要的作用。随着其在工业互联网中的广泛应用，标识解析体系不仅需确保自身的安全，其固有的安全特性（如不可篡改性、不可伪造性和全球唯一性）也日益显现出对强化安全保障能力的重要性。这些特性在数据的可信采集、身份认证、安全接入、密码服务基础设施及恶意行为分析等多个领域为工业互联网的安全保障提供了支持。建立一个安全的标识解析体系不仅能推动安全保障能力的提升，而且可以作为一个应用示范，促进整个工业互联网安全建设的进步。通过实施标识解析的安全管理机制和技术标准，将进一步促进工业互联网的安全管理与技术创新，从而加速产业应用的协调发展。

3. 有助于推动工业互联网信息技术创新发展

构建一个安全的标识解析体系是增强工业互联网核心技术抗攻击能力的关键举措，对于保障工业互联网持续发展的主动权至关重要。此外，它促进了在现有基础上形成独立自主的研发生态，进而提高工业互联网关键技术的自主创新能力。通过减少对外部技术的依赖，这一体系的安全建设将有助于提升我国工业互联网核心信息技术的创新和发展水平。

随着工业互联网标识解析技术的迅猛发展，其安全性越来越受到工业界和学术界的关注。尽管如此，目前相关的政策和管理机制尚不健全，且安全防护技术及产品仍处于研究和实施的初级阶段。鉴于中国工业互联网标识解析的发展及其安全现状，应当从规范安全管理机制、提升安全评估能力、建设安全监测体系、激发安全防护技术的创新及促进产业间的协同发展等多方面入手。通过这些措施，不仅可以有效推进标识解析安全保障能力的建设，还可以强化以下几个关键方面的工作。

1）建立健全工业互联网标识解析安全管理机制

（1）规范标识解析节点的运营管理。应对提供标识解析服务的相关机构制定管理办法，规范各级节点的建设、接入和运营。

（2）统筹建立标识资源的管理协调机制。这包括完善标识注册备案机制，加强对标识解析注册和服务机构的认证与管理，规范解析节点授权管理，合理使用标识资源，并构建一个稳定的协作机制，以推动国际根节点、国家顶级节点和二级节点的互联互通。

（3）完善政策制度并提供规范指导。制定和发布工业互联网标识解析安全相关的政策文件，为各级标识解析节点明确安全保障技术要求及风险评估规范，并指导它们实施有效的安全防护措施。

（4）加快安全标准的体系建设。建立一个全面的工业互联网标识解析安全标准体系，优先制定编码规范、互联互通要求、隐私保护、接入安全和运营安全等相关标准，同时加速标识解析安全管理、防护和评估标准的立项与制定工作。

2）加快提升工业互联网标识解析安全评估能力

（1）完整性评估。它涉及对数据、协议和系统完整性的全面审查，确保标识和解析数据在传输过程中保持真实性与不可否认性。

（2）健壮性评估。关注基础设施和架构的安全、系统运维的安全、灾难恢复能力及安全管理制度，旨在确保系统在遭受安全事件时能够有效恢复。

（3）服务质量评估。从多个维度进行评估，包括标识解析的安全认证、安全监测、系统防护、恶意代码检测、紧急响应和灾难备份能力，以确保标识解析服务的高质量和可靠性。

3）建设工业互联网标识解析安全风险监测体系

（1）为了增强标识解析系统的安全性，需要提升各节点的安全监测和防护能力。这包括在关键节点部署安全态势监测和审计系统，以实时、动态地监控系统的安全状态。增强服务的抵抗力，特别是对抗 DDoS 攻击、缓存污染、标识劫持和解析重定向等威胁。

（2）构建体系化的标识解析安全监测平台。该平台能够整合各级安全风险监测数据，利用体系化的监测工具探测潜在的安全风险，并通过分析关联的流量数据来识别安全事件。这样的平台将促进各标识解析基础设施与安全平台之间的数据和响应联动，从而提高风险监测和安全响应的能力。

4）促进工业互联网标识解析安全产业创新发展

（1）促进工业互联网标识解析安全产业创新发展。关键在于培养一支多学科交叉的安全人才队伍。通过政府、科研机构、高等教育机构及企业的协作，整合国内外的优质资源，重点培养精通标识解析安全、工业互联网安全以及网络空间安全等多个领域的专业人才。使他们具备在工业互联网安全领域的应用能力，为产业发展注入新活力。

（2）激发安全产业链的新动力。通过推动标识解析安全技术及产品在工业互联网中的广泛应用，并为拥有自主知识产权的安全解析协议和服务平台提供支持，加强了不同领域企业间的交流与合作，从而推动产业链的协同创新。

（3）推进一个新的安全生态模式。利用我国在工业互联网标识解析方面的先发优势，加快战略部署，并整合相关行业资源；探索和完善工业互联网标识解析体系的构建，强化工业互联网标识解析的安全架构，并发展标识赋能的安全保障能力。致力于创建一个新的应用生态模式，其中包括标识数据、载体、解析节点和系统，这些都将赋能工业互联网的安全，支持基于标识解析体系的安全能力建设。

参 考 文 献

[1] Osman Ahmed. 改善工业控制系统的网络安全性[J]. 控制工程（中文版），2019: 10.

[2] Mishra N, Pandya S. Internet of Things Applications, Security Challenges, Attacks, Intrusion Detection, and Future Visions: A Systematic Review[J]. IEEE Access, 2021.

[3] 中国工业互联网产业联盟. 2022 年中国工业互联网安全态势报告[R]. 北京: 中国信息通信研究院, 2023.

[4] 卡巴斯基 ICS CERT. 2023 年 ICS 网络威胁趋势展望[R]. 卡巴斯基实验室, 2022-11.

[5] 星河安全. 工业互联网标识解析安全风险分析模型研究[R]. 北京, 2020-11.

[6] 中国工业互联网产业联盟. 工业互联网标识解析标准体系（2022 版）[R]. 北京: 中国信息通信研究院, 2022.

[7] 中国工业互联网产业联盟. 工业互联网标识解析标准化白皮书（2020 年）[R]. 北京: 中国信息通信研究院, 2021.

第 5 章

工业互联网平台安全

5.1 工业互联网平台安全风险

工业互联网平台旨在构建一个基于云计算技术的综合服务体系，实现大规模数据的采集、汇总、分析与服务，助力制造资源的广泛连接、灵活供应和高效配置，满足制造业数字化、网络化与智能化转型的需求。然而，工业互联网平台不仅跨越众多领域和行业，还连接着大量的工业控制系统和设备，面临业务连接的高复杂性、设备多样性以及难以明确的安全边界和风险。工业互联网平台的底层与工业设备相连，顶层则接入应用生态系统，一旦平台受到安全攻击，就可能导致工业生产的停滞或混乱。特别是在关系到国家经济命脉和民生的关键领域，平台的安全问题更会对人身安全、社会发展和国家稳定产生深远影响。

5.1.1 平台边缘层安全风险

边缘层安全关注的是工业互联网平台与工业企业对接时，数据采集、协议转换和边缘计算环节的安全性。随着工业互联网技术的演进，现场设备逐渐转变为联网的智能设备，其中许多设备依赖进口，并且普遍存在安全防护不足的问题。这一转变增加了数据在采集、转换和传输过程中遭受监听、拦截、篡改或丢失的风险。同时，攻击者可通过边缘终端设备的安全漏洞，对平台进行入侵或发起大规模的网络攻击。因此，保障边缘层的安全对于维护整个工业互联网平台的安全至关重要。

1. 平台边缘层设备自身安全设计的风险

在工业互联网安全领域，边缘设备的安全防护能力通常较为薄弱，这些设备往往缺少有效的身份认证机制和数据加密传输功能。这一方面是因为我国工业互联网尚处于成长阶段，许多边缘设备未能及时升级，仍在继续使用早期设计的设备，而这些旧设备在设计时并未充分考虑安全性要求。此外，我国工业互联网平台的边缘层设备大量依赖进口，这增加了许多不可预知的安全风险。在关键行业中，这些风险甚至可能威胁到国家安全。此外，智能设备的芯片、嵌入式操作系统和编码等组成部分，也可能存在漏洞或缺陷。如果这些问题不能得到及时解决，它们可能对整个工业互联网平台的安全造成严重威胁。

2. 平台边缘层设备遭受破坏的风险

尽管工业互联网平台边缘层设备遭受破坏的概率相对较低，但当这些设备被部署在难以实施全面监控或保护的环境中时，它们便面临着潜在的意外损坏或蓄意破坏的风险。攻击者可能通过物理手段访问这些设备，以提取加密数据，进而篡改电路或代码。这类物理攻击的主要目的是非法获取有价值的信息，如窃取通信密钥。因此，保护这些设备免受物理攻击和网络攻击至关重要，以确保信息的安全性和通信的保密性。

3. 非法接入的风险

用户若想使用云端提供的应用和服务，必须进行登录，系统需验证用户身份的合法性后方可提供相应服务。若非法用户冒用合法用户身份，则合法用户的数据与业务可能遭受威胁。在工业现场，边缘侧设备需接入平台，而平台通过利用这些设备的数据来支持工业应用程序的运行。如果非法设备成功接入平台，可能导致平台遭受未经授权的侵入，进而威胁到平台数据和信息的安全。此外，工业互联网平台边缘层设备的数量不断增长，接入技术不断演进，这种技术多样性也相应增加了安全风险。

5.1.2 平台IaaS层安全风险

基础设施即服务（Infrastructure as a Service，IaaS）层作为工业互联网平台的底层架构，主要提供包括计算资源、网络资源和存储资源在内的云基础设施服务。该层的核心技术是虚拟化，它支持资源的动态分配和弹性扩展。然而，虚拟化技术本身也带来了独特的安全挑战。例如，虚拟化环境的隔离能力不足可能导致安全隔离失效，而虚拟化软件或虚拟机操作系统的漏洞可能被恶意利用，成为攻击者入侵基础设施层的途径。因此，确保虚拟化技术的安全性，是维护工业互联网平台整体安全的关键。

1. 云基础设施硬件受损的风险

硬件损坏是一个不可控且不可逆的过程。云基础设施作为工业互联网平台的基础，它由硬件、系统和应用程序组合而成。一旦硬件组件（如虚拟机）遭受损害，平台将无法支撑其上层的应用和业务运行，最终可能导致平台崩溃和工厂运营停滞。

2. Hypervisor 安全风险

Hypervisor，也称为虚拟机监视器（Virtual Machine Monitor，VMM），是实现虚拟机创建和运行的软件、固件或硬件平台，是所有虚拟化技术的核心。在云计算环境中，资源通过虚拟化监视器进行逻辑切分。然而，由于 Hypervisor 管理器可能缺乏有效的身份验证机制，它可能面临非法登录虚拟机和访问其他虚拟机的风险。此外，Hypervisor 核心组件如果缺少完整性检测，就可能遭到破坏或篡改。

3. 虚拟化软件安全风险

在工业云基础设施层，虚拟化软件面临的安全风险主要包括恶意代码注入或遭受恶意攻击，这些风险可能导致系统运行故障。攻击者一旦利用虚拟化软件的漏洞，可能引发虚拟机逃逸、敏感数据泄露和 SQL 注入攻击等一系列问题，从而威胁到整个工业互联网平台的安全，包括其应用层和相关的工业应用程序。

4. 网络虚拟化安全风险

网络虚拟化导致传统的物理网络边界模糊，使得云环境下的网络流量难以进行有效的审计和监控。若网络虚拟化环境中的单个虚拟机被入侵，则病毒可能会在整个虚拟网络中传播，威胁到整个工业互联网平台的安全。此外，虚拟机网络访问控制策略设置不当，可能无法保障虚拟机之间、虚拟机与管理平台之间以及虚拟机与外部网络之间的安全访问。

5. 虚拟机逃逸安全风险

在工业互联网平台的云基础设施层，虚拟机的安全性至关重要。虚拟机逃逸风险指攻击者突破虚拟机限制，与宿主机操作系统进行交互的行为。通过虚拟机逃逸，攻击者可能感染宿主机或在其上运行恶意软件，从而损害工业互联网平台的基础设施安全。

5.1.3　平台PaaS层安全风险

工业平台即服务（Platform as a Service，PaaS）层是工业互联网平台的核心枢纽。一旦该层受到攻击，将直接对整个工业互联网平台造成严重威胁。特别需要注意的是，通用 PaaS 平台一旦遭受病毒感染，可能导致数据丢失和服务中断，进而严重影响平台的稳定性和可靠性。

1. 平台共享业务的安全风险

在工业 PaaS 平台的资源共享过程中，安全风险的来源是多方面的，具体包括通用 PaaS 平台、工业应用开发工具、工业微服务组件及工业大数据分析平台。这些组成部分中的任何一个环节若受到黑客攻击，则都可能导致安全风险扩散，进而可能引发更大范围的安全事件。

2. 工业应用开发工具的安全风险

工业应用开发工具和环境可能面临多种安全威胁，包括身份信息的冒用、非法登录与访问，以及缺少对开发行为的记录与审计。此外，开发环境中用户敏感信息的潜在泄露，也构成了显著的安全隐患。

3. 工业微服务组件的安全风险

工业互联网平台的 PaaS 层包含工业知识、算法和原理模型等微服务组件。这些组件若存在恶意代码、漏洞或逻辑问题，则都将威胁到微服务的安全性。在开发工业应用时，一旦引入了带有安全风险的微服务组件库，就可能进一步危及平台的稳定运行和工业生产的安全。

4. 平台二次开发的风险

通常情况下，如果应用数量有限，PaaS 层提供的功能模块足以满足需求。然而，当应用需求增加，尤其是在特定或冷门领域，可能需要对 PaaS 层进行二次开发以满足特殊需求。由于开发和运维团队在版本控制、代码管理、部署、发布和资源回收等方面的需求不同，二次开发可能引入新的风险。

5. 拒绝服务攻击的风险

工业互联网平台的 PaaS 层作为核心部分，旨在提供工业数据分析、建模、业务流程决策支持以及工业应用开发等辅助服务。然而，该层并未充分考虑拒绝服务攻击或分布式拒绝服务攻击等潜在威胁，因此一旦遭受此类攻击，就可能导致资源耗尽、服务无法及时提供，甚至平台完全崩溃。

5.1.4　平台SaaS层安全风险

工业软件即服务（Software as a Service，SaaS）层作为一个多元化的领域，它融合了适用于不同行业和应用场景的软件、工业 App 和定制解决方案。工业 SaaS 的安全性，主要是指在工业互联网平台的应用层中，应用服务的保护措施，尤其是工业 App 的安全性，这是一个需要特别关注的领域。工业 App 面临突出安全挑战，因为它不仅涉及专业的工业知识，还集成了来自工业 PaaS 层的封装微服务组件。这些因素导致了安全威胁的多样性，包括安全漏洞、恶意代码、身份盗用、网络阻塞和外部接口等问题，这些问题通常较为严重，且受多种不可控因素影响。

1. API 安全风险

工业 SaaS 层在提供服务时会开放用户 API（Application Programming Interface）接口。这些接口允许 IT 专业人员对云服务进行配置、管理、协调和监控，也可以基于这些接口进行定制开发以实现特定功能。由于 API 是工业互联网平台中最容易被外界访问的部分，因此它们往往成为黑客攻击的首选目标，从而使工业 SaaS 层面临 API 安全风险。

2. 工业软件或 App 安全风险

工业 App 与一般应用软件在安全风险方面存在共同点，如身份认证、访问权限控制和安全密码等问题。此外，从工业 App 的代码编写和异常处理机制来看，安全缺陷可能导致应用程序异常中止甚至崩溃。鉴于工业互联网应用软件通常支持远程在线登录，账户和密码的丢失或在异地登录时账户信息的泄露，都可能导致工业信息和数据被盗取。目前，工业 SaaS 层的软件开发往往更注重功能设计而忽视安全考量，这使攻击者可以通过 IP 欺骗、端口扫描和数据包嗅探等手段来利用 SaaS 平台的安全漏洞。

3. 调用微服务组件安全风险

工业互联网平台的技术人员在开发工业软件时，为了满足特定行业的需求，常常需要使用 PaaS 层封装的微服务组件。这些组件一般由具备工业生产知识和软件开发技能的专家编写，虽然蕴含丰富的专业知识和生产流程，但如果组件的编写未严格遵循安全规划，那么 PaaS 层提供的微服务可能会存在安全漏洞。因此，当工业软件调用了这些存在安全漏洞的微服务组件时，软件本身也会承担相应的安全风险。

5.2 工业互联网平台安全防护要求

在设计工业互联网平台时，必须全面考虑已经识别的安全风险，并据此制定相应的安全防护要求。这样做的目的是确保在工业互联网平台提供服务的过程中，能有效抵御常见的网络攻击。在实施安全防护措施时，应全面考虑平台各层次内部以及层与层之间的交互安全，并结合当前的技术发展现状，在可行的范围内提出具体的安全防护要求。

5.2.1 平台边缘层安全防护要求

依据工业互联网平台安全防护标准，工业互联网平台边缘层安全防护主要包含网络架构、传输保护、边界防护、访问控制、入侵防范和安全审计。因此，在开展平台边缘层安全设计时，应充分考虑以下要素。

1. 网络架构

网络架构应合理划分独立的安全域和地址段，以隔离关键信息系统和接入设备，从而加强安全性。此外，建议使用成熟的信息交换系统作为中介，以促进安全的数据交换，并实施附加隔离措施以进一步强化网络架构的安全。

2. 传输保护

传输保护的核心是保障边缘层设备数据传输的完整性、机密性和可用性。为此，应采用数字签名和风险管理系统确保数据完整性，利用物理隔离和加密技术维护机密性，同时通过数据备份和重传机制，增强数据可用性。

3. 边界防护

边界防护需覆盖有线网络和无线网络，包括设备认证和行为管控。不仅要阻止未授权设备的接入并记录相关日志以便审计，还需对边缘层的有线和无线接入进行监控，并在接口处安装边界防护设施。此外，监控设备接入点的数据和通信流量对于维护工业互联网平台内部的安全至关重要。

4. 访问控制

在访问控制环节，边界安全网关可以通过访问控制列表（ACL）检测机制来过滤流量，这涉及对源地址、目的地址、源端口、目的端口和协议的检查。利用 ACL 的规则匹配机制可以筛选特定的数据包。同时，实施白名单机制，控制设备接入，并通过审计手段实时监控和记录授权设备的活动与通信。

5. 入侵防范

工业互联网平台的边缘层需部署入侵检测系统，该系统应具备对安全威胁的识别与报告的能力，无论威胁是已知还是未知的。例如，在检测到攻击行为时，该系统应记录并报告关键信息，如攻击源的 IP 地址、攻击发生的时间、攻击类型和目标等，并生成相应的日志。此外，该层还应能检测来自接入设备的端口扫描、DDoS 攻击等行为。

6. 安全审计

在安全审计方面，工业互联网平台的边缘层应部署安全审计系统，以便对用户接入时发生的安全事件和行为进行实时监控与记录。这些记录应包括事件发生的时间、类型、涉及用户以及所有与安全相关的活动。为了便于后续事件的调查和责任追踪，审计系统所记录的数据应及时上传至云端存储，以防数据丢失或被误删。

5.2.2　平台IaaS层安全防护要求

工业互联网平台 IaaS 层安全防护要求主要包括服务器安全、数据安全、网络安全、多用户隔离安全及虚拟化安全。

1. 服务器安全

在工业互联网平台的基础设施即服务（IaaS）层，首要考量因素是服务器硬件的安全性。通常，服务器会配置冗余备份，并分布于不同的扇区，以便在主服务器发生故障时，备份服务器能够被主控系统迅速激活，从而确保数据的完整性和业务的连续性。备份级别各不相同，最高级别的备份能够在 20ms 内完成切换，确保在硬件故障情况下，业务不受影响。

在服务器安全管理方面，应实施包括身份验证、访问控制和安全审计在内的措施。用户在登录时应通过安全验证，并获得执行其任务所需的最小权限集，以防止未授权的横向访问。此外，服务器上的所有用户活动都应受到安全审计的监控，包括用户行为、系统资源使用情况和执行的系统命令，并妥善保存审计日志。

2. 数据安全

在数据安全方面，工业互联网平台上数据的流通与共享扩大了数据安全管理的范围，增加了数据安全防护的难度和数据攻击事件分析的复杂度。因此需要针对数据滥用、隐私泄露等威胁开展安全防护。平台数据安全能力应侧重于数据加密传输和加密存储，并加强数据分类分级、访问控制、敏感数据识别和保护等措施。工业数据安全防护对象需进一步细化为数据生命周期的各个环节，包括采集、汇聚、传输、存储、迁移、分析、交互与共享、销毁等。根据数据在平台上的生命周期阶段，平台数据安全防护的范围应包括设备接入、平台运行、工业 App 应用、平台迁移等过程中产生和使用的数据。

3. 网络安全

在网络安全方面，由于工业互联网平台承载着大量不同类型的终端用户网络接入和访问，必须通过网络划分、访问控制、安全审计、流量控制以及网络冗余备份等多方面来实施安全防护。网络划分通过将网络按照业务需求和隔离要求分为不同的子网和网段来实现。访问控制策略应部署在这些子网和网段的边界处。对网络流量的监控和审计能够限制并监视用户的安全行为，并检测网络中是否存在潜在的安全威胁，如端口扫描、IP 碎片攻击和网络蠕虫攻击等。

4. 多用户隔离安全

多用户隔离安全是工业互联网平台为大量用户提供服务时必须考虑的关键因素。确保多用户在共享平台基础设施服务时相互不受干扰，是实现服务隔离安全的核心目标。

5. 虚拟化安全

在虚拟化安全方面，虚拟化技术是 IaaS 层实现硬件资源共享的关键。它通过使硬件资源调度更加灵活和高效，满足了平台支持多用户和提高资源利用率的需求。每个虚拟机都应获得独立的资源分配，同时确保虚拟机之间的内存隔离，以便在内存释放后可以重新分配给其他虚拟机。

5.2.3 平台PaaS层安全防护要求

根据工业互联网平台架构，工业互联网平台 PaaS 层安全主要涉及微服务组件安全、平台应用开发环境安全等。

1. 微服务组件安全

在工业互联网的平台即服务（PaaS）层，工业技术、知识、经验和方法被转化为数字化模型，并以微服务组件的形式存储在工业 PaaS 平台的微服务库中。目前，工业互联网平台的 PaaS 层普遍采用微服务架构，这种架构具有高度的服务独立性和快速部署的特点。在身份验证方面，必须对管理微服务组件的用户进行身份识别和验证，以防止未经授权的登录和信息泄露。此外，对于每个使用微服务组件的用户，都应实施安全审计。审计内容应包括用户行为和微服务组件的使用情况，并能够按需生成审计分析报告。最后，微服务组件应提供与外部组件或应用程序的直接接口。由于这些接口容易成为攻击的目标，因此也需制定相应的安全策略以保障安全。

2. 平台应用开发环境安全

在工业互联网平台的应用开发环境安全方面，需从身份认证、信息保护、访问控制和安全审计等多个维度进行综合考量。身份认证机制应针对提供登录功能的开发环境，实施类似微服务组件安全的认证措施，包括登录失败后的处理机制，如限制尝试登录次数。在信息保护方面，未经用户同意平台不得收集、修改或泄露用户信息。访问控制策略的实施应确保对成功登录的用户进行严格的权限限制，以管控其对平台业务、数据和网络资源的访问。此外，平台的应用开发环境应部署审计系统，记录应用调用活动，以便于监控和分析安全状况。

5.2.4 平台SaaS层安全防护要求

工业互联网平台的软件即服务（SaaS）层推动了设计、生产、管理和服务等业务应用的创新，同时建立了依托于平台数据和微服务的工业应用软件创新环境。SaaS 层直接向用户提供应用服务，面临多种安全威胁，包括身份管理、信息隔离及资源分配问题。

1. 访问控制安全

在访问控制安全方面，必须严格限制用户权限，确保用户访问应用时遵守严格的权限规定，防止未授权调用数据和指令。用户会话时间应在不影响业务连续性的前提下尽可能缩短，以便在用户一段时间无操作后要求其重新登录，并且应避免使用 Cookie 明文保存密码。

2. 工业应用安全

对于工业应用安全，工业互联网平台上的应用程序是其核心部分，其安全性可以从身份验证、会话管理、数据存储和安全审计等方面进行分析与设计。身份验证在用户登录时发生，工业应用必须能够准确识别和验证用户身份，并确保其唯一性。如果遇到登录失败，应限制一定时间内的非法登录尝试次数，并记录及反馈这些尝试。用户登录在线应用时会启动一个会话，并在退出应用时结束。会话期间的所有操作都应得到安全保障，包括数据存储和传输的安全。对于不同类型的数据，应实施相应的存储策略和保护措施。例如，对用户身份信息进行加密存储，并避免在客户端本地存储。安全审计应涵盖用户的关键操作和对平台资源的访问，审计记录应包含事件的时间、用户、类型和详细描述等信息。

5.3　工业互联网平台安全措施

为有效应对工业互联网平台可能面临的安全风险，并满足其安全防护要求，本节从平台边缘层、工业云基础设施（IaaS）层、工业云平台服务（PaaS）层及工业应用（SaaS）层四个层面提出了一系列具体的安全措施，具体架构如图 5-1 所示。这些措施融合了传统云平台的安全技术和工业互联网特有的风险与需求，并融入新兴技术理念，旨在消除工业互联网平台的已知安全威胁，满足其安全保障需求。

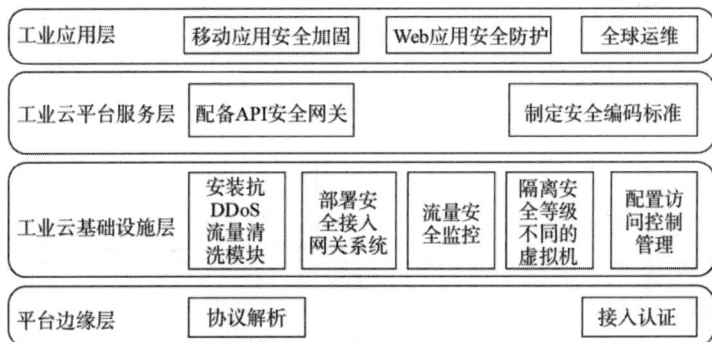

图 5-1　工业互联网平台安全措施架构

5.3.1　平台边缘层安全措施

1. 接入认证

接入认证是工业互联网平台的首要环节，它能确保终端设备及其操作者的身份得到可靠验证。这一过程不仅明确了用户对平台资源的访问和使用权限，而且保障了访问控制策略的可靠性和有效性。通过接入认证机制，如图 5-2 所示，工业互联网平台能够在确保安全的前提下，实现各项功能。

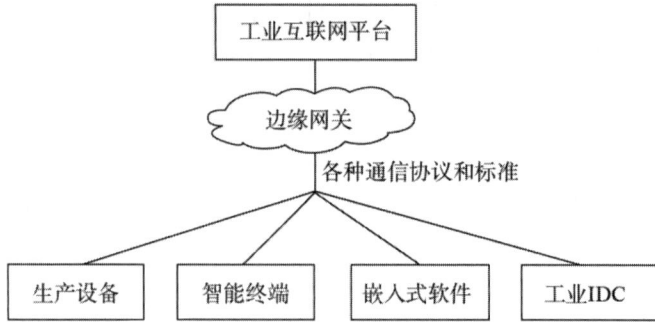

图 5-2　边缘设备接入图

2. 协议解析

在工业互联网的平台边缘层，设备连接环境具有其特殊性，需直接与多种终端设备相连。由于存在众多不同类型的通信协议，如 MQTT、Modbus、BACnet、OPCUA 等，因此这些协议被广泛应用于各个行业和工业工厂。为了实现数据的一致性和可操作性，平台可以借助第三方协议解析服务，将这些多样化的协议和数据转换成统一格式，从而便于平台的进一步操作和处理。

5.3.2　工业云IaaS层安全措施

1. 安装抗 DDoS 流量清洗模块

为提升工业互联网平台抗 DDoS 攻击的能力，安装抗 DDoS 流量清洗模块是关键措施。该模块利用专业的 DDoS 防护设备，提供细致的保护机制，能有效抵御包括 UDP Flood 攻击、SYN Flood 攻击和 CC 攻击等多种常见的 DDoS 攻击形式。抗 DDoS 流量清洗模块的工作流程涵盖检测异常流量、流量牵引至清洗中心、清洗处理以及将净化后的流量重新回注网络，如图 5-3 所示。通过这一流程，可以确保攻击流量被有效清除，服务得以迅速恢复正常运行。

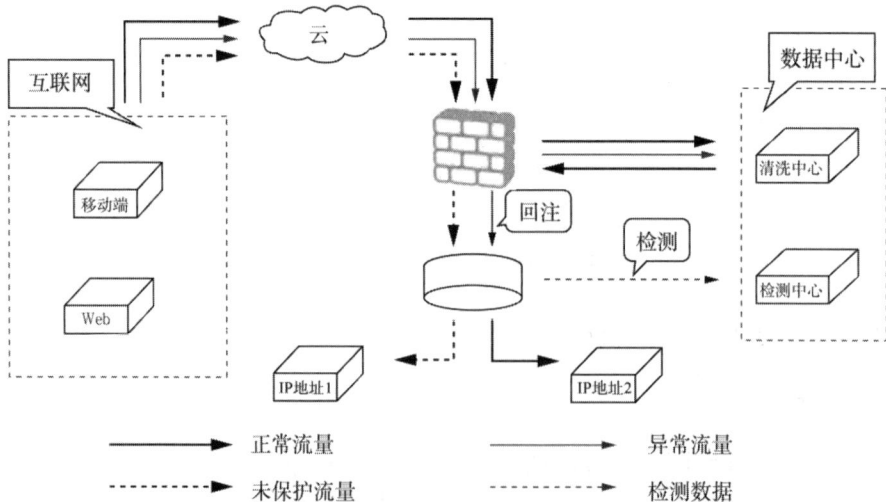

图 5-3　抗 DDoS 流量清洗模块工作流程

2. 部署安全接入网关系统

部署安全接入网关系统是工业互联网平台维护与边缘设备之间安全通信的关键环节。该系统作为一种网关型服务设备，提供了一系列智能化的安全功能，包括设备授权、身份鉴权、密钥管理、加密传输、会话管理和数据签名等，如图 5-4 所示。这些功能可以确保物联网设备及其数据不受重放攻击、伪造攻击、数据篡改和会话劫持等网络安全威胁的影响。此外，安全接入网关还负责对访问工业互联网平台的用户和设备进行身份验证，从而保障通信链路的安全性和数据的完整性。

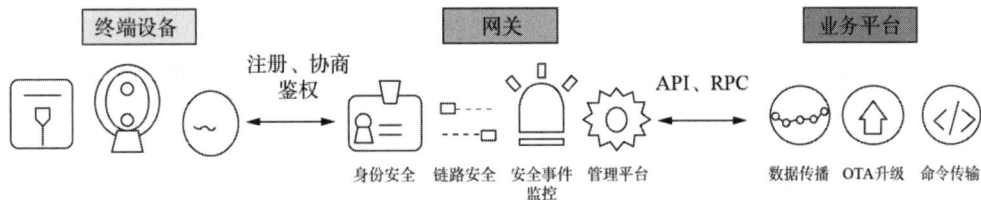

图 5-4　安全接入网关系统

3. 流量安全监控

流量安全监控是对网络通信数据包的管理、控制、优化和限制的一种手段，其核心目的是确保合法数据包的高效传输，同时禁止或限制非法数据包的流通。这体现了流量监控的基本原则，既允许有益流量，又限制有害流量。现行的流量监控工具主要依赖于 API 接口、底层驱动和系统组件等技术实现。

4. 云主机安全加固系统

云主机安全加固系统旨在为物理服务器、虚拟化服务器和云服务器提供全面的客户端安全防护。该系统强化了主机系统和网络的安全防护措施，并集成了入侵威胁管理、安全监控、防护机制、合规性基线、安全报告、告警系统、网页防篡改、网络隔离与防护、补丁管理、外设控制、文件审计、违规外联检测与阻断等多项主机安全功能。这些功能共同作用，能够迅速识别并应对主机的潜在安全风险。

5. 隔离不同安全等级的虚拟机

在虚拟化网络架构中，通过部署虚拟安全网关，可以将网络分为内部区域和外部区域。其中，内部区域包含所有虚拟业务。利用 VLAN（虚拟局域网）技术，不同安全等级的业务系统被分配到不同的安全域中。虚拟安全网关配置了虚拟机的网关，指向核心交换机。这样，所有宿主服务器的流量都会通过虚拟安全网关，以确保不同安全域内的虚拟机得到有效隔离。鉴于同一安全域内的虚拟机共享相同的安全风险，将不同安全等级的虚拟机分隔到各自的安全域中是必要的。这样，即使一个安全域遭受攻击，也不会影响到其他安全域。

6. 配置访问控制管理

在访问控制管理方面，应当严格限制对虚拟机资源的访问。通过访问控制策略，可以明确哪些用户有权限访问特定的虚拟机资源，并根据用户的角色和管理职责分配适当的权限。只有授权用户才能获得访问权限。在实施访问控制时，应当使用 HTTPS、TLS、SSH 或加密 VPN 等安全技术来限制对虚拟机管理程序的访问，以减少源 IP 地址遭受攻击的风险。此外，采取强密码策略和限制登录次数及时长的措施，也可以进一步加强登录过程中的身份验证机制。

5.3.3　工业云PaaS层安全措施

1. API 安全网关

API 安全网关是保护 API 安全的有效工具，它为企业提供了一种便捷的手段来防护 API。该网关通过流量过滤和监控等方法，能够检测入侵并抵御黑客攻击。面对工业云平台服务层的各种 API 服务安全需求，API 网关实现了 API 接口的统一代理、访问认证、数据加密和流量安全审计等关键功能，是保障工业互联网云平台服务层的数据分析服务和微服务组件安全的重要措施。

2. 制定安全编码标准

制定安全编码标准的目的是为工业互联网平台应用的安全开发提出一套编码规范。企业可依据自身特性、普遍存在的安全问题以及行业内的最佳实践来制定这些标准。安全编码标准包括设计原则、加密与通信安全措施以及对常见安全漏洞的认识。此外，它还提供了在数据验证、CGI、用户管理等方面的具体指导，以便开发人员在系统和应用的开发过程中严格遵循，确保编码的安全性。

5.3.4　工业SaaS层安全措施

1. 移动应用安全加固

随着工业互联网产业的发展，工业 App 已成为工业互联网平台的主要应用形式。然而，移动应用普遍面临着众多高危风险和漏洞。黑客可以轻易地利用第三方工具，通过简单技术手段进行反编译、二次打包，或者植入木马病毒、动态注入恶意程序等操作，从而窃取用户的私密信息。在这种背景下，加强移动应用的安全加固，对于应对日益严峻的移动应用和服务的安全形势至关重要。

2. Web 应用安全防护

在 Web 应用安全防护领域，Web 应用防火墙（Web Application Firewall，WAF）作为一种专门针对 Web 应用提供保护的产品，通过实施一系列安全策略来管理 HTTP/HTTPS 流量。由于 WAF 工作在应用层，它具有固有的技术优势来对 Web 应用进行防护。WAF 通过深入理解 Web 应用的业务和逻辑，对来自客户端的请求进行内容检测和验证，确保这些请求的安全性和合法性。它能够实时阻断非法请求，有效保护各类网站免受攻击。

3. 安全运维

在当前的环境下，云平台及其应用的运维安全事件屡见不鲜。这种现象的出现，一方面源于运维或安全规范的缺失或未能得到有效实施；另一方面也与运维人员缺乏必要的安全意识有关，日常工作中的安全疏忽往往是安全事件的诱因。因此，对工业互联网平台的操作系统和应用程序进行定期的漏洞扫描、安全检测、安全分析及测试等安全运维活动至关重要。这些活动有助于及时发现并解决潜在的安全问题，确保平台的稳定、安全运行。

5.4　工业互联网平台安全防御关键技术

5.4.1　平台接入设备安全管控技术

1. 设备入侵检测

在工业互联网的安全领域，采用基于机器学习的算法模型进行网络攻击检测是一种效率高、应用广、泛化能力强且易于移植的方法。此方法尤其适用于工业互联网环境，因为该环境中的网络通信协议类型多样且数量不断增长。在设备接入的入侵检测过程中，即便在正常信息处理（存在正常网络连接）的前提下，一旦遭受入侵攻击，系统应立即捕获并记录相关的连接事件。随后，对这些记录数据进行特征提取和向量化处理，最终将得到的向量输入到检测模型中，以获得是否存在入侵的判定结果，如图 5-5 所示。这一流程不仅增强了入侵检测的准确性，还为及时响应和防御网络攻击提供了可靠的技术支持。

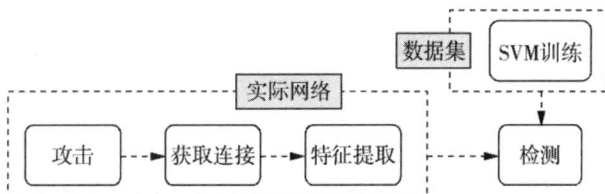

图 5-5　设备入侵检测流程

在工业互联网安全领域，设备智能识别技术利用设备指纹来作为其唯一的身份标识。这一指纹是在设备首次联网时自动生成的，它由设备特征的集合构成，包括设备 ID、开放端口状况、运行的服务类型以及操作系统类别等多种信息。这些设备特征经过哈希处理，形成一个固定长度的设备指纹，它独一无二地代表了该设备。这个指纹随后被用于中心节点的匹配认证和溯源工作，全过程如图 5-6 所示，确保了设备身份的准确性和网络的安全性。

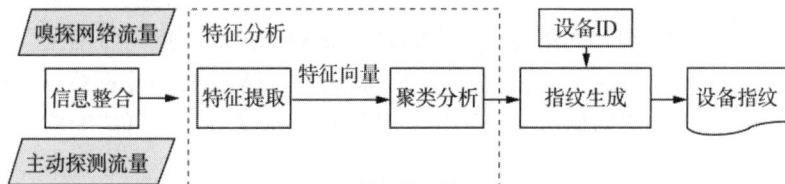

图 5-6　设备智能识别流程

2. 轻量级安全认证

基于 SM9 算法的轻量级身份加密（Identity-Based Cryptograph，IBC）安全架构，该架构与物联网设备的指纹技术相结合，以简化设备接入认证过程。它避免了使用传统的证书认证等复杂步骤，转而采用一种私钥签名与公钥验证的方法，并辅以挑战-应答机制，具体架构如图 5-7 所示。这种方式从根本上解决了大规模设备安全接入的难题，提高了认证过程的效率和安全性。

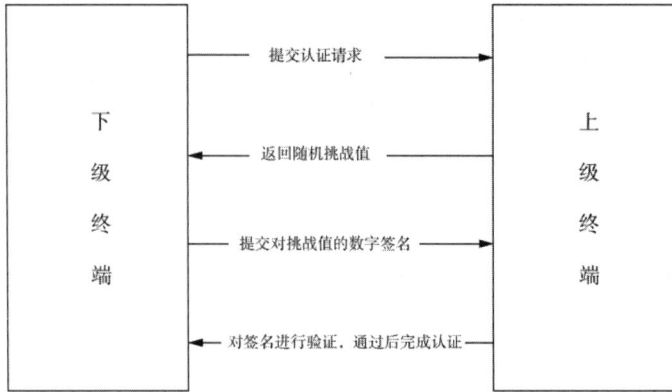

图 5-7　基于 SM9 算法的轻量级 IBC 安全架构

5.4.2　平台网络跨域信任技术

在工业互联网平台中，多个网络安全域和多种接入网络的并存为攻击者提供了利用受损节点作为跳板来攻击其他节点的可能性，这加剧了潜在威胁的扩散。为了防止单一节点的损害导致跨域访问的网络威胁扩散，研究跨域信任技术至关重要，它能够确保在跨域访问过程中的域间信任以及网络连接的安全性。以下介绍两种经典的跨域信任模型。

（1）Ad Hoc 模型。这是一种分布式模型，将信任问题抽象为有向图，并通过半环代数理论来计算全局可信度。这种计算方法能够客观地反映整个网络的信任水平，具有检测恶意行为和良好的动态适应性。该模型中利用熵来表示信任关系，将信任描述为主体对客体的不确定性。Ad Hoc 模型在自我修复能力和检测恶意节点路由方面表现出色，其信息传递采用多级多路径的信任链，提高了效率。然而，该模型需要动态计算所有节点的全局可信度，因此计算成本较高。同时，多路径间推荐信任值的存储在网络不稳定时需要实时监控，这可能造成大量存储空间的浪费。

（2）基于组的分簇信任管理算法（Group-based Trust Management Scheme，GTMS）模型。它特别适用于无线传感器网络，这类网络具有多样的结构，如簇头、基站和传感器节点。GTMS 通过统计一定时间窗口内的错误数和成功交易数来计算节点的可信度。当域的规模和分组数目较小时，GTMS 算法的开销相对较低。此外，GTMS 模型计算节点可信度的方式与网络结构无关，因此适用于跨域传递。不过，其缺点是所有节点的可信度信息都存储在簇内，扩展内存可能会遇到困难。

5.4.3　平台主机和虚拟机安全加固技术

安全加固是一项关键的防护策略，旨在通过实施层叠的安全措施，如安全标记和访问控制，来弥补操作系统的潜在缺陷。这个过程可以比喻为在主机上设置一道锁，其不仅重新配置操作系统各模块的职能，还构建了一个独立的身份验证系统。它确保在杀毒软件和防火墙失效时，主机依然受到保护，防止病毒和木马的侵入，以及核心数据的窃取、破坏、篡改。通过这种方式，它能够防御外部攻击，预防内部信息泄露，并解决越权访问等安全问题，从而克服了传统信息安全方案在主机安全方面的不足，提高了操作系统的整体安全性。

安全加固的关键要点包括以下几个方面。

（1）系统加固。通过设置锁定机制，将经过调试的系统转变为一个可信系统。在该系统中，非法程序和脚本将无法运行，且不会影响数据的正常流动。即便存在系统漏洞或管理员权限被剥夺，可信系统仍能保持安全状态。

（2）程序加固。实施可信签名机制，对执行程序和脚本启动时的哈希值进行实时校验。若不通过校验则拒绝启动，确保可信程序不会被冒充。

（3）文件加固。确保特定类型的文件不被篡改。

（4）磁盘加密。创建一个安全沙盒环境，进行数据隔离和加密。只有在授权管理的前提下，数据才能被解密。在缺乏授权的情况下，即便是管理员也无法复制或使用这些数据，系统克隆同样无效。

（5）数据库加固（针对结构化数据）。第一层防止数据库文件被未授权程序访问和篡改，确保文件级别的安全性。第二层实施数据库端口的可信过滤，只允许经过验证的业务程序建立数据库通信连接，并在连接凭证中加入进程身份识别信息。第三层采用智能过滤机制，防止关键数据被非法检索和访问，以及阻止数据库中危险的操作行为。

5.4.4　平台 IoT 态势感知技术

工业互联网的安全性至关重要，其中平台 IoT 态势感知技术发挥着核心作用。该技术基于安全大数据，包括边缘侧 IoT 流量、关键网络节点流量和平台系统日志等，实现对平台各层安全状态的实时、统一监测。它通过综合分析平台的整体安全监控数据，旨在识别并预警平台潜在的安全风险和恶意攻击行为，并支持决策制定。无论是信息技术（Information Technology，IT）还是运营技术（Operational Technology，OT）的态势感知平台，它们通常采用一个共有的技术架构。这一架构由数据采集层、数据处理与分析层及展示层构成，如图 5-8 所示。

平台 IoT 态势感知技术强调了数据采集层的重要性。该层负责收集网络原始流量、监测数据、资产信息、终端行为、审计数据及元数据等多种信息，为态势感知平台提供了丰富的大数据资源。信息技术（IT）系统与运营技术（OT）系统在数据采集的来源和侧重点上存在差异。IT 系统主要关注通用网络设备、安全设备及终端的数据，而 OT 系统侧重于现场工业控制设备、自动化设备、监控系统及终端的数据。

数据处理与分析层的作用是对聚合的数据进行存储、清洗和分析处理。IT 与 OT 态势感知在数据分析技术和方法上具有相似性，均运用关联分析、机器学习等技术，并根据各自的特征向量和应用场景进行定制化训练，建立专用的规则模型。此外，结合各自的威胁情报库对数据进行深入分析和评估。

展示层的功能是以直观的可视化形式展现分析结果，并提供管理企业资产、日志、告警和漏洞信息的多种手段，以便于协同处理高风险行为。例如，青莲云平台的安全态势感知系统具备对云主机日志、平台访问日志、业务模块日志、API 日志等多个渠道的日志进行统一收集和大数据安全分析的能力。这种系统的设计帮助企业有效监控和管理其在云环境中的安全状态，具体系统架构如图 5-9 所示。

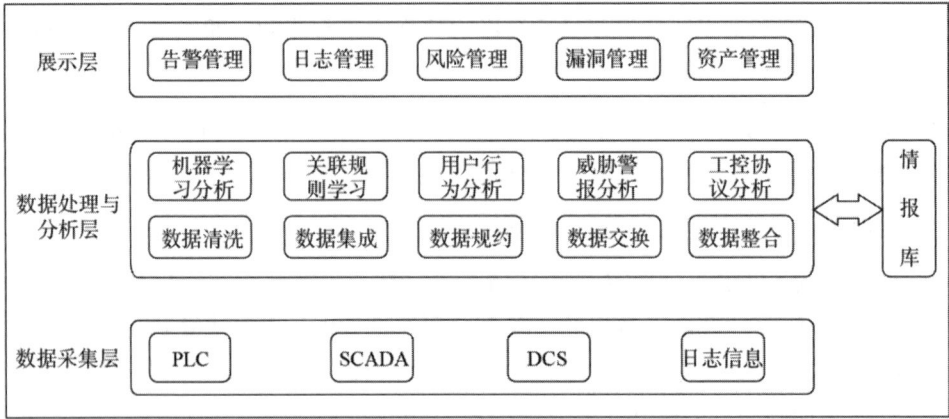

图 5-8　IT/OT 态势感知平台技术架构

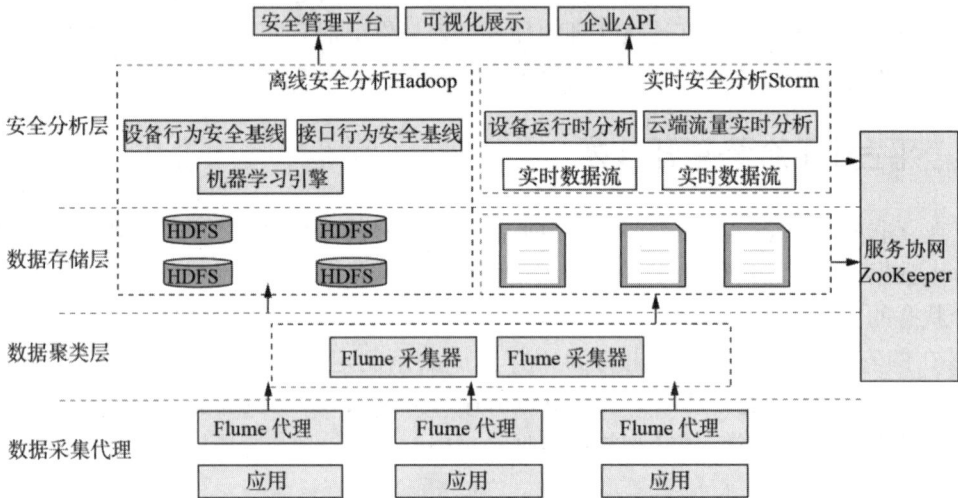

图 5-9　青莲云平台安全态势感知系统

青莲云平台的安全态势感知系统，利用机器学习算法构建了适应不同业务场景的安全基线模型及人机行为识别引擎。这使得系统能够迅速识别并报警针对云平台的网络攻击，帮助企业客户及时发现并处理潜在安全隐患。此外，系统还根据安全团队预设的恶意攻击行为规则库，对物联网云平台的所有网络通信行为进行实时监测，进一步增强了物联网云平台的安全性。青莲云的这一方案体现了其对业务流程的深刻理解和对安全防护的专业承诺，旨在实现对业务的深入了解与安全保障的有机融合。

5.4.5　平台应用安全检测技术

工业应用整合了工业技术的知识、经验和规律，不仅是技术软件化的重要成果，还构成了工业互联网平台向用户提供服务的核心途径。然而，工业应用的安全发展受到多种威胁，包括传统软件的漏洞、Web 安全问题、API 安全隐患以及第三方开发者植入的恶意代码等。为了应对这些威胁，亟须针对特定工业行业、场景和业务需求，开展工业应用安全检测技术的研究。这包括异常检测、恶意代码分析、漏洞识别、流量及行为审计等功能。通过建立安全检测平台，及时识别工业应用中的潜在安全风险，确保工业应用的安全。

交互式应用安全测试（Interactive Application Security Testing，IAST）技术是近年来兴起的一种新型应用安全检测技术。它结合了动态应用安全测试（Dynamic Application Security Testing，DAST）和静态应用安全测试（Static Application Security Testing，SAST）的优势，具有高漏洞检出率和低误报率的特点，并能精确定位到 API 接口和代码片段。IAST 的实现方式多样，常见的有代理模式、VPN、流量镜像和插桩模式等。

在市场上，奇安信的网神工业安全监测审计系统（Industrial Security Detection，ISD）是一款成熟的工业安全检测产品，如图 5-10 所示。它不仅服务于工业应用，还能帮助工业企业对生产网络进行威胁识别和持续风险监测。该系统作为工业安全态势感知与管理平台的专业探针，提供连续的安全检测和审计数据。以工业资产为核心，以安全检测和审计为主线，网神工业安全监测审计系统拥有资产自动发现、漏洞无损识别、实时威胁监测、异常行为检测、流量及行为审计等核心功能，已在电力、石油化工、城市轨道交通、煤炭、智能制造等多个工业领域得到广泛应用。

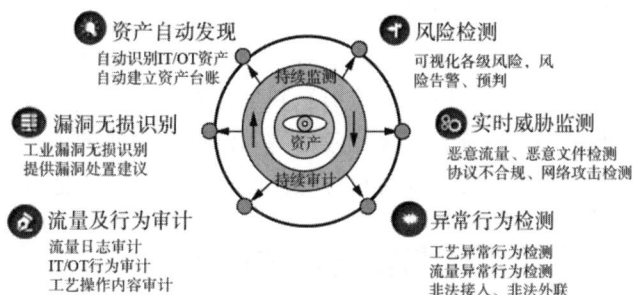

图 5-10 奇安信网神工业安全监测审计系统功能

5.4.6 数据驱动的APT攻击检测与智能防护技术

高级持续性威胁（Advanced Persistent Threat，APT）攻击是一种隐蔽而针对性强的网络攻击行为，其特点是持续性和有效性。在工业互联网的边缘计算层，APT 攻击可以利用大量的设备发起，导致感染面广泛且传播迅速。面对这一威胁，迫切需要开发基于数据驱动的检测技术，包括 APT 攻击检测、建模、智能分析、防护及自适应恢复等，以有效抵御 APT 攻击。

目前，APT 攻击检测技术主要包括以下几种。

（1）沙箱技术。这种技术主要针对高级威胁，并能够通过非特征匹配的方式识别 0day 攻击和异常行为。智能沙箱技术的挑战在于客户端环境的多样性，它对操作系统、浏览器版本及其插件的依赖性，使其在某些特定环境下可能无法检测到恶意代码，而在其他环境下则可以正常检测。

（2）异常检测。该方法通过网络流量建模来识别异常行为，具体包括利用元数据提取技术检测网络流量异常、基于连接特征的恶意代码检测规则，以及基于行为模式的异常检测算法。其中，基于行为模式的算法能够识别隧道通信、可疑加密文件传输等异常行为。

（3）全流量审计。该方法通过应用识别和流量还原技术来检测异常行为。它涉及大数据存储和处理、应用识别和文件还原等技术。然而，全流量分析面临的挑战是巨大的数据处理需求，如百兆网络在 22 小时内产生的数据量可达到 1TB（Tera Byte）。

（4）基于深度协议解析的异常识别。该方法通过详细检查并逐步追踪协议异常行为，如在数据查询中发现异常点。

（5）攻击溯源。通过提取网络流量对象，可以还原特定时间区间内的可疑 Web 会话、电子邮件和对话信息。通过自动排列这些事件，分析人员可以快速定位攻击源，这对于后续的攻击溯源工作极为重要。

5.4.7 "云网边端"协同的安全漏洞识别技术

安全漏洞识别，是指通过扫描和关联分析等技术手段，对目标系统的安全缺陷进行探测的一种行为。鉴于工业互联网平台所接入的设备数量庞大，系统应用多样化，网络协议复杂且服务交互频繁，这些因素导致安全漏洞识别存在较大难度，且安全漏洞一旦被利用，可能会造成广泛影响。因此，有必要构建一个基于云计算、网络、边缘计算和终端设备的协同工作机制，该机制应当整合大数据分析、威胁信息共享和安全知识图谱等先进技术。通过这种方式，可以实现对工业互联网设备、系统及应用的漏洞进行全面的识别、分析、评估、检测和修补，从而从宏观角度提高对安全漏洞的发现、理解和响应处理能力。

5.4.8 平台微服务安全调用与安全治理技术

工业互联网平台面临多元化的服务需求，通常将复杂应用程序或服务拆分为更细粒度的微服务。这些微服务由不同团队独立并行开发和部署，以协同方式响应同一业务需求。为了确保安全性，亟须对微服务的安全协同调用技术进行深入研究。这包括但不限于微服务接口的安全验证、多服务之间的协同调用机制、微服务间的安全通信以及微服务行为的安全监控。同时，对于第三方微服务接口的调用，应进行严格的安全审计和管理控制，以此提高工业互联网平台微服务的整体安全防护能力。

5.4.9 通信协议安全增强技术

通信协议定义了设备与平台、用户与平台以及平台之间进行通信或服务交互时必须遵守的规则和标准。在工业互联网场景下，通信协议的多样性带来了安全上的挑战。在确保对现有生产环境影响最小化的前提下，关键技术的突破成为提升通信协议安全性的重要途径。这包括深入分析通信协议的脆弱性、开发高效的身份认证机制、实施细粒度的授权策略以及采用轻量级的加密技术。通过这些技术迭代，可以显著增强工业互联网领域通信协议的安全性，确保信息交换的可靠性和数据的保密性。

5.4.10 人工智能算法及系统安全保障技术

人工智能算法面临着黑盒和白盒对抗攻击的威胁。同时，人工智能系统的缺陷和漏洞可能被恶意攻击者利用，从而引发系统识别混乱、结果错误等一系列安全问题。为了应对这些挑战，必须从多个维度加强人工智能算法及其系统的安全性，包括提高算法的容错能力和抵御入侵的能力、确保测试过程的质量、实施安全的配置策略以及及时进行漏洞的检测与修复。通过这些措施，可以有效降低攻击者成功攻击人工智能算法及系统的概率，从而提升整体的安全保障能力。

5.5 工业互联网平台安全的发展意义及展望

5.5.1 工业互联网平台安全的发展意义

1. 工业互联网平台是传统工业云平台的迭代升级

工业互联网平台的发展经历了 5 个阶段：成本驱动、集成应用、能力交易、创新引领和生态构建。该平台在继承传统工业云平台的软件工具共享和业务系统集成的基础功能上，进一步拓展了制造能力的开放性、知识与经验的复用，以及第三方开发者的汇集。这些功能显著提升了工业知识的生产、传播和利用效率，并构建了一个由大量开放应用程序与工业用户共同推动、不断进化的生态系统。在这一生态系统中，工业知识的创造和应用得到了优化，形成了一个互惠互利、不断发展的网络环境。

2. 工业互联网平台是新工业体系的"操作系统"

工业互联网平台凭借其高效的设备集成模块、强大的数据处理引擎、开放的开发环境及组件化的工业知识微服务，构建了一个强有力的支撑体系。该平台在底层与众多工业设备、仪器和产品相连接，在上层则促进工业智能化应用的迅速开发和部署。该平台的作用可类比于微软 Windows、谷歌 Android、苹果 iOS、华为 Harmony OS 系统在各自领域内的重要性。它是构建基于软件定义、高度灵活且智能化的新型工业体系的关键支撑。

3. 工业互联网平台是资源集聚共享的有效载体

工业互联网平台实现了信息流、资金流、人才创意、制造工具和制造能力等要素在云端的集约化配置，促进了工业企业、信息通信企业、互联网企业以及第三方开发者等各方主体的汇聚。同时，该平台推动了数据科学、工业科学、管理科学、信息科学和计算机科学在云端的深度融合。这种集聚和融合推动了资源、主体和知识的共享，从而形成了一种社会化的协同生产方式和组织模式，为现代工业生产和管理带来了变革。

5.5.2 工业互联网平台安全的发展展望

作为"新型基础设施建设"的关键领域之一，工业互联网发展正加速推进。在此进程中，工业互联网平台处于核心地位，保障其安全则是维护整体工业互联网安全的关键环节。尽管我国在工业互联网平台安全建设方面已经取得系列成果，但鉴于网络空间安全形势的快速变化，安全建设必须不断适应新的挑战。因此，应当从完善政策标准、创新技术手段、探索产业协同等多方面着手，汇聚政府与行业力量，共同构建稳固的工业互联网平台安全生态系统，并积极推动工业互联网平台的健康持续发展。

1. 政策标准

（1）完善工业互联网平台安全政策要求，指引发展。依据《工业互联网企业网络安全》系列国家标准和《工业互联网安全分类分级管理办法》等政策文件，应当协同推进工业互联网平台的建设与安全保障工作。为此，需集合来自产业界、学术界和研究机构的力量，共同梳理工业互联网平台安全的需求。基于这些需求，制定并发布关于工业互联网平台安全防护的政策文件，进一步明确安全责任主体、安全管理措施、防护机制、安全评估及测试等方面的要求。这些政策将指导并促使企业加强平台的安全保护措施，确保工业互联网的安全稳定运行。

（2）健全工业互联网平台安全标准体系，规范发展。为了提高工业互联网平台的安全性，需建立一套统一的安全技术框架和评价指标体系，形成基础共性标准，为各类安全措施提供指引。同时，应组织专家团队推动关键技术标准的制定，包括平台边缘计算、设备接入、工业微服务与接口、数据管理控制，以及应用和数据迁移的安全性。针对工业互联网平台在不同行业领域的应用场景具有不同的安全需求，应当认真梳理可能影响平台安全的关键业务流程。针对不同的应用场景和行业特点，制定具有行业特色的应用标准或行业标准，以确保工业互联网平台能在各个领域中安全高效运行。

2. 安全技术创新

（1）建立工业互联网平台安全综合防御体系。为确保工业互联网平台各层级关键硬件和软件组件的安全防护，必须利用工业互联网平台的结构框架进行全面规划。该规划应当涵盖平台的四个主要层次，并且重点关注设备、网络、系统和服务等核心领域的安全。在这些层面上，需要部署先进的安全技术和管理措施，构建一个全面的工业互联网平台安全防御体系，从而提升平台的整体防护能力。

（2）加强边缘层设备和系统安全接入管控能力。在工业互联网平台的边缘层，设备安全管理、接入认证和权限控制的能力是至关重要的。为了满足这些需求，关键技术的突破尤为必要，包括确保边缘层设备的可信接入、实现快速鉴权、部署动态阻拦机制以及完善追踪溯源系统。通过这些技术突破，可以实现边缘层设备和系统接入平台时的信任、管理、控制、审计和追溯的目标，确保整个平台的安全性和可靠性。

（3）防范新兴技术应用带来新的安全风险。新一代信息技术，如大数据、人工智能、区块链、5G 和边缘计算等，与工业互联网平台的融合应用，以及第三方协作服务的深入参与，加剧了信息泄露和数据窃取的风险。这些技术的应用对现有的工业互联网平台安全监管体系提出了新的挑战。因此，在采用新技术的同时，有必要加强对新兴技术安全防护措施的研究和创新，以确保整个系统的安全性不受威胁。

3. 产业协同

（1）培养工业互联网平台安全复合型人才。为了加强工业互联网平台的安全防护，应当着重培养具备边缘计算、云计算、工业微服务组件、工业应用及大数据等跨领域知识的安全复合型人才。同时，需要增加对技术研发和成果转化的支持，激励高等院校、科研机构、安全企业、平台企业及工业企业之间的合作，共同培养能够应对工业互联网平台安全挑战的复合型人才。此外，依托工业信息安全产业发展联盟，推动对人才的资质评估和认证工作，以确保人才队伍的专业性。

（2）加快工业互联网平台企业与安全企业联合协同。工业企业在网络安全技术方面普遍存在短板，且人才储备不足，他们面临的挑战包括高昂的设备部署成本、难以评估的防御效果、巨大的安全运维投入以及不完善的应急响应预案。此外，由于对生产技术保密的需求，这些企业与网络安全企业的合作往往不够深入。为了解决这些问题，应当推动工业互联网平台企业、工业企业和安全企业之间的联合协作。通过整合各方的优势资源并采取多样化的合作方式，可以有效推进工业互联网平台的安全能力建设和防护技术应用普及，从而提高平台安全服务整体水平。

（3）推进工业互联网平台安全国际合作交流。为了构建一个国际协同合作的良好环境，应当积极推动国际合作，促进国际交流和产业、技术优势的互补。具体包括加强与全球工业互联网联盟和领先平台企业的沟通与研讨，推动国际合作项目，并致力于开展具有全球视野和前沿技术特色的技术合作与应用创新。通过上述举措，可以携手打造适应新世纪工业发展需求的工业互联网安全平台。

参 考 文 献

[1] 中国工业互联网产业联盟. 工业互联网平台白皮书（2017）[R]. 北京: 中国信息通信研究院, 2018.

[2] 何跃鹰,孙中豪. 5G 场景下物联网海量设备安全接入体系研究[J]. 安全内参, 2020.

第6章

工业控制系统安全

工业控制系统（Industrial Control System，ICS），简称工控系统，是由各种自动化控制组件以及对实时数据进行采集、监测的过程控制组件共同构成的，确保工业基础设施自动化运行、过程控制与监控的业务流程管控系统。工业控制系统的安全性是工业互联网安全的关键组成部分。一方面，工业控制系统在工业生产过程中的广泛应用使其成为生产的中枢神经；另一方面，超过 80%的国家关键基础设施和智慧城市业务系统均依赖工业控制系统来进行管理与控制。因此，确保工业控制系统的安全对于维护国家关键基础设施和智慧城市的正常运行至关重要。

6.1 工业控制系统安全问题

随着德国的"工业 4.0"、美国的"工业互联网"以及中国的《制造业数字化转型行动方案》等国家战略的持续推进，结合物联网、云计算、大数据、5G 等新一代信息技术的综合发展，工业生产网络正日益与办公网络、互联网及第三方网络实现互联互通。这种趋势虽然促进了信息交流和资源共享，但也打破了工业生产环境原有的封闭性和可信性，导致系统面临病毒、木马、黑客攻击及敌对力量的多重安全威胁。

工业控制系统（ICS）面临的主要安全问题如下。

（1）工业控制系统在设计时往往忽视了安全性，更多的是关注实时性、可靠性和稳定性。这导致控制设备、编程软件、组态软件和工业通信协议普遍缺乏必要的安全措施，如身份认证、授权和加密等。

（2）工业控制系统存在大量的安全漏洞和后门隐患。数据显示，近年来因工业控制系统漏洞引发的工业控制安全事件始终处于高发态势。2014—2024 年，公开报告的工业控制系统漏洞数量多达 2900 个，如图 6-1 所示。而安全厂商和黑客掌握的漏洞数量则远超出这一统计。此外，关键的工业控制设备如 DCS、PLC、触摸屏和工业交换机等，多数依赖国外进口，而这些设备中可能预留了后门，在关键时刻可能被用来窃取、监听数据，甚至发起破坏性攻击。

（3）为了提高生产效率，工业生产环境越来越多地将智能传感器、设备、机器和应用系统接入网络，与办公网络和互联网实现互联。然而，在日常维护过程中，个人设备如笔记本电脑和手机经常违规接入生产网络，有时甚至通过手机热点非法连接互联网，这导致网络边界变得模糊，同时缺乏有效的安全防护措施。

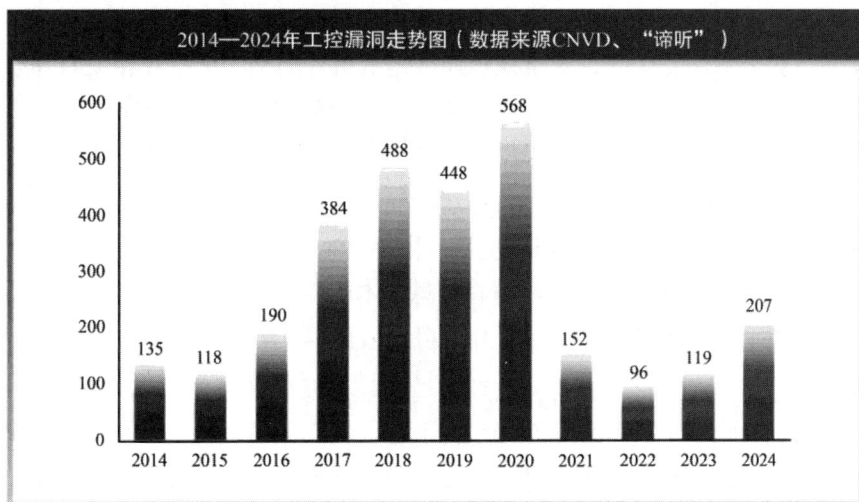

图 6-1　CNVD 历年收录工业控制系统漏洞数量走势图（数据来源：CNVD、谛听）

（4）在对工业控制系统的攻击中，工业主机（如操作员站、工程师站、OPC 接口机和历史服务器）通常是攻击者的首选目标。攻击者利用这些主机作为跳板，进一步渗透攻击控制设备和生产流程。这种攻击方式之所以普遍，是因为攻击工业主机在技术上比直接攻击控制设备更容易，且工业主机自身存在更多的安全漏洞，更易于被利用。

工业主机面临的安全问题主要包括以下几个方面。

①操作系统过时。大多数工业主机运行的还是 Windows XP 或更低版本的操作系统，这些系统存在众多已知漏洞，并且难以获得更新补丁。微软也已经停止为这些旧版本的系统提供技术支持。

②安全配置不充分。许多工业企业没有对工业主机进行安全加固，存在弱口令、过期账户未删除、高风险端口默认开启（如 139、445、3389、5900 等）的情况，以及安装了与工作无关的软件，如远程控制和即时通信工具等。

③防御恶意代码能力不足。尽管一些企业在工业主机上安装了杀毒软件，但这些软件常常出现误报，存在兼容性差，且病毒库更新不及时的问题。

④移动存储介质管理缺失。在某些工业生产环境中，移动存储介质的使用缺乏有效管理，尽管一些企业尝试通过管理措施和物理隔离来控制，但管理上的漏洞仍然存在，导致恶意软件（如病毒、木马和蠕虫）通过移动介质侵入工业环境。

（5）工业控制系统的资产管理存在不少问题。由于这些系统运行周期通常为 10 到 20 年，且建设和维护往往由多个设备制造商与集成商负责，资产清单（包括硬件、软件、网络拓扑和配置信息）分散存储在不同的厂商和人员手中，缺乏一个完整的记录。当系统设备、网络连接或配置发生变化时，资产清单往往没有得到相应的更新，与实际运行状态存在差异，这成为企业安全管理中的一大难题。

（6）工业控制系统在安全监测和预警方面也存在显著短板。既缺少对网络运行状态、资产情况、异常行为、威胁入侵和安全事件的实时监测与预警机制，在安全产品的设计上，国内厂商往往也没有充分考虑工业用户的操作习惯，导致在可视化和可读性方面与工业用户的需求脱节。当安全事件发生时，安全视角通常是从事件类型、级别和相关 IT 参数出发，而工业用户更习惯于从工厂、车间、生产线、系统和设备的角度来定位问题。安全产品的设计未能与业务流程紧密结合，导致工业用户难以定位报警信息，进而产生抵触心理。

（7）在数据安全方面，工业生产环境中存在大量关键数据，如设备运行数据、工艺配方、操作数据和生产管理数据，以及研发、设计、采购、订单和客户信息等。这些数据具有潜在的价值，可供挖掘、分析和利用。随着信息技术的融合发展，数据跨系统、组织和地域的流动性加剧，面临着被黑客、工业间谍和敌对势力窃取和篡改的风险。

（8）在多数大中型工业企业中，虽然 IT 管理制度及生产管理规范较为完善，但对于工业控制系统的信息安全管理制度和措施仍较为薄弱，缺乏系统化的管理。这些企业往往没有建立覆盖从规划、建设、运行、维护到废弃全生命周期的信息安全管理制度和方法，既缺少明确的信息安全管理责任人，未成立专门的安全协调小组，也未设立专职安全岗位和专业人员。此外，部分工业企业的网络汇聚点、核心交换机和边界安全设备（如网闸或防火墙）常常处于无人管理的状态。一方面，这些设备通常由生产部门或相关保障部门负责采购，虽然拥有所有权和决策权，但缺少网络和安全领域的专业知识；另一方面，由于这些设备位于生产环境中，IT 人员出于对生产稳定性的顾虑，往往采取过于宽松的网络策略，甚至忽视设备的运行维护。随着时间的推移，设备的安全配置和账户与密码都未能得到规范的备份和记录，最终形成了"三不管"区域。

（9）在工业企业中，安全运维管理的缺失和应急响应机制的不健全是两个显著的问题。许多企业将工业生产环境中的资产交由设备制造商、系统集成商或第三方服务商进行运维。在现场运维方面，企业往往采取宽松的管理方式，仅仅进行登记和记录，对运维人员的实际操作过程缺乏有效监督。这种管理模式使得对违规行为，如随意使用 U 盘、非授权外连、窃取资料等，往往难以管控。在远程运维方面，企业普遍使用"向日葵""VNC"等远程桌面工具，但缺乏足够的策略来锁定和监控运维行为。对于违规操作、误操作及生产数据的窃取行为，无法进行有效的监控和审计，一旦发生事故，则难以进行追踪和溯源。同时，在大多数工业企业中，IT 安全的应急响应与工业安全的应急响应往往是分离的，IT 应急响应很少考虑到生产环境的特殊需求，缺乏针对生产环境网络安全事件的有效解决方案。而针对工业生产环境的安全应急响应，通常只针对生产安全事故进行处置，没有将网络安全事件纳入考虑范围，相关的网络安全事件应急预案和处置流程亟须完善。

（10）在工业控制系统信息安全方面，国内的投入严重不足。网络安全的总体投入占 IT 投入的比例不到 2%，其中工业控制系统信息安全的投入又仅占网络安全投入的 20%。在年度预算的执行中，工业控制系统信息安全的预算更是微乎其微。这种有限的安全投入难以支撑全面的防护体系。此外，工业生产人员的安全意识相对薄弱，缺乏必要的安全教育和培训。一些管理人员、技术主管和一线操作工认为：因为工业控制系统未与外界连接，所以生产网络是安全的，并且由于多年来未发生过网络安全事件，他们相信未来也不会发生此类事件。

工业控制系统是国家关键基础设施运行控制过程的核心，广泛应用于核设施、电力、石化、化工、冶金、食品加工、市政和先进制造等领域。随着我国工业化与信息化融合工作的深入推进，工业控制系统面临的安全威胁持续加剧，保障其信息安全已成为国家安全战略的重要组成部分。

6.2 工业控制系统安全风险

工业控制系统作为我国重要基础设施自动化生产的核心，其安全性至关重要。然而，由于核心技术的局限性、系统结构的复杂性以及安全和管理标准的缺乏等因素制约，运行在工业控制系统（ICS）中的数据和操作指令可能随时面临来自敌对势力、商业间谍与网络犯罪团伙的多重威胁。根据工业和信息化部发布的《关于加强工业控制系统信息安全管理的通知》和《工业控制系统网络安全防护指南》要求，工业控制系统是工业生产运行的基础核心，我国工业控制系统信息安全管理的关键领域涵盖了核设施、钢铁、有色金属、化工、石油化工、电力、天然气、先进制造、水利枢纽、环境保护、铁路、城市轨道交通、民用航空、城市供水供气供热等与国民经济和民生息息相关的行业。这些领域的工业控制系统一旦受到破坏，将严重影响产业经济的可持续发展，并对国家安全构成巨大威胁。

典型的工业控制系统入侵事件包括：2007 年加拿大水利 SCADA 系统遭恶意软件攻击，破坏取水调度控制计算机；2008 年波兰某城市地铁系统被入侵，通过电视遥控器篡改轨道扳道器，导致车辆脱轨；2010 年 Stuxnet 病毒针对工业控制系统的攻击，严重威胁伊朗布什尔核电站安全；2011 年美国伊利诺伊州城市供水系统的 SCADA 遭黑客破坏，导致供水泵损坏。2025 年，黑客组织 SECTOR16 对乌克兰、意大利和波兰 3 个国家的水务设施 SCADA 系统发起连环网络攻击，将民生领域的控制系统变为地缘网络威慑的试验场。

以上分析表明，工业控制系统安全风险加剧的主要原因有两个方面：首先，许多传统工业控制系统设计于互联网普及之前，主要关注物理安全而忽视了网络通信安全；其次，随着互联网技术的融入，工业控制系统网络广泛采用了通用 TCP/IP 协议，使得工业控制系统与其他业务系统的集成成为可能，导致工业控制系统网络中的各种应用、工业控制设备和办公 PC 系统形成了复杂的网络拓扑结构。

在当前的工业互联网环境下，安全解决方案仅依赖于工业控制协议的识别与控制已经不足以应对新形势下工业控制系统（ICS）网络的运维需求。确保应用层的安全已成为工业控制系统稳定运行的基础性要求。攻击者能够通过利用工业控制设备的漏洞、TCP/IP 协议的缺陷及工业应用的漏洞，有针对性地构建隐蔽的攻击链。例如，Stuxnet 蠕虫就利用了伊朗布什尔核电站工业控制系统网络中存在的多个安全漏洞，包括对 LNK 文件处理的漏洞、打印机漏洞、远程过程调用（Remote Procedure Call，RPC）漏洞、WinCC 漏洞、S7 项目文件漏洞及 Autorun.inf 漏洞，从而为攻击者提供了多个隐蔽的入侵通道。这些案例清楚地表明，工业控制系统的安全防护需要全面考虑各种潜在的安全风险，以确保系统的整体安全性。

1. 脆弱性分析

工业控制系统（ICS）的安全性对于国家战略的安全至关重要。然而，在追求系统的高可用性和业务连续性的过程中，为了满足工业应用场景和执行效率的需求，用户可能不得不降低对 ICS 安全防御的要求。因此，识别 ICS 潜在的风险和安全隐患，并采取相应的安全保障措施，是确保系统稳定运行的关键。

1）安全策略与管理流程的脆弱性

当前，我国工业控制系统的一个主要挑战是缺乏全面而有效的安全策略和管理流程。即便是已经部署了安全防护措施的工业控制系统网络，也可能因管理或操作失误而存在潜在的安全隐患。例如，移动存储介质的使用和不规范的访问控制策略可能导致安全漏洞。

因此，制定符合业务场景需求的安全策略，并根据这些策略建立严格的管理流程，是维护工业控制系统稳定运行的基础。这要求在保证工业控制系统可用性的同时，不降低必要的安全措施标准，确保安全性与效率的平衡。

2）工业控制平台的脆弱性

随着业务需求和应用模式的演进，绝对的物理隔离网络在理论上已不再现实。当前大部分工业控制系统（ICS）网络仅依赖于防火墙来实现工业网络与办公网络的相对隔离，而在工业自动化单元之间缺少有效的安全通信机制。例如，基于 DCOM 的 OPC 接口难以通过传统 IT 防火墙来确保安全。此外，数据加密的效果不尽如人意，对工业控制协议的识别能力不足，并且行业标准规范与管理制度的缺失限制了工业控制系统的防御能力。

由于不同行业的应用场景有着各自的特点，功能区域的划分和安全防御的需求也存在差异。这导致针对特定通信协议和应用层协议的恶意攻击难以防范。更加严峻的是，工业控制系统的补丁管理效果远未达到预期。由于 ICS 补丁升级受到运行平台和软件版本的限制，以及对系统可用性和连续性的严格要求，系统管理员往往不会轻易安装非制造商指定的升级补丁。同时，工业控制系统的补丁发布周期可能长达半年，给攻击者提供了充足的时间来利用已知漏洞进行攻击。

3）网络的脆弱性

引入通用以太网技术使工业控制系统更加智能化，同时带来了更高的透明度、开放性和互联性。然而，这也意味着 TCP/IP 协议所固有的安全威胁可能在工业控制系统网络中出现。工业控制系统网络的专有协议为攻击者提供了渗透其内部环境的可能。为了确保工业控制系统网络的安全稳定运行，必须构建一套针对工业控制系统网络环境的综合防护体系，实时进行对异常行为的发现、检测、清除、恢复和审计。

目前，工业控制系统网络的主要脆弱性表现在多个方面：缺乏有效的边界安全策略；系统安全防御机制不足；管理制度的缺失或不完善；网络配置规范不明确；监控和应急响应制度的不健全；网络通信的保障机制不健全；无线网络接入的认证机制不完善；基础设施可用性保障机制缺失。这些问题的存在严重影响了工业控制系统网络的整体安全性。

2. 潜在威胁分析

作为国家关键基础设施的自动化控制的核心组成部分，工业控制系统网络承载着大量操作数据。通过篡改逻辑控制器的控制指令，敌对势力和网络犯罪集团能够对目标控制系统实施攻击，这类定向攻击正日益成为他们渗透和攫取利益的重要手段。这样的攻击一旦得逞，即使是最轻微的攻击也可能对国家和民众生活至关重要的基础设施造成严重损害。导致工业控制系统遭受破坏的潜在威胁包括遭遇服务拒绝攻击、受到恶意代码注入、可编程控制器遭受非法操作、无线接入点（Access Point，AP）受到渗透攻击、系统的安全漏洞、不当的策略配置，以及人员和流程控制策略的缺失。

6.3 工业控制系统常见的攻击手段

1. 非授权使用——入侵

工业控制系统安全是保障和维护国家关键基础设施的重要环节。黑客通过侵入计算机和网络，可能非法占用或完全控制这些资源。特别是当这些计算机和网络控制着关键的工业设施，如化工装置、公共事业设备，甚至是核电站的安全系统时，后果尤为严重。黑客若成功控制这些系统并篡改关键参数，则可能引发生产中断，导致供电系统瘫痪、饮用水污染，甚至核安全事故。

随着控制网络与互联网的深度融合，这种风险愈发增加。2021年2月，美国佛罗里达州奥尔德斯玛市的市政水处理系统就遭受了黑客的入侵。攻击者试图将氢氧化钠的浓度提升到极其危险的水平。虽然氢氧化钠在低浓度下有助于调节水的 pH 值并去除重金属，但是高浓度摄入极为危险。黑客通过 TeamViewer 这一远程控制软件，利用了员工不良的安全习惯，（如密码共享）等问题，轻易侵入系统。在3~5分钟内，他们就将氢氧化钠的浓度从100ppm提高到 11100ppm（注：ppm 为百万分比浓度单位）。幸运的是，工作人员及时发现了异常操作并进行了紧急干预，撤销了这些恶意指令，从而避免了一场可能的灾难。

2. 拒绝服务攻击

拒绝服务攻击（Denial of Service， DoS）是一种常见的网络攻击方式，其目的是使目标计算机或网络设备无法提供正常服务。该攻击不仅包括对网络带宽的消耗性攻击，还包含任何能够干扰目标正常运作，导致服务中断或系统崩溃的行为。拒绝服务攻击之所以难以有效解决，是因为网络协议本身存在的安全漏洞，使得此类攻击成为攻击者的一种强有力手段。在实施拒绝服务攻击时，攻击者通常会采取两种主要策略：一是通过大量请求迫使服务器的缓冲区溢满，从而无法处理新的连接请求；二是利用 IP 地址伪装（又称为 IP Spoofing）技术，使服务器错误地中断合法用户的连接，以此影响正常的服务。

拒绝服务攻击对网络安全构成严重威胁。典型的攻击手法包括：流量型攻击，如 Ping 洪水（Ping Flood）攻击和 UDP 洪水（UDP Flood）攻击，以及连接型攻击，如 SYN 洪水（SYN Flood）攻击和 ACK 洪水（ACK Flood）攻击。这些攻击通过耗尽系统资源，如网络带宽、可用连接数和CPU处理能力，从而阻断正常服务功能。拒绝服务攻击特别难以防御的原因在于其攻击目标极其广泛，从服务器到各类网络基础设施设备（如路由器、交换机、防火墙等）都可能成为攻击对象。

（1）SYN Flood 攻击。SYN Flood 攻击是目前最常见的 DoS 和 DDoS 攻击方法之一。它通过利用 TCP 协议中的漏洞，发送大量伪造的 TCP 连接请求，目的是耗尽目标系统的资源，如导致 CPU 资源耗尽或内存溢出，从而使目标系统无法处理合法的请求。

在 TCP 连接的三次握手过程中，如果一个用户在发送 SYN 请求后出现故障或断开连接，服务器在发出 SYN+ACK 应答后将无法接收到客户端的 ACK 确认，导致三次握手无法完成。在这种情况下，服务器通常会尝试重发 SYN+ACK 报文并等待一定时间，这个等待时间被称为 SYN Timeout，通常为 30s~2min。对于服务器而言，偶尔出现这样的单一线程等待并不构成严重问题。然而，如果有攻击者故意模拟这种情况并伪造大量 IP 地址，服务器将不得不维护一个庞大的半连接列表，耗费大量资源。仅仅保存和处理这些半连接就会占用大量 CPU 和内存资源，更不用说还需要不断地重试 SYN+ACK 报文。如果服务器的 TCP/IP 协议栈不够健壮，可能会导致系统崩溃。即便服务器性能强大，它也会被伪造的 TCP 连接请求所占据，无法处理正常的客户请求，这时对于正常的用户来说，服务器失去了响应，这种情况称为服务器遭受了 SYN Flood 攻击。

在系统遭受 SYN Flood 攻击时，实际上第三次握手不会发生。此外，防火墙或服务器都不会接收到合法的 SYN 请求，因此攻击得以持续生效。

（2）DDoS 攻击。DDoS 攻击通过滥用 TCP 协议中的 RST 标志位进行实施。假设一位合法用户（IP 地址为 61.61.61.61）与服务器之间已经建立了一个正常的 TCP 连接。攻击者会伪造 TCP 数据包，将源 IP 地址伪装为 61.61.61.61，并在数据包中设置 RST 标志位，然后将其发送给服务器。当服务器收到这类数据包时，会误认为来自 61.61.61.61 的连接出现了错误，并将对应的连接信息从缓冲区中清除。因此，当真正的合法用户尝试发送数据时，服务器由于已经丢失了相应的连接记录，无法识别该用户的请求，迫使用户重新发起连接请求。在攻击过程中，攻击者会伪造大量不同的 IP 地址，并向目标服务器发送包含 RST 标志位的数据包，导致服务器无法为合法用户提供服务。这种方式有效地实现了针对受害服务器的 DDoS 攻击。

（3）UDP 洪水攻击。攻击者通过滥用基础 TCP/IP 服务，如 Chargen（字符生成）和 Echo（回显），来产生大量无意义的数据，耗尽网络带宽。具体操作是：攻击者伪造一条与某主机的 Chargen 服务的 UDP 连接，并将响应地址设置为运行 Echo 服务的另一台主机。这种配置导致两台主机之间产生连续的无效数据流并不断循环，最终形成一种通过消耗带宽资源来妨碍服务的攻击。

（4）Ping 洪水攻击。在网络通信的早期阶段，路由器对传输包的最大尺寸设置了限制。多数操作系统中 TCP/IP 协议栈对于因特网控制消息协议（Internet Control Message Protocol，ICMP）数据包的处理规定了 64KB 的大小限制。系统会在读取数据包的头部信息后，根据头部所含信息为数据包的有效载荷分配相应的缓冲区。然而，当出现异常的数据包，宣称其大小超过了 ICMP 规定的 64KB 限制时，会导致内存分配异常。这种异常会引发 TCP/IP 协议栈的崩溃，最终导致接收端系统的死机。

（5）Teardrop 攻击。Teardrop（泪滴）攻击是一种利用 TCP/IP 协议栈中对 IP 分段的信任机制来发起攻击的方法。在 IP 分段中存在指示该分段对应原始数据包中特定部分的信息。某些版本的 TCP/IP 实现（包括 Service Pack 4 之前的 Windows NT），会在接收到包含重叠偏移的伪造分段时发生崩溃。这种攻击通过发送错误构造的分段来引发目标系统的处理异常，最终导致系统崩溃。

（6）Land 攻击。Land 攻击的原理在于发送一个精心构造的 SYN 数据包，其源 IP 地址和目的 IP 地址都指向同一个服务器。这导致目标服务器向自身发送 SYN-ACK 响应，随后该服务器又回复 ACK 消息，从而在不涉及外部通信的情况下建立一个虚假连接。每个这样的连接都会被攻击服务器保持，直至超时。不同操作系统对 Land 攻击的响应不同，许多 UNIX 系统会因此崩溃，而 Windows NT 系统会变得极其缓慢，这种状况可能持续大约 5min。

（7）Smurf 攻击。Smurf 攻击是一种分布式拒绝服务（DDoS）攻击，其基本原理是利用 ICMP 请求，即 Ping 命令，向受害网络的广播地址发送数据包，并将应答地址设置为受害主机的地址。这样做会导致网络上的所有主机都向受害主机发送 ICMP 响应，从而导致网络拥堵。Smurf 攻击产生的流量远远超过了"ping of death"攻击，高出 1~2 个数量级。在更为复杂的 Smurf 攻击中，攻击者会将源地址伪装成另一个无辜第三方的地址，导致该第三方主机承受巨大流量，最终可能导致系统崩溃。

（8）Fraggle 攻击。Fraggle 攻击是 Smurf 攻击的一个变种，它采用 UDP 协议而非 ICMP 协议来实施攻击。具体来说，Fraggle 攻击通过发送 UDP 回显请求到受害网络的广播地址，并将源地址伪装成目标主机，从而使网络上的主机向该目标主机发送大量的 UDP 响应，这会导致目标主机或整个网络因处理过多的 UDP 流量而陷入瘫痪。

2019 年 3 月，美国最大的私营太阳能电力供应商 sPower 遭受了一次严重的 DoS 攻击，持续时间长达 12h。攻击者利用电力系统中防火墙已知的漏洞，反复中断操作员与 12 个发电站之间的通信链路，导致多个风电场和太阳能农场的供电出现短暂中断。根据北美电力可靠性公司的报告，这次未经身份验证的攻击是通过利用防火墙中的已知漏洞来实施的，该漏洞触发了一种 DoS 状态，导致受影响的设备不断重启。NERC 是一个非营利的国际监管机构，负责监督北美电网的可靠性和安全性，其使命是有效并高效地降低电网面临的可靠性和安全性风险。

3. 病毒攻击

计算机病毒是恶意编程者设计并植入计算机程序中的代码，旨在破坏系统功能或数据完整性。这类代码具备自我复制能力，能够在不同计算机之间传播，影响其正常使用。计算机病毒的传播特性包括感染性、寄生性、隐蔽性和潜伏性，它们能迅速扩散并采取多种攻击手段。用户的计算机一旦被感染病毒，就可能会引起各种问题，从系统运行缓慢和内存占用过多到严重的数据丢失、信息泄露和系统崩溃，后果不堪设想。

计算机病毒的类型繁多，它们可以根据传播途径不同被分类为网络病毒、文件型病毒、引导型病毒及混合型病毒。每种类型的病毒在攻击策略和造成的破坏后果方面都有所不同。下面将详细介绍这些常见的计算机病毒类型。

1）网络病毒

网络病毒是通过网络传播，同时破坏某些网络组件的病毒。典型的网络病毒有以下两种。

（1）勒索软件。勒索软件，也称为勒索病毒，是一种通过电子邮件、网站附件、USB 等移动存储设备传播的恶意软件。该类软件通常通过垃圾邮件进行扩散，用户一旦点击含有勒索病毒的电子邮件链接或附件，就可能遭受感染。感染后，勒索软件会对用户的终端或数据（包括文档、电子邮件、数据库、源代码等）进行加密，阻止用户正常访问这些资源。随后，攻击者会要求受害者支付赎金以换取解密密钥。只有在获得该密钥之后，用户才能恢复对其终端或数据的正常访问。

（2）蠕虫病毒。蠕虫病毒是一种自我复制的恶意程序，它通过识别并利用系统漏洞（如 Windows 系统漏洞或网络服务器漏洞）来传播。不同于传统病毒，蠕虫病毒无须人为干预即可独立展开攻击，具有高度自主性。计算机一旦感染蠕虫病毒，则可能会经历系统运行缓慢、文件丢失、文件损坏或异常文件出现等一系列问题。蠕虫病毒能够通过网络服务器、网络文件和电子邮件等多种途径传播，并且其攻击活动不依赖于宿主程序。因此，蠕虫病毒的传播速度远超过传统病毒。

2）文件型病毒

文件型病毒通过感染操作系统中的文件系统来传播，它会嵌入到计算机的源文件中，如可执行文件（COM、EXE）、文档（DOC）、系统文件（SYS）等。当这些被感染的文件被执行时，病毒随之传播。

宏病毒是文件型病毒的一个典型例子，主要影响由 Microsoft 开发的办公软件系列中的数据文件和模板文件，包括字处理文档、数据表格、演示文档等。例如，一个 Word 文档如果感染了宏病毒，当其他用户打开该文档时，宏病毒则可能被传播至其他系统。宏病毒感染的文件可能会限制用户使用"另存为"功能来更改文件的保存路径，迫使用户只能以模板的形式保存文件。由于数据文件和模板文件广泛跨平台使用且用户众多，因此宏病毒能够实现迅速大规模地传播。

3）引导型病毒

引导型病毒寄生于磁盘的引导区或主引导区，并在系统启动过程中侵入计算机系统。这类病毒在系统引导时加载至内存，进而感染其他文件。

1988 年发现的"小球"病毒是中国首个已知的计算机病毒，也是引导型病毒的一个典型代表。它主要通过软盘传播，一旦计算机受感染，屏幕上会出现跳动的小球图案，导致受影响的计算机程序不能正常运行。尽管"小球"病毒的破坏性相对较低，其传播速度也较慢，但是它的出现标志着计算机病毒对信息安全构成的潜在威胁。

4）混合型病毒

混合型病毒结合了文件型病毒和引导型病毒的特性，能够通过感染系统引导区和文件两种方式扩散，因此具有较高的破坏力和风险性。

"新世纪"病毒是混合型病毒的代表。这种病毒既能激活系统引导，也能通过文件引导，通过在隐藏扇区内潜伏，替代硬盘数据区域以隐藏其代码，显示出较强的隐蔽性。当"新世纪"病毒激活时，它不仅会感染硬盘的主引导区，还会感染所有在被感染系统上运行过的文件。一旦激活，病毒会在每年的 5 月 4 日删除当天运行的所有文件，并在屏幕上显示预设的信息。由于这种病毒能够感染所有可执行文件，因此其危害性极大。

4. 开放式 OPC 接口的安全性

用于过程控制的对象链接与嵌入（Object Linking and Embedding（OLE）for Process Control，OPC）的诞生为基于 Windows 平台的应用程序与现场过程控制应用之间搭建了桥梁。在 OPC 出现之前，为访问现场设备数据，每个应用软件开发商都需要编写专门的接口函数。由于现场设备类型众多且产品不断更新，这不仅给用户和软件开发商带来了巨大的工作压力，还不能满足实际工作的需求。因此系统集成商和开发商迫切需要一种高效、可靠、开放且具备互操作性的即插即用设备驱动程序。在这种背景下，OPC 标准应运而生。OPC 标准建立在微软公司的 OLE 技术之上，通过提供一套标准化的 OLE/COM 接口来实现，特别是采用了 OLE2 技术。OLE 标准支持多台计算机之间交换文档、图形等对象。

1）动态端口

OPC Classic 协议依托于 DCOM 协议，与大多数应用层协议不同，后者采用动态端口机制。在此机制下，OPC 客户端首先请求连接到 OPC 服务器的 135 端口；连接建立后，服务器会分配一个新的端口并通过应答报文通知客户端，随后客户端通过这一新端口进行数据传输。然而，传统防火墙无法识别 OPC Classic 协议，为保障 OPC 业务的正常运行往往需要开放服务器的所有可能端口（如在 Windows Server 2008 系统上可能涉及超过 16 000 个端口）这种做法显著扩大了 OPC 服务器的潜在攻击面。

2）协议缺陷

OPC Classic 协议的架构基于 Windows 平台，这意味着 Windows 系统的漏洞和缺陷也会影响 OPC 环境。此外，为了便利信息交换，所有客户端使用相同的凭证进行数据访问，这种设计一旦客户端被攻陷，就可能导致数据泄露或通过大量数据项的添加而导致控制系统超载，进而中断业务。

3）明文传输

工业控制通信协议在设计时往往重视通信的实时性和可用性，而忽视了安全性，缺乏有效的认证、加密或授权措施。OPC Classic 协议默认采用明文传输，这使得通信内容易于被截获和篡改。基于 DCOM 技术的 OPC 在数据通信过程中，操作系统会开放从 1024 到 5000 动态端口以响应请求，这导致使用通用商业防火墙几乎无效。这种安全缺陷使得 OPC 客户端能够轻易读写服务器数据项，一旦黑客控制了客户端计算机，整个控制系统将面临严重风险。黑客可以轻松获取系统开放的端口，并冒充管理员，对系统进行恶意攻击，影响企业的正常生产和运营。

6.4 工业控制系统安全防护策略

6.4.1 白名单机制

白名单机制与黑名单机制构成了网络安全策略的两个对立面。白名单策略仅允许经过认证的用户进行访问，而未在名单上的用户则无法通过验证；相反，黑名单策略则禁止特定用户的访问，而其他未被列入黑名单的用户均可自由访问。通常白名单策略会限制更多用户，因为它仅允许预先定义的用户集合进行操作。

白名单的主动防御技术通过预设的协议规则来限制网络数据交换，在控制网络与信息网络之间进行动态的行为评估。这种技术通过分析协议特征并限制端口使用，从而有效地阻止未知恶意软件的运行和传播。白名单安全机制不仅用于防火墙设置，还是实际管理中的一项基本原则。例如，在进行设备和计算机操作时，只有被信任并可识别的设备（如指定笔记本电脑和 U 盘等）才被允许使用，未经授权的活动则会被拒绝。

在工业控制系统中，工业控制主机通常扮演特定的功能角色，它们的特点是单一性和确定性，即一旦预装的操作系统和应用软件开始运行，就很少进行更改。这一特性使得基于白名单的防护产品更适合工业控制主机。首先，白名单防护软件与工业控制软件的兼容性较好，减少了误操作的风险；其次，白名单软件防护通常对系统资源的占用较小，不会显著影响主机的性能，保持了业务的实时性；再次，由于工业控制主机运行的应用软件较为固定，白名单无需频繁更新，传统的防病毒和网络防护软件则需不断更新病毒库以维持防护能力，且对系统资源的消耗较大；最后，工业控制主机很少进行系统更新，白名单防护软件通过只允许名单内的程序运行，可以在一定程度上降低系统漏洞未修补时被远程利用的风险。

6.4.2 物理隔离

物理隔离是通过物理手段实现内外网络分离的技术，旨在防止入侵和信息泄露。该技术主要应用于保密网、专网及特种网络，特别是当这些网络需要与互联网连接时，为了抵御来自互联网的攻击并确保网络的保密性、安全性、完整性、不可否认性及高可用性，通常会要求实施物理隔离。这种技术包括隔离网闸技术和物理隔离卡等。

网络物理隔离技术发展历史悠久，起初是为了解决涉密与非涉密网络间安全数据交换的问题而设计。随着时间的推移，凭借其出色的安全性能，该技术逐渐在政府、军事、电力、铁路、金融等多个重要行业中得到广泛应用。在工业控制领域，网络物理隔离技术也日益被采用和推广。通常，这种技术采用"2+1"的三模块架构，内嵌双主机系统，并通过隔离单元利用总线技术建立安全通道，从而实现数据的快速安全交换。网络物理隔离专门为控制网络的安全防护而设计，因此它仅支持控制网络中常用的通信协议（如 OPC、Modbus 等），而不支持通用互联网功能。这使得网络物理隔离技术特别适用于控制网络与办公网络间的隔离，以及控制网络内部各独立子系统之间的隔离。

物理隔离的方法可分为以下几种。

（1）客户端的物理隔离。客户端的物理隔离技术旨在解决网络客户端的信息安全问题，通过将网络环境划分为内部涉密网络和外部公共网络两个独立的部分来实现。内部涉密网络专门用于处理敏感信息，在安全加固的环境中运作，且完全不与外部公共网络建立连接。相对而言，外部公共网络是开放的，允许用户连接至互联网以进行信息发布等活动。采用物理隔离卡的网络客户端能够在保证安全的前提下，灵活地切换内部涉密网络和外部公共网络，这样单一计算机便能满足用户在不同网络环境下的工作需求。

（2）集线器级的物理隔离。集线器级的物理隔离产品需与客户端物理隔离产品协同应用，以便在客户端的内外双网布线中，仅通过单条网络线路并借助远端切换器实现内外网络的连接。这种配置旨在使单一工作站能够接入内外两个不同的网络，同时简化网络布线，避免了客户端计算机需要使用两条网线进行连接的情况。

（3）网闸的物理隔离。网闸的物理隔离确保外网与内网之间保持绝对的隔离状态，这意味着网闸、外网和内网之间既不存在物理连接，也不具有逻辑联系。网闸的主要作用是处理内外网络间的数据交换问题，其核心职责是保障外部主机与内部主机在任何时刻都保持彻底的分离。

（4）服务器端的物理隔离。服务器端的物理隔离产品利用先进的软硬件技术，在确保内外网络间不存在物理数据连接的同时，能够高效地进行数据过滤和传输。该技术的关键在于它能够实现分时处理和传递数据，避免在任何时刻建立内外网络间的物理连通。物理隔离的明显优势在于其概念的明确性、易于理解和部署，以及相对较低的成本，抵御常见的实时性攻击行为也显示出良好的效果。然而，即使采用了物理隔离措施，网络的安全防护仍需面对一系列挑战。

以上物理隔离并不能完全杜绝网络安全风险，随着科技的发展，物理隔离开始出现漏洞和自身的局限性，具体如下：

①其他安全措施的减弱。在声称实现物理隔离的网络中，管理和运营人员往往表现出较弱的安全管理意识。人员的安全意识是影响网络安全风险的一个关键因素。此外，物理隔离常常导致其他安全技术的应用受到忽视。在许多采用物理隔离的网络系统中，网络设备和操作系统的版本往往较旧，且缺乏必要的安全补丁。在这样的环境下，网络尚未遭受攻击时或许安全无虞，但一旦有任何单一节点被成功渗透，往往会导致整个网络的全面崩溃。

②对来自内部的恶意行为无效。超过 60% 的安全事件源于内部设备问题或内部人员的失误。这些问题既包括内部人员故意的恶意行为，也包括非故意的误操作。然而，物理隔离并不能有效防范内部人员无论是有意还是无意的破坏行为。

③物理隔离往往做不到真正的隔离。在众多宣称实现物理隔离的系统中，实际上可能存在与外部网络的连接点。由于网络建设和规划的复杂性与长期性，未经授权的设备接入或网络拓扑的变动有时难以避免且不易察觉。

2017 年 5 月，WannaCry 勒索软件的大规模爆发影响了全球数万台计算机，包括那些声称物理隔离的内部网络系统也未能幸免，导致数据被破坏。

以国内某油田的网络系统为例，网络被划分为办公网、数据采集网和控制网。除办公网之外，其他网络部分在物理上与互联网隔离。尽管声称采取了物理隔离措施，但是实际上并未彻底执行，部分服务器通过双网卡同时连接到办公网和数据采集网以实现数据传输。在WannaCry 病毒暴发期间，数据采集网中的一些服务器因此间接暴露于风险中，导致部分运行 Windows 系统的服务器和主机被感染，造成了损失。

④物理隔离的难度正在大大提高。随着物联网技术的不断发展，各类新型智能设备正日益普及，移动联网终端设备变得更加高效与智能。这一趋势对传统的物理隔离网络构成了日益严峻的挑战，曾被视为安全的网络环境如今正逐渐失去其安全性。

与此同时，物理隔离技术的演进也催生了新的针对物理隔离网络的攻击方式，包括高级持续性威胁（APT）攻击、通过 U 盘进行的攻击及水坑攻击等。这些新型攻击手段的出现，进一步凸显了传统安全措施在当前网络安全领域中的局限性。

1）APT 攻击

高级持续性威胁（APT）攻击，也称为定向威胁攻击，是指由某个组织对特定目标发起的一系列持续且有效的攻击活动。这类攻击以其隐蔽性和针对性而著称，攻击者常运用多种手段（如感染媒介、供应链入侵和社会工程学等）以实施先进、持久且有效的威胁和攻击活动。

美国国家标准与技术研究所提出的 APT 攻击定义包含 4 个核心要素，具体如下：

①攻击者：具备高级专业知识和丰富资源的敌对实体。

②攻击目标：旨在破坏特定组织的关键设施，或者干扰特定任务的执行。

③攻击手段：采用多样化的攻击策略，在目标基础设施中建立并扩大据点，以窃取信息。

④攻击过程：攻击者在较长时间内潜伏，反复攻击目标，同时适应安全系统的防御措施，并保持高水平的交互以实现攻击目的。

APT 攻击展现出与传统网络攻击不同的 5 个显著特点：

①APT 攻击目标具有高度针对性，通常选择数据丰富或拥有重要知识产权的实体作为攻击对象。攻击者专注于特定目标和系统，以获取商业机密、国家安全数据或知识产权等敏感信息。

②APT 攻击组织严密，攻击者通常以团队形式运作，成员间分工明确、协作紧密，进行长期策划和准备，具备持续研究 APT 攻击的经济和技术资源支持。

③APT 攻击持续时间长，攻击者可能在目标网络中潜伏数月至数年，不断改进攻击手段，如利用 0day 漏洞，发起持续性攻击。

④APT 攻击具有极高的隐蔽性，攻击者能够根据目标特性规避防御系统，通过细致的信息收集和针对性的恶意软件设计，隐秘地窃取数据或造成破坏。

⑤APT 攻击常采用间接手段，如通过第三方网站或服务器作为跳板，部署恶意程序或木马，实现对目标的渗透。这些恶意程序或木马可远程控制，或者由目标无意中触发启动攻击

过程。

2）U 盘攻击

2017 年 6 月，维基解密公布了中央情报局（Central Intelligence Agency，CIA）的第 12 批工具集，其中包含"野蛮袋鼠（Brutal Kangaroo）"——一种专门设计用 U 盘对目标网络发起高级持续性威胁（APT）攻击的工具。该工具通过 U 盘和其他便携式设备传播恶意软件进行信息搜集，并反馈给攻击者，整个攻击过程可能持续数天至数月。

另一个案例是 2010 年震网病毒对伊朗的核工业的攻击。这种病毒主要通过 U 盘等设备，长期渗透并破坏目标网络。震网是一种针对工业控制系统中的可编程逻辑控制器（Programmable Logic Controller，PLC）的恶意蠕虫，在 2010 年首次被发现。据报道，这次攻击背后是由美国中央情报局和以色列情报机构摩萨德共同策划的，他们通过荷兰情报人员招募了一名伊朗工程师，指使其利用 U 盘将病毒植入纳坦兹核设施的系统。震网病毒感染了全球超过 20 万台计算机，并且破坏了伊朗核设施约 1/5 的离心机。它通过 U 盘传播，篡改 PLC 的控制软件代码，引导离心机执行错误指令，如图 6-2 所示。在震网病毒的影响下，纳坦兹核设施的离心机数量从 4700 台锐减至 3000 余台，这一事件凸显了通过 U 盘自动执行的攻击手段所具有的巨大破坏潜力。

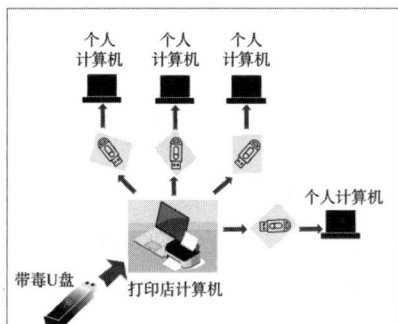

图 6-2　U 盘"替身"病毒交叉感染示意图

3）水坑攻击

水坑攻击是一种针对特定团体（如组织、行业或地区）的计算机网络攻击策略。攻击者通过推测或监测以确定这些团体频繁访问的网站，然后对这些网站进行渗透并植入恶意软件，以便感染目标团体中的个别成员。这种攻击方式之所以效率较高，是因为它利用了目标团体对所信任网站的信任度。即使是那些对鱼叉式攻击或其他钓鱼攻击有所防备的团体，也可能会受到水坑攻击的影响。

攻击者会制作看似合法的系统补丁、工业控制软件安装包、软件工具等（这些都是工业现场的工程师或管理员可能感兴趣的内容）并将其发布到网站上以诱使目标完成下载，使得恶意软件得以绕过安全限制，进入隔离的网络环境。

作为高级持续性威胁（APT）攻击的一种形式，水坑攻击的隐蔽性较强，与传统的钓鱼攻击相比，它不需要攻击者花费大量精力去创建钓鱼网站。随着人们安全意识的增强，传统钓鱼网站容易被警觉的用户识破，而水坑攻击则利用用户对合法网站的信任来进行。通过在网站中植入恶意代码，这些代码利用浏览器的漏洞在用户访问时执行，从而在用户的设备上安装恶意程序或窃取个人信息。

例如，2020 年 2 月 19 日，安全研究人员发现了一个针对 iOS 用户的水坑攻击实例。攻击者在一个含有 3 个 iframe 的恶意网站上布置了陷阱；其中一个 iframe 链接到一个合法新闻网站，另外两个分别用于网站分析和托管利用 iOS 漏洞的脚本。通过在香港的一个热门论坛上发布带有恶意链接的诱饵新闻头条，攻击者将用户引导至真实的新闻网站，但由于这些网站被植入了隐藏的 iframe 代码，用户在访问时会不知不觉地加载并运行恶意软件。另一种水坑攻击则是通过复制合法网站并注入 iframe 实现，这种攻击从 1 月 2 日开始一直持续到 3 月 20 日。然而，目前尚不清楚这些恶意链接是如何被分发的。

水坑攻击的欺骗性强于直接通过社会工程学诱导用户访问恶意网站的方法，且更为高效。这种攻击通常针对特定目标，而利用的漏洞多见于 Adobe Reader、Java 运行环境、Flash 和 Internet Explorer 等常用软件。

物理隔离确实能够提升目标网络的安全性，但这仅构成了基础性的防御手段，并不能全面解决安全挑战。随着对工业控制系统（ICS）网络安全的研究不断深入，攻击技术不断演进，仅依赖物理隔离的网络安全性将日益暴露出其固有的弱点。为了有效防范数据泄露和远程控制的风险，在保持物理隔离的同时，必须采取其他管理策略和技术措施，以确保核心网络和关键资产的安全。

6.4.3　工业防火墙

工业防火墙是专为工业控制系统网络安全设计的串行防护设备，负责解析、识别并控制通过工业控制系统网络的所有数据流量，旨在抵御内部和外部对工业控制设备的攻击。该防火墙的核心功能包括对工业控制协议的深度解析、包过滤、端口扫描攻击抵御、安全审计、恶意代码防御、漏洞防护及访问权限的限制等。

工业防火墙与传统 IT 防火墙的主要区别在于以下 3 个方面：

（1）工业防火墙在数据过滤方面的要求不同，它不仅具备 IT 防火墙的通用协议过滤能力，还必须能够过滤工业控制协议。

（2）工业防火墙在各种环境下的适应能力超过 IT 防火墙。

（3）工业防火墙在可靠性、稳定性和实时性方面的要求高于 IT 防火墙。

因此，在现代信息安全技术和市场中，工业防火墙是不可或缺的组成部分。

1. 部署于隔离管理网与控制网之间

工业防火墙控制跨层访问并深度过滤层级间的数据交换，阻止攻击者基于管理网向控制网发起攻击，具体部署如图 6-3 所示。

2. 部署于控制网的不同安全区域之间

工业防火墙可将控制网分成不同的安全区域，通过控制安全区域之间的访问并深度过滤各区域间的流量数据，以阻止区域间安全风险的扩散，如图 6-4 所示。

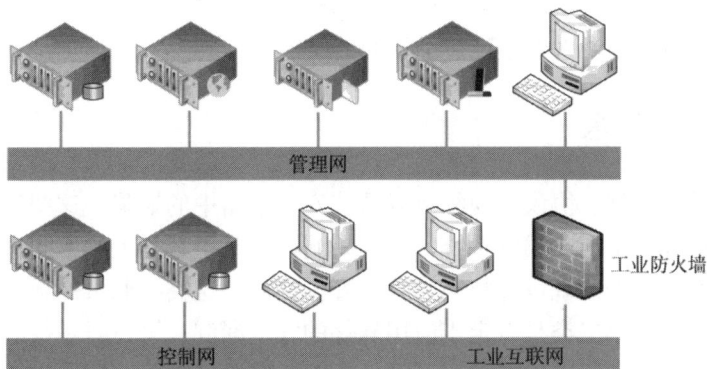

图 6-3　管理网与控制网之间

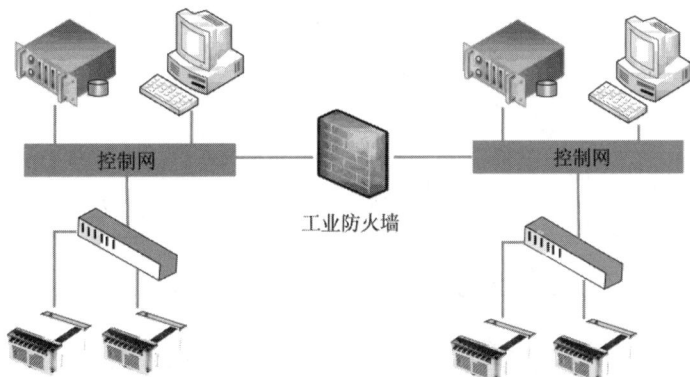

图 6-4　控制网的不同安全区域之间

3. 部署于关键设备与控制网之间

工业防火墙通过检测并过滤访问关键设备的 IP 地址，阻止非业务端口的访问与非法操作指令，同时记录关键设备的所有访问与操作记录，实现对关键设备的安全防护与流量审计，如图 6-5 所示。

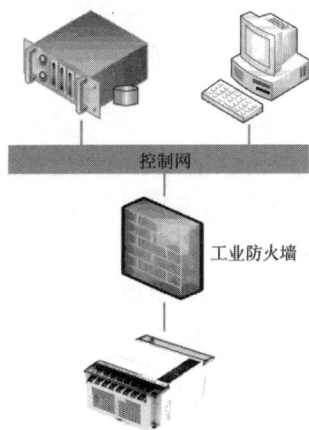

图 6-5　关键设备与控制网之间

随着工业互联网的迅速发展，信息技术（IT）与运营技术（OT）的融合持续深化，工业网络面临的安全威胁也在不断加剧。因此，构建一个从网络边界到安全区域再到设备终端的全面防护体系，对于企业来说是至关重要的。

6.4.4　漏洞发现技术

漏洞是指硬件、软件、协议实现细节或系统安全策略中的缺陷，这些缺陷可能允许攻击者在未经授权的情况下访问或损害系统。安全漏洞可以基于其宿主的不同进行分类，主要分为三大类：第一类是操作系统设计缺陷导致的安全漏洞，这类漏洞可能会被该系统上运行的所有应用程序所继承；第二类是特定于应用软件的安全漏洞；第三类是与应用服务协议相关的安全漏洞。按照承载来源进行分类，可以分为以下五类，如图 6-6 所示。

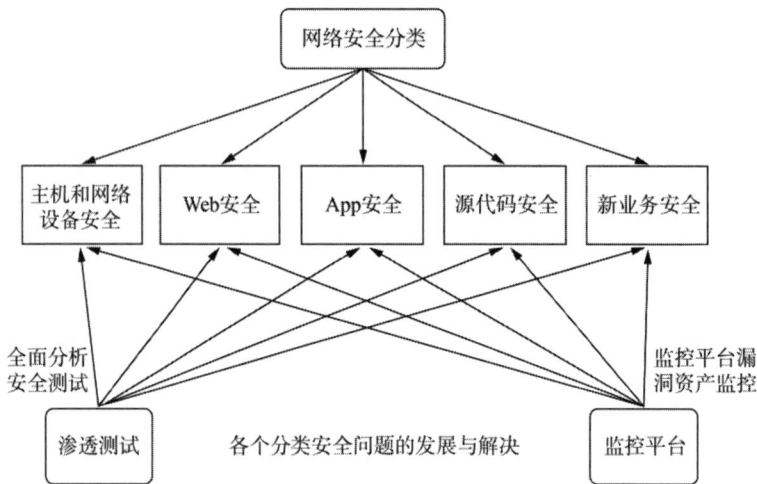

图 6-6　网络安全分类图

1. 主机和网络设备安全漏洞

主机和网络设备是互联网运行的基础设施，它们的安全问题对整个互联网的安全构成直接威胁。针对这些安全问题，可以通过专业安全设备对所管辖的设备资产进行漏洞扫描，以识别潜在的安全风险。一旦发现漏洞，就立即通知相应责任人在规定时间内进行修复和整改。

2. Web 安全漏洞

随着 Web 应用的日益普及，企业信息化过程中的众多业务应用均部署在 Web 平台上。黑客通过利用网站操作系统的漏洞、Web 服务程序的 SQL 注入漏洞等手段，可获得对 Web 服务器的控制权限。这类安全漏洞的后果轻则导致网页内容被篡改，重则可能导致重要内部数据被窃取。更严重的情况是黑客可能在网页中植入恶意代码，对访问者构成安全威胁。这些可被利用的安全缺陷统称为 Web 安全漏洞。

3. App 安全漏洞

随着智能手机性能的显著提升，多数互联网应用已实现与移动应用的适配性，因此移动应用的安全性显得尤为关键。移动应用的安全性主要涉及对 App 安装包和 App Web 应用的安全性进行漏洞测试以及后续的漏洞修复。

4. 新业务安全漏洞

新业务安全漏洞通常指在业务初期上线时暴露的安全隐患。由于在线上业务中进行安全测试时需兼顾业务稳定性，某些漏洞可能未能得到充分验证。因此，为防止此类安全漏洞的产生，必须在业务正式上线之前进行全面的验证，以排除潜在风险。

5. 源代码安全漏洞

源代码漏洞是指在程序设计阶段由于考虑不全面等，导致编写的代码存在缺陷，从而留下了潜在的安全后门。这些缺陷可能会对程序、系统或数据造成潜在的危害。一旦这些源代码缺陷被攻击者发现并加以利用，所引发的安全问题就可能带来巨大的损害。源代码漏洞的表现形式多样，主要源自算法设计的不当或代码实现的错误。

近年来，应用软件程序和服务协议的安全漏洞遭受的攻击日益频繁，同时，利用病毒和木马技术的网络犯罪（如网络盗窃和诈骗）也呈现快速增长趋势，导致了危害的加剧和日益严重的经济损失。随着国际上涌现出大量专业的漏洞研究组织，漏洞从被发现到被利用的时间缩短，0day 攻击的频率也在逐步增加。0day 攻击是指在相应补丁发布之前利用未知漏洞进行的攻击，这些漏洞未被公开，因此对网络安全构成严重威胁。要防止这些攻击造成损失，必须提前发现并处理这些漏洞。

目前，工业控制设备漏洞发现技术主要分为漏洞扫描技术和漏洞挖掘技术。

1）漏洞扫描技术

漏洞扫描是一种基于漏洞数据库进行的安全检测行为，通过对远程或本地计算机系统进行扫描，旨在识别出可被利用的安全脆弱性。该过程的核心在于远程探测目标主机的 TCP/IP 端口服务状态并记录其响应，从而收集关于目标主机的广泛信息。获取到的端口及其网络服务信息将与漏洞扫描系统的数据库进行对比。若发现匹配项，则认定相应的漏洞存在。此外，漏洞扫描还包括模拟黑客攻击（如对系统的密码强度进行测试）。若此类模拟攻击得逞，则同样确认漏洞的存在。

网络管理员通过扫描可以获悉网络的安全配置及其应用服务的运行状况，及时发现安全弱点，从而客观评估网络的风险水平。基于扫描结果，管理员可修复安全漏洞和配置错误，以预防潜在的黑客入侵。与防火墙和网络监控系统这些被动防御措施相比，安全扫描是一种主动的安全预防手段，能有效地阻止黑客攻击，保障网络安全。

2）漏洞挖掘技术

漏洞挖掘过程通过向工业控制设备输入一系列非规范的异常数据，并仔细观察设备的响应和运行状态，目的是发现系统中可能存在的缺陷或漏洞。通过这种方法，安全研究人员能够识别和修复潜在的安全问题，从而增强工业控制系统的整体安全性。漏洞挖掘技术可以根据测试数据的生成方式分为以下几类。

（1）Fuzzing 技术。Fuzzing 技术是一种自动化的软件测试方法，旨在通过缺陷注入来发现潜在的安全漏洞。这种技术采用黑盒测试的手段，向应用程序输入大量的变异数据，并以程序是否出现异常作为检测安全漏洞的依据。所谓变异数据，是指在必要的合法数据结构中故意插入非法内容，这样的输入可能会引发错误处理，从而导致应用程序崩溃或触发安全漏洞。Fuzzing 的优势在于其简单直观的原理、易于理解与操作以及能够快速从漏洞发现到复现，且不会产生误报。然而，作为一种黑盒测试方法，Fuzzing 也继承了其固有的局限性，包括其非通用性和构建测试数据所需的较长周期等问题。

（2）灰盒分析。灰盒分析是一种人工分析技术，通过手动构造特定的输入条件来分析目标程序，观察其输出和状态的变化，以此来识别潜在的漏洞。输入条件既包括合法有效的输入，也包括非法无效的输入；输出结果同样涵盖了正常和异常两种。异常输出往往预示着漏洞的存在，而异常的状态变化可能成为发现漏洞的线索，指导进一步深入的漏洞挖掘工作。人工分析的效果在很大程度上依赖于分析人员的经验和技术能力。这种方法常见于具有用户交互界面的程序分析中，尤其是在 Web 漏洞挖掘领域中得到了广泛应用。

（3）静态分析。静态分析技术是一种分析目标程序源代码以发现潜在安全漏洞或隐患的白盒分析方法。它主要通过静态字符串和上下文搜索来识别不当的函数调用与返回状态。特别关注的是那些可能缺乏适当边界检查或具有不恰当边界检查的函数调用，这些调用可能导致缓冲区溢出、外部函数调用未授权、共享内存滥用及函数指针使用不当等安全问题。

对于开源代码，安全缺陷可以通过检查不符合安全规范的文件结构、命名规则、函数和堆栈指针等来发现。然而，在目标程序不提供源代码的情况下，必须借助逆向工程技术来获取类似源代码的信息，进而进行分析。这种分析方法，被称为反汇编扫描，理论上能够发现所有可执行程序的漏洞，并在私有源代码的程序分析中尤为有效。

尽管如此，静态分析技术也存在明显的局限性。随着特征库或词典的不断扩充，检测结果数据量极可能会变得庞大，误报率也相应提高。此外，这种方法主要分析代码的特征而非程序功能，缺乏对功能和程序结构的分析。特别是在工业控制系统领域，由于源代码通常不公开，静态分析在工业控制设备漏洞挖掘上的应用受到了很大限制，如表 6-1 所示。

表 6-1　自动化漏洞挖掘技术

技术	代表性方法	优点	缺点
静态分析	基于控制流图、数据流图、程序依赖图及数据建模的分析方法	高代码覆盖	缺乏程序实时运行信息
动态分析	模糊测试、污点分析	速度快	低代码覆盖
混合分析	Concolic 测试	速度快、高代码覆盖	路径爆炸

工业控制设备的漏洞挖掘与漏洞扫描技术是互为补充的关键技术。网络安全领域的第三方机构和技术爱好者利用这些技术发现各类软件漏洞，并及时向公众发布，从而为提升整体的信息安全水平做出了显著的贡献。然而，漏洞挖掘同样可以被黑客用作破解软件的主要技术，因而它也是一种具有双重影响的工具。随着对信息安全日益增长的重视以及软件开发技术的不断进步，漏洞挖掘技术的发展前景十分广阔，预计将有新的分析方法随之涌现。

安全漏洞扫描是解决信息安全问题的根本方法，它对于风险的控制和消除至关重要，可以从源头上消除安全威胁。在不断变化的攻击技术面前，单一的被动防御措施变得日益不足。

因此，越来越多的用户开始转向风险管理和风险度量，着重在风险发生之前降低或规避潜在风险。同时，随着国家政策和行业法规对安全风险监管的日益严格，组织需要采取更为有效的风险管理措施，以满足合规监管要求。在这样的背景下，漏洞评估在信息安全技术的发展中将扮演愈发重要的角色。

6.4.5　云管理服务平台

为了构建适应工业控制系统的全厂级风险识别模型，不仅需要对工业控制系统的风险因素进行细化分析，还需建立以工业控制系统为基础的安全管理域，并实行分级的基础设施建设。在此过程中，应全面考虑包括系统中断与连通性、威胁与异常行为、安全性与系统可用性等多方面因素。

建立安全管理私有云服务平台，应满足以下要求：对所有安全设备、控制器和工作站进行便捷地部署、监控与管理；辅助生产规则，便于从权限和授权管理报告中快速生成防火墙策略；自动拦截并报告任何与系统流量不符的规则；接收、处理和记录安全模块上传的警报信息；具备全网流量的监控和识别能力；基于白名单的终端控制能力；实时识别工业控制系统协议和内容的能力；模拟异常行为的能力；提供可视化的配置和组态界面；具备安全事件的搜索、跟踪和预处理能力。具体工业云服务平台架构，如图 6-7 所示。

图 6-7　工业云服务平台架构

参 考 文 献

[1] 中国工业互联网产业联盟. 2023 年工业控制网络安全态势白皮书[R]. 北京: 中国信息通信研究院, 2024-02.

[2] 星河工业互联网安全. 一文带你了解工业防火墙[R]. 安全内参, 2019.

[3] DigApis. 漏洞挖掘、利用及修复——从人工到自动的跨越[J]. FreeBuf 网络安全. 2018.

第 7 章

工业互联网边缘计算安全

7.1 工业互联网边缘计算概述

随着工业互联网的快速发展，面对大规模平台和庞大数据的挑战，边缘计算成为一种关键技术，为工业互联网带来了新的转变。它首先在网络边缘节点上处理数据，再将其传输到云平台，大幅提高了对海量数据的处理效率，特别是在对实时性要求较高的场景中显示出了优势。

工业互联网边缘计算是一种分布式计算方法，它将数据处理和存储部分从中心节点转移到网络的边缘节点。此举意味着将大型服务的运算任务分解，并分散至边缘节点处理，从而提高了数据处理的效率和速度。在这种架构下，数据的分析和知识的产生更接近数据源，其更适合处理大量数据。

此外，工业互联网边缘计算强调云边协同和边缘智能。它并非取代云计算，而是与云计算相辅相成。云计算适用于非实时的大数据分析和大量数据的模型训练，而边缘计算专注于实时的局部数据分析和快速的响应控制指令。这种协同工作的架构使得工业互联网能够更加灵活和高效地处理数据，从而优化整个工业系统的性能，如图 7-1 所示。

工业互联网边缘计算架构主要包括以下内容。

（1）终端设备。包括各种传感器、仪器仪表、执行器和伺服电机等，能实现工业现场的数据采集和控制命令的执行。通过工业现场总线、实时以太网等通信协议，终端设备与边缘节点连接，保证数据和命令的传输。

（2）边缘节点。包括边缘计算设备，如工业控制设备、边缘控制器、智能网关、边缘计算盒子等。这些节点一般部署在工业现场，负责智能感知、实时数据处理、工业控制和实时决策。它们为边缘计算的关键操作提供必要的计算能力。

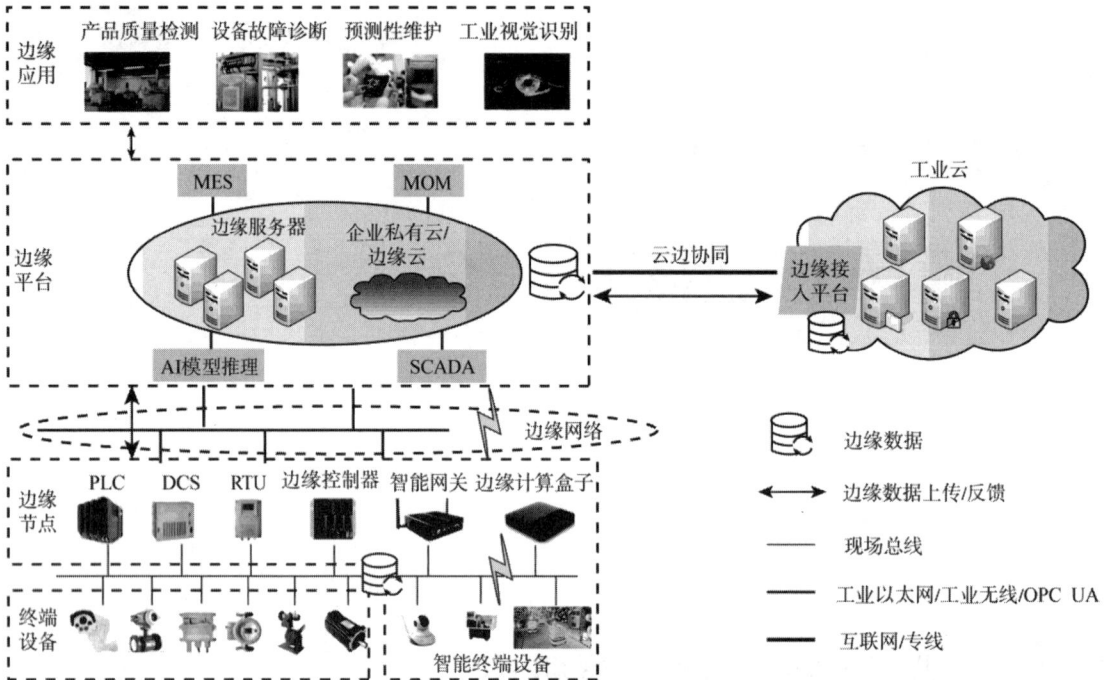

图 7-1　工业互联网边缘计算架构

（3）边缘网络。是连接各种工业设备和系统的通信技术与协议，负责将各种工业设备和系统接入工业互联网边缘平台。它包括现场总线、工业以太网、TSN、OPC UA、5G、Wi-Fi 等多种协议。

（4）边缘平台。通常部署在企业私有云、边缘云或边缘服务器上，主要负责管理边缘资源并提供基础平台能力。边缘平台具备边缘资源管理、业务编排、统一服务接口 API、轻量级容器和微服务等核心能力。

（5）边缘应用。利用边缘基础设施和平台能力，可以开发和部署各种工业应用与服务，如产品质量检测、设备故障诊断、预测性维护、工业视觉识别等。

（6）边缘接入平台。位于云端，主要负责工业云平台对边缘平台的管理和资源延伸，提供边缘平台与云端数据和能力的协同，确保边缘平台和工业云平台的一体化服务。

（7）边缘数据。包括机器数据、配置数据、决策数据、状态数据、模型数据等，这些数据在边缘侧产生，呈现多种格式，具有广泛的分布、庞大的数量和强烈的时序特点。

7.2　工业互联网边缘计算研究现状

工业互联网边缘计算作为一个新兴的研究领域，其发展史可追溯至 20 世纪 90 年代末期。

起初，边缘计算的概念主要源自内容交付网络（Content Delivery Network，CDN），这些网络在用户附近的边缘服务器上提供网络和视频内容。进入 21 世纪初期，第一个商业化边缘计算服务诞生。

随着时间的推移，现代边缘计算技术经历了显著的演变和进步，尤其是在虚拟化技术方面的应用，极大地扩展了边缘计算的能力。这使得在边缘服务器上部署和运行各种应用程序变得更加容易与高效，从而拓宽了边缘计算技术的应用范围。

在当前的研究和应用背景下，工业互联网边缘计算仍然处于发展初期阶段。尽管在其他领域中边缘计算技术已经取得了一定的进展，但在工业互联网领域，它还处于探索和试验阶段。这一研究领域的发展，特别是在工业数据处理、实时决策支持和工业系统控制方面，预示着巨大的潜力和应用前景。因此，工业互联网边缘计算正在成为科研和工业界关注的热点，其未来发展值得期待。

2020 年以后，我国在工业互联网边缘计算领域开展的主要研究工作如表 7-1 所示。

表 7-1　国内工业互联网边缘计算发展现状概览

类型	时间	重要事件
政策	2023 年 10 月	《算力基础设施高质量发展行动计划》发布
	2024 年 9 月	《工业重点行业领域设备更新和技术改造指南》发布
	2024 年 12 月	《制造业企业数字化转型实施指南》发布
标准	2023 年 12 月	GB/T 42564—2023《信息安全技术　边缘计算安全技术要求》发布
	2024 年 3 月	YD/T 4670—2024《工业互联网　边缘计算总体架构与要求》发布
	2024 年 10 月	GB/T 44860—2024《面向工业应用的边缘计算应用指南》发布
	2024 年 10 月	YD/T 4995—2024《工业互联网边缘计算平台安全防护要求》发布
	2024 年 12 月	YD/T 6119—2024《工业互联网边缘计算　边缘网关管理接口要求》发布
	2024 年 12 月	YD/T 6117—2024《工业互联网边缘计算　边缘节点模型与要求　边缘控制器》发布
组织	2020 年	中国信通院"边缘计算标准件计划"工作组成立
技术	2020 年	中国科学院沈阳自动化所开展"工业互联网边缘计算体系架构、协同优化与智能决策方法"项目研究
	2022 年 10 月	中国信通院"可信边缘计算"第二批 25 个项目正式启动
产业	2024 年 5 月	中国科学院重庆研究院与特斯联共建边缘智能计算重庆市重点实验室
	2025 年	像衍科技联合浙江大学成立像衍科技–浙江大学边缘计算联合实验室

7.3　工业互联网边缘计算面临的典型安全风险

工业互联网边缘计算的发展，虽然带来了效率的提升和数据处理的便利，但同时伴随着新的安全挑战。这些挑战主要集中在工业边缘应用、网络和节点的安全保护上。在这些领域中，安全风险表现如下。

7.3.1　工业边缘应用安全风险

工业边缘应用部署各类专业化工业软件，主要围绕设备管理、研发设计、运营管理、生产执行、产品全生命周期管理、供应链协同等工业应用场景，提供传统云化工业软件和新型轻量化工业应用及服务。工业边缘应用以工业 App 服务的方式提供给用户，主要部署在靠近工业现场的边缘侧，由于边缘侧设备计算及存储资源有限，且工业领域对可用性及可靠性要求更高，因此难以为边缘应用部署高复杂安全算法及安全防护设备，这导致边缘应用面临着应用身份鉴别、应用访问控制、应用安全审计、通信保密性、应用资源控制、应用接口安全等措施不足的安全风险，极易被当作跳板攻入边缘服务器等核心基础设施中，引发重大损失。工业边缘应用面临的风险主要包括以下几项。

（1）单一凭证身份鉴别安全风险：如单一鉴别技术破解攻击。

（2）边缘用户安全风险：如用户信息泄露等。

（3）访问控制安全风险：如未授权访问、越权访问、未经系统运营方许可的情况下对外传输数据等。

（4）应用行为安全风险：如误操作、根指令删除等。

（5）应用监测与审计风险：如封闭的工业应用和协议难以实时被识别、应用被篡改和入侵后难以及时发现等。

（6）应用资源控制安全风险：如资源不合理利用而引发的各种攻击。

（7）补丁安全风险：如虚假补丁、不可靠补丁等。

（8）测试安全风险：如源代码泄露、错误和异常处理等。

（9）开发安全风险：如代码漏洞、恶意后门、API 误调用、恶意入侵等。

（10）边缘管理风险：如访问控制不严、管理接口破坏、资源配置不当和管理人员恶意操作等。

7.3.2　工业边缘网络安全风险

工业边缘网络涉及蜂窝网络（GSM、4G、5G）、工业以太网（Modbus TCP、PROFINET、EtherNet/IP、EtherCAT、POWERLINK、Sercos III）、低功耗网络协议（Wi-Fi、BLE、ZigBee、LoRa、NB-IoT）、OPC UA 协议等多种网络通信协议，各协议安全性不一，增加了网络安全防护难度。此外，工业网络基础设施的多样性也导致网络安全防护困难。工业边缘网络面临的风险主要包括以下几项。

（1）5G 环境下的安全风险。5G 采用公钥加密接入认证，LTE 接入到 5G 网络将带来隐私泄露风险。此外，由于边缘计算设备计算能力较弱，而联网通信具有超高可靠、低时延特性，如果采用单独认证，就可能会引发终端信令请求无法得到响应。

（2）通信协议漏洞风险。例如，Modbus、PROFINET、ZigBee 等工业协议频繁爆出漏洞，极易被黑客利用，引发脆弱性攻击。

（3）网络基础设施安全风险。边缘计算物联网终端设备大量使用 GSM/GPRS 物联网卡，由于 GSM 只能认证移动端的合法性，而移动端无法甄别基站的真伪，移动端用户接入伪基站后，数据信息可被伪基站截获。

（4）边界安全风险。边缘设备通过各种协议采集数据、接入网关，当前常用的有 LoRa、NB-IoT。其中，LoRa 是非授权组网，NB-IoT 需要运营商授权。我国有诸多设备采用了 LoRa 协议，由于 LoRa 具有非授权组网特性，因此面临报文伪造、恶意拥塞、身份伪造等安全风险。

7.3.3　工业边缘节点安全风险

工业互联网边缘计算中的边缘节点，承载着关键的数据处理和控制任务。然而，这些节点同时面临多方面的安全风险，主要可归纳为以下 4 项。

（1）设备物理安全风险。工业现场边缘设备由于缺乏物理安全措施，容易被盗窃或破坏。此外，若设备的物理接口未得到妥善保护，则可能导致非法访问风险。

（2）操作系统安全风险。边缘设备常采用通用操作系统，如 Linux、Windows 或 Android，这些系统可能存在未修补的漏洞、过时组件、不当配置和不安全的更新。这些安全漏洞如果被黑客利用，可能触发大规模网络攻击。

（3）设备非法接入风险。为了集成或支持新的 IT 能力，工业现场的边缘设备与外界的隔离大大减少，甚至提供了远程访问的能力。然而，工业现场的边缘设备可能使用了默认密码、弱密码，或者采用了容易被绕过的认证机制，甚至未采用任何访问认证机制。此外，边缘设备的固件中可能保留了调试测试接口等而没有采用合适的安全保护措施，上述这些因素均可能导致攻击者远程非法接入到边缘设备。

（4）边缘设备衍生安全风险。工业现场边缘设备安全存在许多区别于传统的 IT 系统的安全风险，其中一个重要的区别体现在边缘设备的衍生安全风险上。边缘设备衍生安全风险指边缘设备因自身脆弱性而导致其他领域存在安全风险。工业现场边缘设备可能对生命安全或健康带来风险，甚至对环境产生严重的破坏、造成生产损失，从而导致对金融乃至国家经济正常运行带来严重影响。

7.4　工业互联网边缘计算安全防护面临的挑战

工业互联网边缘计算环境中潜在的攻击窗口包括边缘接入（云-边接入、边-端接入）、边缘服务器（硬件、软件、数据）、边缘管理（账号、管理/服务接口、管理人员）等层面的攻击，主要面临以下 10 个安全防护挑战。

1. 不安全的通信协议

边缘节点通常与多种设备通过短距离无线通信技术进行连接，如ZigBee和蓝牙等。这些协议通常缺乏必要的加密和认证措施，使得传输的数据容易被窃听和篡改。在电信运营商的边缘计算场景中，尽管采用了WPA2等协议，但依然存在消息安全性不足的问题。

2. 不安全的系统与组件

在工业、企业和IoT边缘计算场景下，边缘节点可能使用不安全的定制操作系统或第三方软件和硬件组件。这些系统和组件可能存在漏洞，一旦被利用，攻击者就可能获取对边缘数据中心的控制权，从而干扰或篡改业务流程。

3. 身份、凭证和访问管理不足

身份认证是验证或确定用户提供的访问凭证是否有效的过程。在工业边缘计算、企业和IoT边缘计算场景下，许多现场设备没有足够的存储和计算资源来执行认证协议所需的加密操作，需要外包给边缘节点，但这将带来一些问题：终端用户和边缘计算服务器之间必须相互认证，安全凭证如何产生和管理？在大规模、异构、动态的边缘网络中，如何在大量分布式边缘节点和云中心之间实现统一的身份认证与高效的密钥管理？在电信运营商边缘计算场景下，移动终端用户无法利用传统的PKI体制对边缘节点进行认证，加上具有很强的移动性，如何实现在不同边缘节点间切换时的高效认证？此外，在边缘计算环境下，边缘服务提供商如何为动态、异构的大规模设备用户接入提供访问控制功能，并支持用户基本信息和策略信息的分布式远程提供，以及定期更新。

4. 账号信息易被劫持

账号信息劫持是一种身份窃取，主要目标一般为现场设备用户，攻击者以不诚实的方式获取设备或服务所绑定的用户特有的唯一身份标识。账号信息劫持通常通过钓鱼邮件、恶意弹窗等方式完成。通过这种方式，用户往往在无意中泄露自己的身份验证信息。攻击者以此来执行修改用户账号、创建新账号等恶意操作。在工业、企业和IoT边缘计算场景下，用户的现场设备往往与固定的边缘节点直接相连，设备的账户通常采用的是弱密码、易猜测密码和硬编码密码，攻击者更容易伪装成合法的边缘节点对用户进行钓鱼、欺骗等操作。在电信运营商边缘计算场景下，用户的终端设备经常需要在不同边缘节点之间移动和频繁地切换接入，攻击者很容易通过入侵用户已经经过的边缘节点，或者伪造成一个合法的边缘节点，截获或非法获取用户认证使用的账号信息。

5. 恶意的边缘节点

在边缘计算场景下，参与实体类型多、数量大，信任情况非常复杂。攻击者可能将恶意边缘节点伪装成合法的边缘节点，诱使终端用户连接到恶意边缘节点，隐秘地收集用户数据。此外，边缘节点通常被放置在用户附近，在基站或路由器等位置，甚至在Wi-Fi接入点的极端网络边缘，这使得为其提供安全防护变得非常困难，物理攻击更有可能发生。例如，在电信运营商边缘计算场景下，恶意用户可能在边缘侧部署伪基站、伪网关等设备，造成用户的流量被非法监听；在工业边缘计算场景下，边缘计算节点系统大多以物理隔离为主，软件安全防护能力更弱，外部的恶意用户更容易通过系统漏洞入侵和控制部分边缘节点，发起非法监听流量的行为等；在企业和 IoT 边缘计算场景下，边缘节点存在地理位置分散、暴露的情况，在硬件层面易受到攻击。由于边缘计算设备结构、协议、服务提供商存在不同，因此现有入侵检测技术难以检测上述攻击。

6. 不安全的接口和 API

在云环境下，为了方便用户与云服务交互，要开放一系列用户接口或 API 编程接口，这些接口需要防止意外或恶意接入。此外，第三方通常会基于这些接口或 API 来开发更多有附加价值的服务，这就会引入新一层的更复杂的 API，同时风险会相应地增加。因此，无论是在工业、企业和 IoT 边缘计算场景下，还是在电信运营商边缘计算场景下，边缘节点既要向海量的现场设备提供接口和 API，又要与云中心进行交互，这种复杂的边缘计算环境、分布式的架构，引入了大量的接口和 API 管理，但目前的相关设计并没有考虑安全特性。

7. 易发起分布式拒绝服务

在工业、企业和 IoT 边缘计算场景下，由于参与边缘计算的现场设备通常使用简单的处理器和操作系统，对网络安全不重视，或者设备本身的计算资源和带宽资源有限，无法支持复杂的安全防御方案，黑客可以轻松对这些设备实现入侵，然后利用这些海量的设备发起超大流量的 DDoS 攻击。因此，对如此大量的现场设备安全的协调管理是边缘计算的一个挑战。

8. 易蔓延 APT 攻击

APT 攻击是一种寄生形式的攻击，通常在目标基础设施中建立立足点，从中秘密地窃取数据，并能适应防备 APT 攻击的安全措施。在边缘计算场景下，APT 攻击者首先寻找易受攻击的边缘节点，并试图攻击它们和隐藏自己。更糟糕的是，边缘节点往往存在许多已知和未知的漏洞，且存在与中心云端安全更新同步不及时的问题，一旦被攻破，加上现在的边缘计算环境对 APT 攻击的检测能力不足，连接上该边缘节点的用户数据和程序将无安全性可言。比传统网络 APT 攻击威胁更大的是，在工业、企业和 IoT 边缘计算场景下，由于现场设备和网络的默认设置大多不安全，边缘中心又不能提供有效机制及时修改这些配置，APT 攻击易感染面更大、传播性也更强，很容易蔓延到大量的现场设备和其他边缘节点。

9. 难监管的恶意管理员

与云计算场景类似，在工业、企业和 IoT 边缘计算，以及电信运营商边缘计算等场景下，信任情况更加复杂，而且管理如此大量的 IoT 或现场设备，对管理员来说都是一个巨大的挑战，很可能存在不可信或恶意的管理员。出现这种情况的一种可能是管理员账户被黑客入侵；另一种可能是管理员自身出于其他目的盗取或破坏系统与用户数据。如果攻击者拥有超级用户访问系统和物理硬件的权限，他将可以控制边缘节点整个软件栈，包括特权代码，如容器引擎、操作系统内核和其他系统软件，从而能够重放、记录、修改和删除任何网络数据包或文件系统等。

10. 硬件安全支持不足

相比于云计算场景，在工业、企业和 IoT 边缘计算，以及电信运营商边缘计算等场景下，边缘节点远离云中心的管理，被恶意入侵的可能性大大增加，而且边缘节点更倾向于使用轻量级容器技术，但容器共享底层操作系统，隔离性更差，安全威胁更严重。因此，仅靠软件来实现安全隔离，很容易出现内存泄露或篡改等问题。基于硬件的可信执行环境（Trusted Execution Environment，TEE）（如 Intel SGX、ARM TrustZone、AMD 内存加密技术等）目前在云计算环境已成为趋势，但是 TEE 技术在工业、企业和 IoT 边缘计算，以及电信运营商在边缘计算等复杂信任场景下的应用，目前还存在性能问题，在侧信道攻击等安全性上的不足仍有待探索。

7.5　工业互联网边缘计算安全措施

7.5.1　工业边缘应用安全措施

工业互联网边缘应用安全是指满足第三方边缘应用开发及运行过程中的基本安全要求，同时防止恶意应用对边缘计算平台自身及其他应用安全产生影响。由于边缘计算应用在不同的行业领域，为满足未来不同行业和领域的差异化需求，必须采用开放式的态度引入大量的第三方应用开发者，开发大量差异化应用，同时通过一系列措施保证其基本安全。为了实现这一目标，边缘应用安全应在应用的开发、上线到运维的全生命周期，都提供 App 加固、权限和访问控制、应用监控、应用审计等安全措施。

1. App 加固

针对边缘计算场景中使用低级语言编写的 App，进行安全加固，特别是对敏感关键模块进行数据保护。因边缘计算的轻量化需求，加固通常局限于关键部分，结合程序语言安全扩展和静态程序分析，实现自动化的识别和安全加固机制。

2. 权限和访问控制

实现轻量级的最小授权安全模型（如白名单技术），并采用去中心化、分布式的多域访问控制策略；支持快速认证和动态授权，确保合法用户安全访问系统资源，同时限制非法用户访问。

3. 应用监控

对边缘应用进行实时监控，包括应用的性能、流量、用户行为等；设置安全基线，对违反安全规则的行为及时进行警告或阻断，利用日志分析和应用代码中的监控点来监控应用行为与性能。

4. 应用审计

定期采集并分析各种设备和应用的安全日志，监测应用的违规、越权和异常行为；应用安全审计有助于审计应用程序的正确性、合法性和有效性，并对安全问题进行事后追溯和报告。

7.5.2 工业边缘网络安全措施

工业互联网边缘网络安全是实现边缘计算与现有各种工业总线互联互通、满足所连接的物理对象的多样性及应用场景的多样性的必要条件。在边缘计算环境下，边缘计算节点数量巨大、网络拓扑复杂，其攻击路径增加导致攻击者可以很容易地向边缘计算节点发送恶意数据包，发动拒绝服务攻击，影响边缘网络的可靠性和可信性。边缘网络安全防护应建立纵深防御体系，从安全协议、网络域隔离、网络监测、网络防护等由内到外保障边缘网络安全。

1. 安全协议

安全协议是以密码学为基础的消息交换协议，其目的是在网络环境中提供各种安全服务，包括通过安全协议进行实体之间的认证、在实体之间安全地分配密钥或其他各种秘密、确认发送和接收的消息的非否认性等。工业互联网边缘网络使用多种通信协议，这些协议的安全特性各异。对于存在的安全隐患，一方面，需要保证协议自身的安全性，如通过漏洞挖掘评估其安全性；另一方面，可以考虑在原有协议的基础上增加安全层，如通过 VPN 或 SSL 等安全通道传输。

2. 网络域隔离

网络域隔离是指在边缘节点的不同虚拟机之间虚拟隔离资源，控制端的安全资源调配，实现不同业务场景下的安全隔离。在边缘计算环境中，使用轻量级容器技术导致边缘节点间隔离性较差。网络域隔离技术可以通过对不同虚拟机之间的通信数据进行校验，确保安全隔离。此外，域隔离设备应能接受控制端的调度，以提供必要的隔离能力。

3. 网络监测

网络监测是指持续监控计算机网络中是否存在缓慢或故障组件，并在故障、中断等情况下通知网络管理员的行为。边缘网络结构的复杂性要求持续监控网络的传输内容，以便及时发现网络违规行为并防止网络攻击。特别是在海量设备同时通信的情况下，网络监测可以有效预防网络风暴和分布式拒绝服务攻击。

4. 网络防护

网络防护是对于明确的有害网络流量进行阻断、缓解和分流的措施。与网络监测不同的是，网络监测通过流量分析发现可疑行为，并对网络管理员发出警报；而网络防护根据流量分析和规则匹配，直接阻断有害流量，并生成日志。边缘侧安全需要考虑与云端对接的安全及与控制端对接的安全。与云端要建立起有效的加密通信认证机制，保证通信过程的可控。同时，要加强对边缘侧的安全监测，对边缘侧的流量进行监测，有效发现隐藏在流量中的攻击行为。此外，需要在边缘侧与控制端之间建立有效的安全隔离和防护机制，通过严格限制进入控制网络的数据内容，保证确定性的数据可以进入控制网络中。

7.5.3 工业边缘节点安全措施

工业边缘节点安全防护主要包括从启动到运行整个过程中的完整性校验、虚拟化安全、OS 安全和接入认证。

1. 完整性校验

对边缘节点中的系统和应用进行完整性检查与验证，以保证它们运行在预期状态下。由于边缘节点通常资源受限，因此需要采用轻量级的可信链传递和度量方法。这包括在边缘节点启动和运行时进行度量，以及上传验证结果，确保及时且准确的完整性证实。

2. 虚拟化安全

在边缘计算环境下，虚拟化安全是指基于虚拟化技术，实现对边缘网关、边缘控制器、边缘服务器的虚拟化隔离和安全增强。相较传统云服务器，这些边缘节点计算、存储等资源受限，低时延和确定性要求高，不支持硬件辅助虚拟化，面临虚拟化攻击窗口更加复杂广泛等问题。因此，需要提供低噪、轻量级、不依赖硬件特性的虚拟化框架；需要基于虚拟化框架构建低时延、确定性的 OS 间安全隔离机制和 OS 内安全增强机制；需要增强虚拟机监视器本身的安全保护，消减虚拟化攻击窗口。

3. OS 安全

在边缘计算环境下，OS 安全是各种应用程序底层依赖的操作系统的安全，如边缘网关、边缘控制器、边缘服务器等边缘计算节点上的不同类型操作系统的安全。与云服务器相比，这些边缘节点通常采用的是异构的、低端设备，存在计算、存储和网络资源受限、安全机制与云中心更新不同步、大多不支持额外的硬件安全特性（如 TPM、SGX Enclave、TrustZone等）等问题。因此，需要提供云边协同的 OS 恶意代码检测和防范机制、统一的开放端口和API 安全、应用程序的强安全隔离、可信执行环境的支持等关键技术，在保证操作系统自身的完整性和可信性的基础上，保证其上运行的各类应用程序和数据的机密性与完整性。

4. 接入认证

接入认证是指对接入网络的终端、边缘计算节点进行身份识别，并根据事先确定的策略决定是否允许接入的过程。在边缘计算架构中，需要对海量异构终端进行身份认证，并根据预设策略决定是否允许接入。这需要有效管理多样化通信协议的设备，并按照安全策略控制设备接入，保障网络安全。

7.6　工业互联网边缘计算安全关键技术

针对工业互联网工业边缘应用、工业边缘网络和工业边缘节点等防护对象的安全风险，结合十大最重要的安全挑战，总结出需要的相应安全技术的支持。

7.6.1　边缘计算节点接入与跨域认证

针对边缘计算节点的海量性、跨域接入和计算资源限制等特点，以及设备伪造和劫持等安全挑战，采取特定的安全措施来保护边缘计算环境。这涉及突破边缘节点接入身份信任机制、多信任域间交叉认证、设备多物性特征提取等技术难点，以实现海量边缘计算节点的有效接入和跨域认证。

1. 零信任安全模型

在此背景下，零信任安全模型显得尤为重要。该模型由约翰·金德维格（John Kindervag）在 2010 年首次提出，基于设备状态评估和用户信息认证，集成持续分析和信任检测功能，确保网络免受入侵和攻击。这个模型的核心在于不依赖传统的属性划分，而是让所有设备、用户、节点和网络均经过认证和权限审查，具体流程如图 7-2 所示。此外，访问和更改控制策略应基于全局设备与信息动态进行计算和评估。

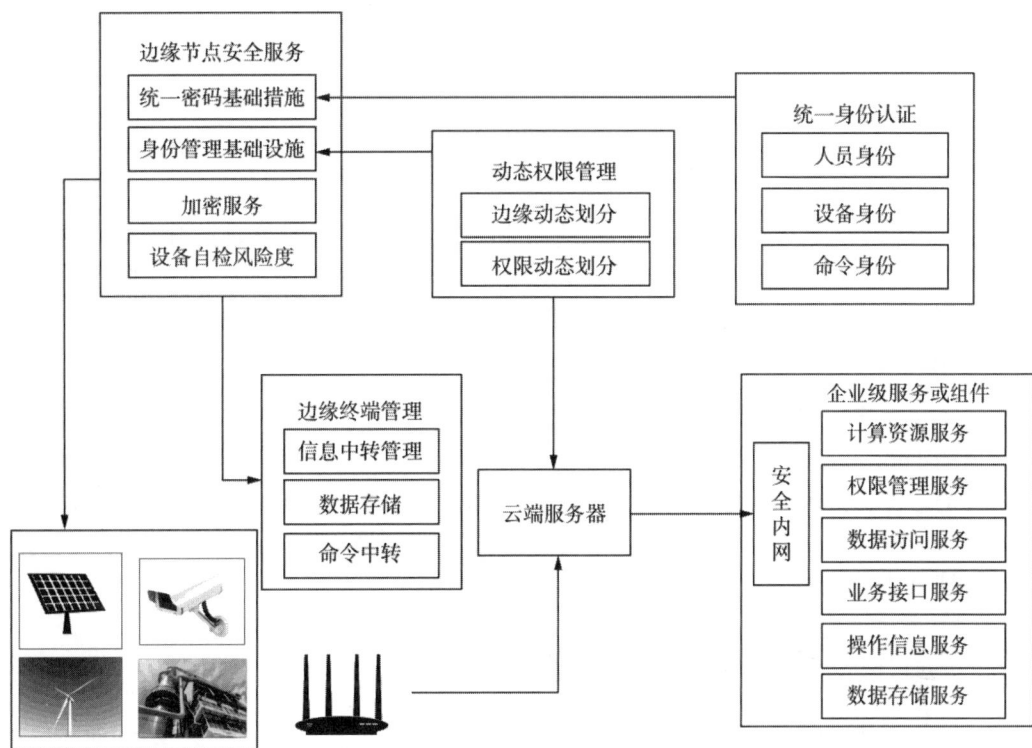

图 7-2　零信任安全防护系统

在 CES 的零信任安全防护系统中，这一模型由边缘节点安全服务、边缘终端管理、动态权限管理、统一身份认证等几个方面构建而成。与传统静态访问控制规则不同，该系统持续监测访问设备的身份安全，并根据需求动态调整权限制度和访问规则。这种安全管理模式基于受控前提，实现主动性与动态性，确保终端权限最小化，增加网络的融合度，从而为边缘计算环境提供更为全面和灵活的安全保障。

2. 基于身份的多信任域认证模型

基于身份的多信任域认证模型旨在实现多信任域环境下的跨域认证和密钥协商，同时提供主体的匿名性保护。这个模型在单一信任域内的应用仅是其特例，其真正的价值体现在跨信任域的互操作性。在这种模型下，信任域内部的认证方式可以各自独立设定，跨域认证则采用统一的方法，以实现不同信任域之间的无缝连接。该模型的基本结构如图 7-3 所示。

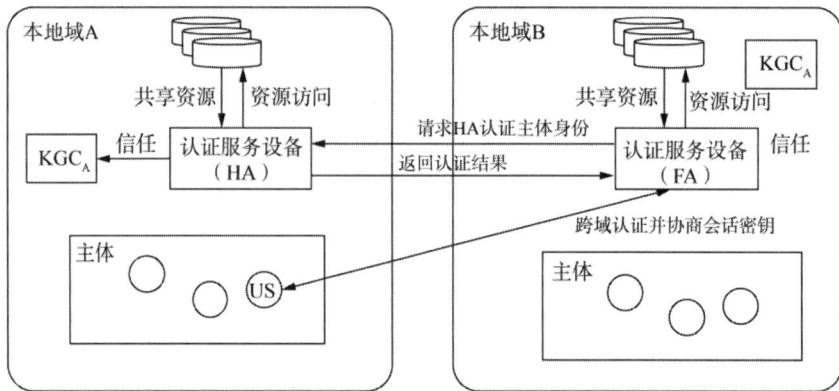

图 7-3　基于身份的多信任域认证模型

在这个模型中，资源和主体（访问资源的用户）分布在多个独立且自治的信任域中。每个信任域都拥有自己的密钥中心（Key Generation Center，KGC），这个中心作为权威机构或可信的第三方，负责为身份认证提供密钥分发服务。在进行身份认证和密钥协商时，各方都必须信任对方的 KGC。

在这个体系中，每个资源访问主体或用户（US）属于特定的信任域。每个域内的认证服务设备（Authentication Service，AS）负责管理本域内的资源和主体信息，并为每个访问本域资源的主体提供认证服务。例如，若用户（US）属于域 A，则域 A 中的 AS 被称为 HA（Home Authenticator）。将用户（US）所在的域称为本地域，那么其他域，如域 B，就称为外地域，域 B 中的 AS 则称为 FA（Foreign Authenticator）。

7.6.2　边缘计算节点可信安全防护

面向边缘设备与数据可信度低，数据容易失效、运行出错等安全问题，突破基于软硬件结合的高实时可信计算、可信度量、设备安全启动与运行等技术难点，实现对设备固件、操作系统、虚拟机操作系统等启动过程、运行过程的完整性证实、数据传输、存储与处理的可信验证等。

1. 基于可信计算的主动免疫

基于可信计算的主动免疫是一种高效的防护措施，它综合运用了完整性检验、身份认证、数据加密和访问控制等多种安全功能。通过建立可信根和信任链，可信计算技术保障了系统的完整性和安全性，使得边缘节点具备自身防护能力，能够主动抵御多种网络攻击。这一技术的核心在于可信芯片，它构成了整个可信链的信任根。信任的传递过程建立了一个涵盖可信度量、管理、证据采集及状态证明的计算环境。

从边缘节点的启动和运行两个阶段来看，基于可信计算的主动免疫机制可以为边缘节点提供本质的安全防护，构筑一个高安全、高可信的运行环境。在启动阶段，按照系统启动的流程和优先级顺序，从信任根开始，依次对硬件平台、操作系统及上层应用进行完整性度量和安全性检测。这包括引导加载程序检测、操作系统镜像检测和核心引擎检测等，从而扩展信任，为边缘节点的稳定运行提供可靠的安全保障。在运行阶段，如图 7-4 所示，除了提供基本的身份认证和机密通信功能，可信计算还将信任链进一步向上层传递。这一过程涉及程序级的静态信任度量和应用行为的动态信任度量。这种机制不仅能对工业应用软件的基本程序信息和运行环境进行检查，还能实时监控软件的应用行为，从而防止恶意修改和病毒入侵，确保工业应用软件的运行可靠性。

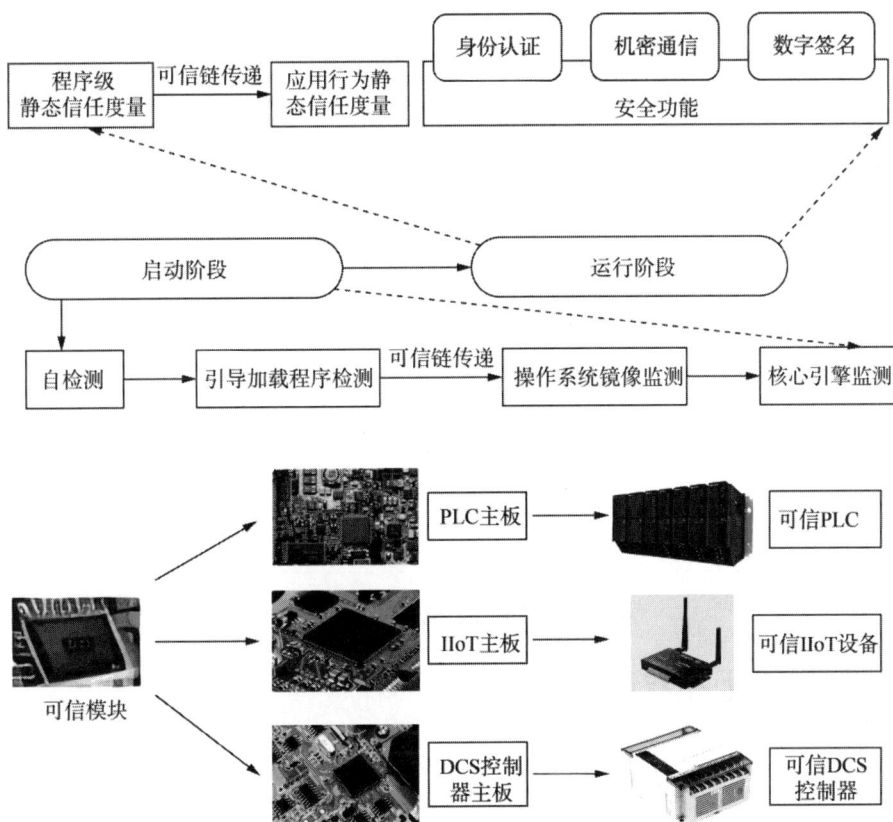

图 7-4　基于可信计算的主动免疫安全机理与实例

2. 基于硬件信任根的安全启动机制

基于硬件信任根（Root-of-Trust）的安全启动机制是一种高效的系统保护方法，它利用离散的密钥生成算法、与主机操作系统隔离的硬件组件来防止破解。硬件信任根能够安全地存储私有密钥，具有反克隆和签名的能力，通过认证授权来控制访问。这种机制要求系统在重置时执行唯一不可修改的启动代码，创建了从系统启动到正常运行的多个阶段和隔离空间，并结合使用多种固件和加密技术来维持各个启动阶段之间的信任链。其基本框架如图 7-5 所示。

系统启动过程被划分为安全启动和常规运行两个主要阶段。一级引导程序（Boot Loader）是连接这两个阶段的桥梁，负责信息和数据交换。这个引导程序的代码设计尽量简化，主要任务是确保平台的时钟、电源和安全配置正确无误，并对启动组件进行验证。一旦验证通过，它就会启动可信操作系统和二级引导程序。如果系统的 SoC（System on Chip）支持区块锁定，那么在设计完成后，应该锁定它以防止未授权的修改。

可信操作系统主要负责启动处理器，并通过外设访问来确保安全，如 DDR/防火墙、安全时钟等。二级引导程序和它的镜像则负责验证、加载和启动后续的固件与应用程序。二级引导程序的镜像设计主要是为了安全备份，它实现了与二级引导程序相同的功能，为系统提供了更强的冗余性和稳健性。

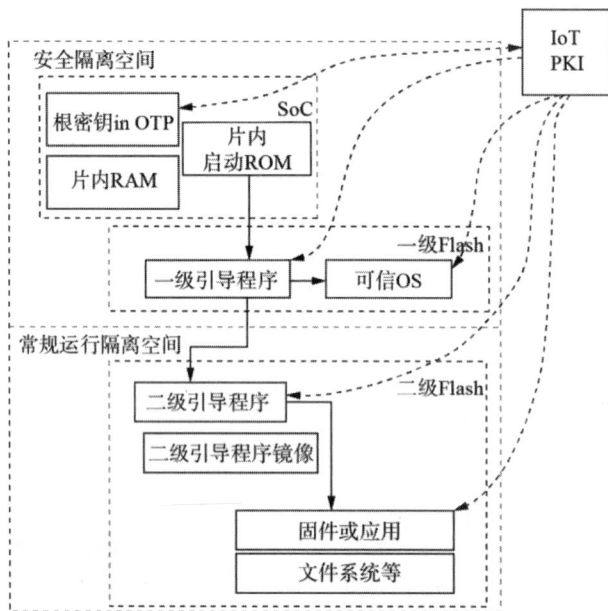

图 7-5　安全启动机制的基本框架

7.6.3　边缘计算拓扑发现

针对边缘计算节点网络异构、设备海量、分布式部署等特点，面向边缘计算节点大规模 DDoS 攻击、跳板攻击、利用节点形成僵尸网络等安全问题，突破边缘计算在网络节点拓扑实时感知、全网跨域发现、多方资源关联映射等方面的技术难点，形成边缘计算的网络拓扑绘制、威胁关联分析、风险预警等能力，实现边缘计算节点拓扑的全息绘制。

分布式拓扑感知技术涉及在任务环境中部署节点，以采集和处理信息，并与其他节点进行交互和协作决策，如图 7-6 所示。这些节点按照随机或特定的拓扑构型策略部署，根据节点的类型和性能，分为同构分布式感知和异构分布式感知两种类型。在同构分布式感知中，所有节点都具备相同类型的传感器、感知范围、通信范围和能耗参数。在异构分布式感知中，节点携带不同类型的图像传感器，由于成像特性和运行功率的差异，它们的感知范围和能耗也不同，网络协议也表现出异构性。

当前的研究主要关注分布式感知系统内部节点的拓扑构型，这些构型分为静态和动态两种。静态拓扑构型中的节点一旦部署，就固定在初始位置，进行持续感知。动态拓扑构型中的节点则能在任务区域内移动，这种移动可能是随机的，也可能是根据任务目标有目的的。无论是静态拓扑构型还是动态拓扑构型算法，它们都可根据原理分为基于经典算法、基于元启发算法和基于自调度算法的构型，如图 7-7 所示。

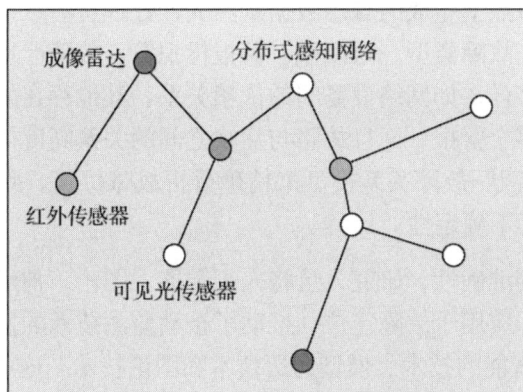

图 7-6　分布式拓扑感知结构

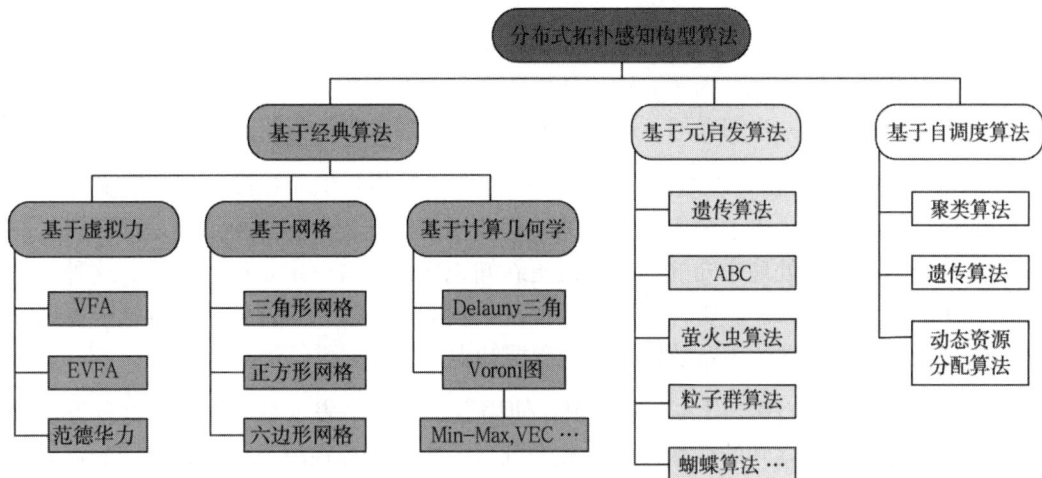

图 7-7　分布式拓扑感知构型算法分类

7.6.4　边缘计算设备指纹识别

针对边缘计算设备种类多样化、设备更新迭代速度快、相同品牌或型号设备可能存在相同漏洞等特点，突破边缘计算设备主动监测、被动监测、资产智能关联等技术难点，形成对边缘设备 IP 地址、MAC 地址、设备类型、设备型号、设备厂商、系统类型等信息的组合指纹识别等能力，实现边缘计算设备安全分布态势图的构建，帮助管理员加固设备防护，加强资产管理，并帮助后续制定防护策略。

1. 被动监测技术

被动监测技术是一种网络监视方法，通过在网络设备上部署监视代理来监测网络中的故障。这种技术依赖从监视代理产生的警报来识别潜在的问题。大多数网络故障并不直接可见，故需要根据这些警报来推断故障的存在。网络管理系统将这些警报作为故障发生的迹象，并构建症状-故障关系模型，以便分析网络故障的具体位置。

使用如 SNMP/RMON、Cisco NetFlow、DevOps 等监控工具，可以收集节点在故障时的相关信息。这些工具在节点上生成的日志数据量巨大，处理这些数据成本高昂。警报中包含的信息可能包括警报源、故障类型、时间戳、警报标识符、故障严重程度和故障描述等。产生警报的故障因素多种多样，如网络设备间的依赖关系、其他存在的故障、网络参数等。一个单独的故障可能触发多个警报，而且故障与症状之间的关系高度依赖先验知识，这使得管理人员难以构建准确的症状-故障关系模型来精确分析故障位置。此外，网络中的虚假警报会增加故障定位过程中的不确定性。

为了提高故障定位的准确性，研究人员将人工智能、图论、神经网络、信息理论和自动机理论等多个领域的知识应用于故障定位，推动了被动监测技术的发展。被动监测技术大致可分为 3 类：基于人工智能的技术、模型遍历技术和图论技术。这些技术各有特点，可有效提高网络故障监测和定位的效率和准确性。

1）基于人工智能的技术

基于人工智能的技术在故障定位和诊断领域中得到了广泛应用。它尝试模仿人类专家的决策行为，以解决特定领域的问题。这项技术主要分为基于规则的方法、基于模型的方法和基于案例的方法，每种方法都采用不同的知识结构来处理故障定位问题。

（1）基于规则的方法。在故障定位时，核心在于构建知识库和设计规则定义语言。这种方法的优点是不需要深入了解底层系统的架构和操作原理，但它主要依赖表面知识，缺乏自主学习的能力，难以处理未知的问题，且更新知识库也具有一定难度。因此，这种方法在复杂系统中的适用性有限。尽管存在限制，但基于规则的专家系统通常会结合某种深层知识，表现为通过系统实体之间的关系映射来体现深层知识结构。

（2）基于模型的方法。引入专家知识，使用数学模型来表示系统行为。这种方法通过将模型预测的行为与观察到的症状进行比较来判断系统是否存在故障。当观察到的症状与预测行为不符时，便能判定为系统故障。这种方法需要对网络连接和操作有深入理解，能够处理新的未知问题，使用的知识库在这种方法中是可扩展和可升级的。但是，获取和维护这些模型可能是一大挑战。

（3）基于案例的方法。依据过去经验中获得的专家知识来诊断系统。这类方法尝试获取过去案例的知识，并使用以往的解决方案来处理新问题。它们能够适应网络配置的变化，非常适合学习和识别相关模式。然而，这些方法在时间效率上较低，可能在实时警报关联中表现不佳。

2）模型遍历技术

模型遍历技术在网络故障定位领域中，依赖通信系统的形式表示，这种表示能够明确标记网络实体之间的关系。在使用模型遍历技术进行故障定位时，核心任务是探索产生警报的网络实体之间的相互关联。这一过程涉及识别哪些警报是相互关联的，然后根据网络实体之间的关系来确定故障源。

模型遍历技术特别适用于分析网络组件间的相互关系。在这种技术中，事件相关性一般是事件驱动的，对于每个被观察到的事件，系统会递归地在模型中进行搜索。这种方法的主要优势是能够适应频繁变化的网络配置。当网络组件间的关系容易获取时，模型遍历技术能够有效实现分布式故障定位算法的设计。

然而，模型遍历技术在对故障传播模式进行建模方面存在一定局限性。特别是在那些设备故障依赖其他设备故障的情况下，其建模能力可能不够灵活。这意味着在某些复杂的网络环境中，模型遍历技术可能面临挑战，特别是在需要细致分析故障传播路径和模式的场景中。

3）图论技术

图论技术在网络故障定位领域中，主要依赖故障传播模型（Fault Propagation Model，FPM）。这种模型旨在描述网络中发生的故障与其产生的症状之间的关联。简而言之，当网络中的某个元素出现故障时，可以观察到与之相应的症状。

为了有效应用图论技术，需要获取并利用先验知识，这包括了解网络组件间故障或警报的相互关系。创建有效的故障传播模型，需要对网络组件间的依赖关系有深刻的理解和准确的认识。基于这些信息，故障定位算法可以对 FPM 进行详细分析，从而确定对所观察到的症状最合理的解释。

故障定位算法的效率和准确性在很大程度上取决于这些先验知识的准确性。如果这些先验知识详尽且准确，那么定位算法能够更有效地识别和解决网络中的故障问题；反之，如果这些先验知识存在不准确或遗漏的情况，那么定位算法可能无法提供准确的故障诊断。因此，在应用图论技术时，收集和分析准确的网络依赖性信息是非常关键的。

2. 主动探测技术

主动探测技术是一种高效的网络故障定位方法，它通过部署探测站节点并发送称为"探针"的数据包沿着选定路径，来监测网络路径上节点或链路的状态。这种技术特别适用于复杂网络环境，因为它可以更灵活、准确地确定网络行为或性能。探测站节点沿着预设的探测路径发送探针，这些探针可以是简单的 ping 或 traceroute 等命令，也可以是更复杂的探测手段。探针有助于故障管理系统快速、准确地响应网络事件，并收集端到端的统计结果，如延迟、数据丢失和链接断开等。

1）预计划探测技术

预计划探测技术是主动探测的一种形式，也被称为非适应性探测技术。它通过预先确定的一组探测路径和定期发送探针来诊断网络中的节点或链路故障。这种方法最早由 Brodie 等人提出，用于解决网络中的单节点故障定位问题。依赖矩阵是这种方法的一个关键组成部分，它是一个用于表示探测路径与网络节点之间关系的矩阵，如图 7-8 所示。在这种方法中，重要的问题是如何部署探测站节点和选择最少数量的探测路径来有效地定位故障。

例如，假设一个网络中有 6 个节点，其中节点 1 和节点 4 作为探测站节点。依赖矩阵表示 9 条候选探测路径与这些节点之间的关系。通过在路径 p_{15}(1-2-5)、p_{16}(1-3-6) 和 p_{42}(4-3-2) 上发送探针，可以唯一地定位所有可能的单节点故障。节点 2 的故障会导致路径 p_{15} 和 p_{42} 上的探针失败，而路径 p_{16} 上的探针正常返回。当节点 5 发生故障时，路径 p_{15} 上的探针会受到影响而失败，但路径 p_{16} 和路径 p_{42} 上的探针能够正常返回结果。

预计划探测技术的探测路径是离线选择的，这要求对候选探测路径和网络节点之间的依赖关系进行详细分析。这种方法在大型复杂网络中尤为有效，因为它可以在不影响网络性能的情况下，有效地识别和定位潜在的网络故障。

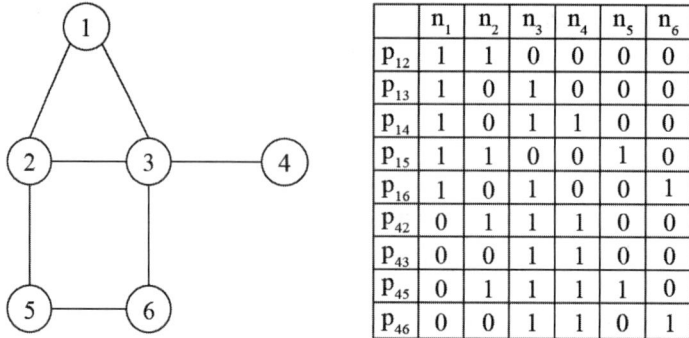

	n_1	n_2	n_3	n_4	n_5	n_6
p_{12}	1	1	0	0	0	0
p_{13}	1	0	1	0	0	0
p_{14}	1	0	1	1	0	0
p_{15}	1	1	0	0	1	0
p_{16}	1	0	1	0	0	1
p_{42}	0	1	1	1	0	0
p_{43}	0	0	1	1	0	0
p_{45}	0	1	1	1	1	0
p_{46}	0	0	1	1	0	1

图 7-8　原始网络和对应的依赖矩阵

2）自适应探测技术

自适应探测技术是主动网络监测的一种先进方法，旨在解决网络中少量节点故障的定位问题。这种技术突破了预计划探测技术的局限，如周期性发送大量探针导致的高流量消耗和对网络正常组件的干扰。自适应探测技术更加高效和精准，它通过两个主要阶段来诊断故障：故障检测和故障定位。

在故障检测阶段，自适应探测策略首先选择少量的探测路径来覆盖网络中的所有节点。通过这些路径发送的探针旨在检测网络节点是否存在故障，而不是立即确定故障的具体位置。这个初步检测阶段有助于识别可能发生故障的网络区域，为更精确地定位故障打下基础。

在故障定位阶段，该策略继续选择特定的探测路径来覆盖所有可疑节点，并沿这些路径发送更多探针，以精确地定位故障所在。这种自适应方法允许网络管理系统更有效地响应潜在故障，减少不必要的网络负载，同时提高故障诊断的准确性。

自适应探测技术在大型和复杂的网络环境中尤为有用，因为它能够灵活应对网络状况的变化，并且能够针对特定故障快速地调整探测策略。这种方法有效地平衡了网络监控的成本和效益，为网络管理提供了一种更高效、更智能的故障定位工具。

图 7-9 显示了使用自适应探测技术进行节点故障定位的过程。在图 7-9 中，节点 1 和节点 4 为探测站，能够发送探针并收集探针信息。假设图中的节点 5 发生故障，自适应探测策略从故障检测和故障定位两个阶段选择探测路径来识别故障节点。在故障检测过程中，该策略选择探测路径 p(1-2)和 p(4-3-6-5)来覆盖网络中的所有节点并发送探针检测所有节点。探针 p 正常说明节点 1 和节点 2 为正常节点，而探针 m 故障说明节点 3~6 为可疑节点。然后选择探测路径 p_3(1-2-5)和 p_4(4-3-6)来覆盖所有可疑节点并发送探针进行故障定位。当探针 p_3 出现故障时，可以断定节点 5 为故障节点；相反，探针 p_4 的正常运行则表明节点 3、4 和 6 均处于正常状态。因此，故障定位的结果说明节点 5 为故障节点。

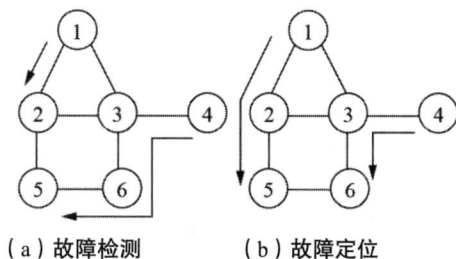

（a）故障检测　　　　　（b）故障定位

图 7-9　使用自适应探测技术进行故障检测和故障定位

7.6.5　边缘计算虚拟化与操作系统安全防护

边缘计算环境中的虚拟化和操作系统安全防护面临诸多挑战，尤其是因为它们具有广阔的攻击面和庞大的代码量。在这种环境下，存在虚拟机逃逸、跨虚拟机攻击和镜像篡改等多种安全风险。为了应对这些威胁，边缘计算中的虚拟化和操作系统需要实施一系列强化措施，包括但不限于虚拟机监视器（Hypervisor）加固、操作系统隔离、操作系统安全增强和虚拟机监控等。

1. 宿主机安全机制

宿主机安全机制在这里发挥着核心作用。宿主机的安全直接关系到虚拟机的安全，因为一旦宿主机被攻破，其上运行的所有虚拟机都会面临风险。攻击者可通过宿主机对虚拟机进行多种恶意操作，如流量捕获、资源监控、文件窃取或程序关闭。因此，保护宿主机的安全策略至关重要。

保护宿主机的安全策略包括传统信息系统的安全措施，主要分为物理安全和操作系统安全两大类。

物理安全措施涉及控制对服务器机房的访问权限、保护服务器免受未经授权的物理干预，以及严格监控服务器的外部端口。同时，防止 BIOS 设置被恶意更改也是重要的一环。

操作系统安全则涉及对密码策略的加强、登录访问控制、网络程序的优化及定期更新操作系统补丁。这些措施共同作用于宿主机，以确保其不被攻击者利用，从而保障虚拟机的整体安全。

2. Hypervisor 安全机制

在虚拟化环境中，物理服务器的核心硬件资源如 CPU、内存、硬盘和网卡等，都被虚拟化并由 Hypervisor 进行调度。这种机制允许多个操作系统在 Hypervisor 的管理下共享这些虚拟化的硬件资源，同时保持各自的独立性。根据 Hypervisor 在系统架构中的层次不同及客户操作系统对硬件资源的使用方式，虚拟化可分为两种类型：Bare-metal 虚拟化（"裸机"虚拟化）和 Host OS 虚拟化（基于宿主操作系统的虚拟化）。

如图 7-10 所示为基于 Hypervisor 的虚拟化防护原理图。是指在虚拟化层 Hypervisor 中引入特权虚拟机，并通过这个特权虚拟机监控其他虚拟机的 CPU、内存、I/O 及数据流量等关键参数。这一特权虚拟机不仅进行监控，还为其他虚拟机提供多种安全防护功能，如杀毒、入侵防护、防火墙及应用保护等。这样的设置有效增强了虚拟化环境下的安全性，确保了各虚拟机之间的安全隔离及数据的安全传输。

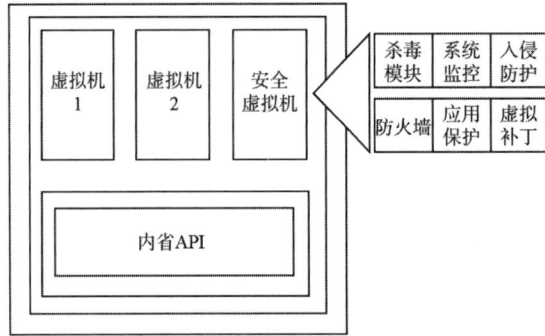

图 7-10 基于 Hypervisor 的虚拟化防护原理图

3. 虚拟机安全机制

虚拟机安全机制包括虚拟机隔离机制和虚拟机安全监控两种模式。

1）虚拟机隔离机制

虚拟机隔离机制可以确保各虚拟机能够独立且安全地运行。当某个虚拟机出现问题时，有效的隔离机制能保证其他虚拟机的正常服务。

目前的研究主要集中在两种隔离机制上：基于硬件协助的隔离，基于访问控制的逻辑隔离。这两种隔离机制都能有效地实现虚拟机之间的安全独立运行。

2）虚拟机安全监控

在虚拟化网络中，对虚拟机的运行状态进行实时监控，有利于保证虚拟机的安全，而对虚拟机实施有效监控具有重大意义。现阶段，人们对虚拟机的安全监控主要分为两种：内部监控、外部监控。所谓内部监控，是指通过在虚拟机内部加载由 Hypervisor 进行安全保护的内核模块，用以达到拦截内部虚拟机事件的目的，典型代表为 Lares 架构，如图 7-11 所示。

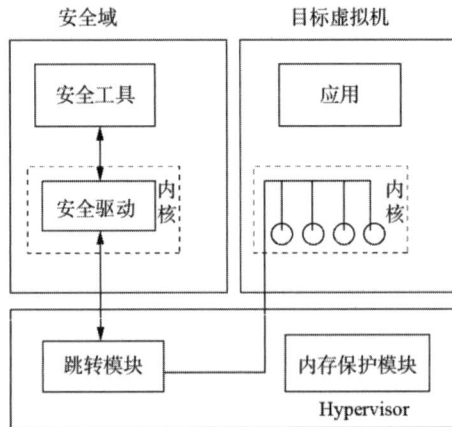

图 7-11 Lares 架构

Lares 架构的优缺点比较明显，优点是无需重构语义，直接在虚拟机内部进行拦截，从而提升性能；缺点是该架构引入了内核模块，造成监控不透明。

外部监控是指监测针对虚拟机外部进行工作，拦截虚拟机事件是根据 Hypervisor 中的监控点进行的，典型代表为 Livewire 架构，如图 7-12 所示。不同于内部监控的是，虽然外部监控的监测具有透明性，但其需要重新重构语义，因此对性能造成了一定影响。

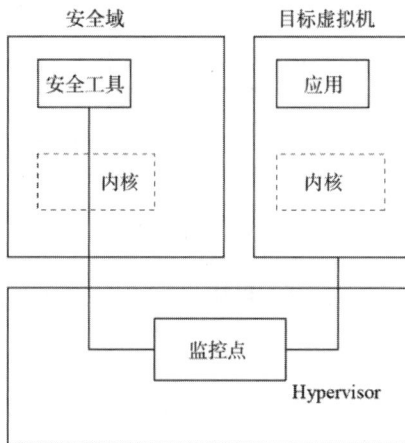

图 7-12　Livewire 架构

7.6.6　边缘计算恶意代码检测与防范

在边缘计算环境中，节点安全防护机制的弱点和计算资源的限制导致易于受到运行不安全的定制操作系统、不安全第三方软件或组件的影响。针对这些安全风险，关键在于发展云边协同的自动化操作系统安全策略配置、远程代码自动升级和更新、自动化入侵检测技术。这些措施旨在构建一种机制，能够在操作系统的全生命周期中，从代码完整性验证到代码的卸载、启动和运行阶段，有效地检测和防范恶意代码。

1. 特征码扫描

特征码扫描是一种成熟的恶意代码检测技术，基于病毒程序编写者使用的独特特征码。这种技术利用特征码来识别和检验病毒程序，防止病毒传播。

特征码扫描技术的优势是简单性、有效性和高性能，能够检测大量已知的恶意代码。这是其被广泛应用于杀毒软件中的主要原因。

特征码扫描方法与实现步骤如下。

（1）收集已知的病毒样本。

（2）在病毒样本里，抽取病毒的特征码。

（3）在病毒数据库里，放入采集到的特征码。

（4）检查文件。

打开需要被检验的文件，同时对其进行搜索，如果能够发现文件中包含数据库里的病毒的特征代码，根据病毒与对应特征代码之间的关系就可以推断出是什么样的病毒感染了所查文件。恶意代码特征码扫描的检测流程如图 7-13 所示。

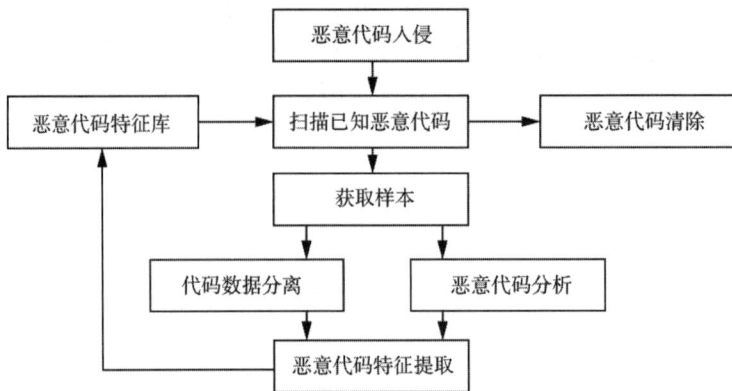

图 7-13　恶意代码特征码扫描的检测流程

2. 比较检测法

比较检测法将原始数据备份与被检测的扇区或文件进行比较。这种方法既可以通过专门的程序代码和工具实施，也可以通过人工打印代码清单进行。

使用工具软件进行比较不依赖专业的恶意代码检测程序，从而能够检测出一些已知检测工具尚未识别的新型恶意代码。这种方法通常结合分析和比较手段。

然而，比较检测法的局限性在于它只能发现异常，但无法确定恶意代码的具体类型或名称。此外，此方法高度依赖原始备份数据的可用性。如果备份丢失，比较检测法将无法进行。

3. 完整性检测

完整性检测主要针对文件感染型恶意代码。它使用哈希算法计算未受感染文件的哈希值，并将这些值存储在经过验证的安全数据库中。在检测时，再次计算文件的哈希值，并与数据库中的值进行比较，若不一致，则表示文件可能已被篡改，存在风险。

常用的哈希算法包括 CRC32 和 MD5，这些算法在完整性检测中非常普遍。

4. 行为检测法

行为检测法基于病毒的特定行为特征进行恶意代码检测。通过研究和观察，某些行为被认为是恶意代码的典型特征，这些行为在正常程序中较为罕见。

当程序运行时，该方法通过监视其行为来检测恶意活动。如果检测到病毒特有的行为，系统会立即发出警报。

虽然行为检测法能够准确预报大多数未知病毒，但它无法识别具体的病毒名称。此外，实施这种方法在技术上也存在一定难度。

5. 虚拟机检测

虚拟机检测技术，特别是虚拟 CPU 检测技术，是当前常用的恶意代码检测方法之一。这种技术通过模拟 CPU 执行过程进行检测。

虚拟机的工作过程模仿真实 CPU 的操作。它从机器码序列中选取操作码，判断操作码类别和寻址方式，确定指令长度，执行指令，根据执行结果确定下一个指令的位置。这个过程会反复执行，直到出现某个特定的情况才结束。

虚拟机检测技术不仅能模拟真实 CPU 的操作，还能在真实 CPU 上模拟执行结果，从而有效地检测恶意代码。虚拟机一般通过下面几个步骤来完成其自动执行的过程。

（1）启动虚拟机，运行操作系统的实例。

（2）复制某样本到虚拟机中。

（3）执行监控程序，加载样本。

（4）获得行为分析报告，取出报告。

（5）虚拟机回滚到初始状态，主机将放入另一个样本。

虚拟机自动执行流程如图 7-14 所示。

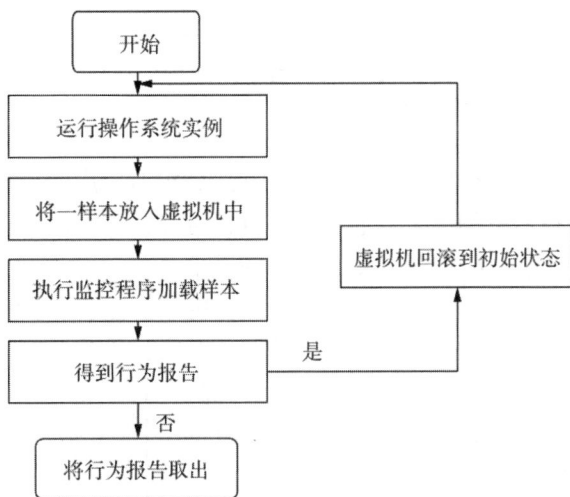

图 7-14 虚拟机自动执行流程

7.6.7 边缘计算设备漏洞挖掘

针对边缘计算设备漏洞挖掘难度大、系统漏洞影响广泛等问题，突破边缘设备仿真模拟执行、设备固件代码逆向、协议逆向、二进制分析等技术难点，形成基于模糊测试、符号执行、污点传播等技术的边缘计算设备与系统漏洞挖掘能力，实现边缘计算设备与系统漏洞的自动化发现。

1. 软件逆向

逆向工程涉及"打开"软件程序的"外壳"以观察其内部结构。

Elliot J. Chikofsky 和 James H. Cross 在 1990 年为软件逆向工程提供了标准化的定义。它被定义为分析目标系统的过程，旨在识别系统组件及其相互关系，并基于此信息在更高层次上描述软件系统。软件逆向工程的主要目的是获取软件内部模块的细节及它们之间的关系。这种分析分为两类：静态分析和动态分析。静态分析是在程序不运行的状态下进行的分析；动态分析是在程序运行时进行的分析。

1）静态分析

静态分析通过观察代码发现有用信息。静态分析只有一个输入，即程序 P 本身，如图 7-15 所示。静态分析技术对逆向工程研究有着极高的价值，开始主要被软件开发者用于检测代码漏洞和优化编译过程，后来被更多的攻击者用于代码分析和逆向攻击，如剔除程序中的保护信息等。静态分析是以程序为中心，仅通过被分析程序自身来推断程序的行为。它主要分为 4 个步骤：反汇编、控制流分析、数据流分析、反编译。最终输出一些有用信息——完全信息，这是因为静态分析具有由程序内容推导出所有执行的特性。

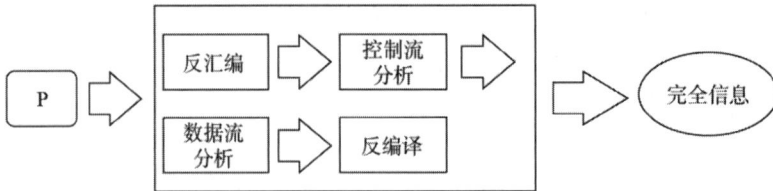

图 7-15　静态分析

2）动态分析

动态分析是通过执行程序获取信息的过程。动态分析对程序的分析依赖输入数据，而输入数据的变化将影响动态分析的结果。通过动态分析可知，输入的变化将引起程序内部的变化和输出结果的变化。动态分析得到的结果为不完全信息。动态分析出运行的程序具有一次或多次执行的特性，主要包括调试、跟踪、仿真和分析 4 个技术，如图 7-16 所示。

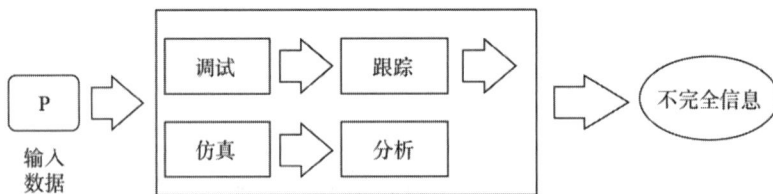

图 7-16　动态分析

静态分析是完全的，一个精确的静态分析要考虑到程序中所有可能出现的状况；然而，动态分析是不完全的，它所覆盖的路径完全依赖输入数据。静态分析的结果会夹杂很多冗余信息，可能会影响分析的准确性；动态分析提供的结果一定是准确的，因为是实际执行过的。尽管如此，静态分析与动态分析并不是相互对立的，在实际应用中通常将二者结合使用。

2. 协议逆向

根据分析对象的不同，协议逆向技术可以分为基于指令序列的协议逆向方法、基于网络流量的协议逆向方法、加密流量的协议逆向方法。

1）基于指令序列的协议逆向方法

基于指令序列的协议逆向方法通过分析报文解析过程中的指令执行序列，来获取协议格式和协议状态机的信息。它结合了静态分析和动态分析方法。特别是，动态分析通常采用动态污点分析技术。动态污点分析的基本思路是将网络流量数据视为污点源，监控和分析协议实体处理这些数据时的指令执行过程，以此获取协议的描述信息。

2）基于网络流量的协议逆向方法

基于网络流量的协议逆向方法主要利用报文数据的统计特性，如报文样本之间的相似性，以及协议实体间交互中的状态转移模型。它侧重于协议格式的还原、语义推断，以及对协议状态机的预测分析。

3）加密流量的协议逆向方法

随着越来越多的协议采用加密传输，加密流量的协议逆向分析变得更加复杂和重要。由于加密破坏了报文数据的频率和取值特征，因此传统的基于网络流量的分析方法不再适用。加密流量的协议逆向主要依赖指令序列逆向方法，关键难点是定位和识别报文解密与解析过程。

7.6.8 边缘计算安全通信协议

基于边缘计算协议种类多样、协议脆弱性广泛等特点，针对协议漏洞易被利用、通信链路伪造等安全风险，突破边缘计算协议安全测试、协议安全开发、协议形式化建模与证明等技术难点，实现边缘计算协议的安全通信。

安全协议是网络通信中为实现某种安全目的，通信双方或多方按照一定规则采用密码学技术完成一系列消息交互的过程。安全协议是网络通信安全的基础，是网络通信安全首先要考虑的问题。一般而言，安全协议按照功能不同主要分为认证协议、密钥协商协议、隐私保护协议、数据共享协议 4 类，这 4 类协议之间相互协同，共同实现网络通信安全。

1. 认证协议

认证协议旨在网络环境中证明实体的身份或消息的真实性。身份认证通常通过验证用户的秘密凭证（如口令）实现。消息认证则常通过数字签名和消息认证码来完成。

2. 密钥协商协议

密钥协商协议帮助通信方通过密码学手段共享密钥，建立消息的保密性和完整性。它分为对称密钥协商协议和非对称密钥协商协议。

3. 隐私保护协议

隐私保护协议保护通信过程中用户的个人隐私不被泄露。用户隐私包括数据隐私、位置隐私和身份隐私。保护措施包括传统的加密方法和非传统的差分隐私等技术。

4. 数据共享协议

数据共享协议确保数据能被授权实体安全访问和使用，防止数据共享权被非法篡改或剥夺。这通常通过密码学方法实现，如属性加密和代理重加密。

7.7 工业互联网边缘计算安全的发展意义及展望

7.7.1 工业互联网边缘计算安全的发展意义

近年来，边缘计算市场规模逐渐扩大，根据 Grand View Research 的最新报告，到 2027 年，全球边缘计算市场规模预计将达到 154 亿美元，预测期内复合年增长率为 38.6%。边缘计算通过将 ICT 基础设施"下沉"，为工业企业在边缘侧处理数据提供计算能力，有力推动工业互联网的发展。

1. 边缘计算能够实现工业互联网设备、协议、数据的互联互通

边缘计算节点部署协议转换功能模块，实现不同通信协议和异构设备的互联互通。这克服了由不同供应商的设备通信协议和接口不兼容带来的挑战，从而使工业数据的采集、使用和共享更加高效。

2. 边缘计算能够保证工业互联网的实时性和可靠性

工业互联网对时延敏感度较高，需要毫秒或百纳秒级的实时响应。边缘计算节点通过提供现场级计算能力，避免网络传输带宽和负载影响，确保实时性和可靠性。

3. 边缘计算能够缓解云中心的带宽压力

随着接入工业互联网的终端设备数量日益增多，网络带宽压力加剧。边缘计算通过本地缓存、过滤和处理大量数据，有效减轻工业互联网平台的带宽压力。

4. 边缘计算能够降低企业生产成本

中小企业通常使用公有云和私有边缘云处理工业数据，后者避免了大型服务器部署的高能耗和运营成本。边缘计算通过提高生产效率和降低人工成本，为企业带来显著的成本优势。

7.7.2 工业互联网边缘计算安全的发展展望

工业互联网边缘计算安全下一步应重点从体系架构构建、标准制定、技术产品研发、评测体系健全、人才建设 5 个方面，提升工业互联网边缘计算安全防护能力。

1. 构建统一体系架构

工业互联网边缘计算涉及多种网络技术，如移动通信网、工业以太网等，这导致技术体系存在差异。

为了支持新技术（如 5G、区块链等）的整合，并推动工业生产的智能化，需要构建一个标准化、规范化的体系架构。这个架构应基于软件定义设备、虚拟化、容器隔离、微服务等关键技术，支撑建立边缘计算的通用商用系统。它应满足不同业务需求，支持工业云业务扩展至边缘，并能在多种环境下部署，如电信设备、工业网关或边缘工业数据平台，实现跨

行业、跨平台的互联互通。

2. 加快标准制定与落地

工业互联网边缘计算领域，涉及多个安全责任主体，包括服务开发商、客户、安全服务提供商和评估机构。由于边缘计算部署过程中需要跨计算、存储、网络等多个领域的技术整合，因此迫切需要制定相关的安全标准。

这些标准将指导行业和企业在应用边缘计算技术时解决安全管理、部署和防护等方面的问题。最终的目标是实现互联网企业、通信设备企业、通信运营商和工业企业等多方在商业模式中互利共赢。

3. 开展关键核心技术产品研发

在工业互联网边缘计算安全领域，重点推进区块链、人工智能等前沿技术的应用研究。加强对边缘计算分布式环境中的多源异构数据传播管控和安全管理的核心技术研发。

设计并开发适用于工业互联网的多种形态边缘计算安全产品，提升差异化的工业边缘计算服务能力。开展在大连接、异构数据等复杂工业条件下的一体化安全机制研究，以便更好地融合边缘节点。

4. 健全边缘计算安全应用评测体系

遵循《中华人民共和国网络安全法》《中华人民共和国密码法》等相关政策标准，建立边缘计算安全应用测评机构。

构建仿真测试环境，加强边缘计算安全应用的合规性、有效性及安全性测试。针对智能制造、无人驾驶等关键应用领域，提供专业的边缘计算安全应用评测服务。

5. 加大人才队伍建设力度

构建包含多层次、多类型的工业互联网与边缘计算安全人才培养和服务体系。

支持实训基地建设，并推进产、学、研相结合，促进企业、科研机构与高等院校的合作。依托国家科技计划和国际合作，培养高层次人才和领军人才，并努力引进国际高端人才。

参 考 文 献

[1] 万明, 张世炎, 李嘉玮, 等. 工业互联网安全浅析: 边缘端点的主动防护[J]. 自动化博览, 2021, 38(1): 62-66.

[2] 边缘计算产业联盟 (ECC). 工业互联网边缘计算节点白皮书 1.0[R]. 2020.

第8章

工业互联网数据安全

工业互联网数据已成为提升企业生产力、竞争力、创新力的关键要素，保障工业互联网数据安全的重要性越发突出。工业互联网数据具有很高的商业价值，关系企业的生产经营，一旦遭到泄露或篡改，就可能影响生产经营安全、国计民生甚至国家安全。然而，工业企业类型多样，工业互联网数据更是海量多态，给数据安全防护带来了困难和挑战。工业互联网数据安全防护要同时加强安全管理和技术防护。其中，安全管理方面包括制度、机构、人员、设备、供应链等安全管理，以及分类分级、安全监测、风险管理、检查评估、应急管理等工作。

8.1 工业互联网数据安全概述

8.1.1 工业互联网数据

工业互联网数据是在工业互联网的新模式和新业态下产生的，涵盖从研发设计到生产制造，再到经营管理和应用服务的各个阶段。这些数据围绕客户需求、订单、计划、研发、设计、工艺、制造、供应、库存、销售、交付、售后、运维、回收等工业生产经营环节产生，涉及数据的采集、传输、存储、使用、共享或归档。

按照所涉及的工业生产、管理及服务阶段，工业互联网数据可分为九大类：研发设计数据、生产制造数据、经营管理数据、运行维护数据、外部协同数据、建模分析数据、平台运营数据、标识解析数据、流通交易数据，如表8-1所示。

按照数据的形态分类，工业互联网数据主要包括：结构化数据，如存储在关系数据库中的生产控制信息和运营管理数据；时间序列格式的结构化数据，如工况状态和云基础设施运行信息；半结构化或非结构化数据，如存储为文档、图片、视频的生产监控和研发设计数据；等等。

表 8-1 工业互联网数据类型及其子类

数据类型	数据子类参考
研发设计数据	开发测试代码、设计图纸文档等
生产制造数据	控制信息、工况状态、工艺参数、系统日志等
经营管理数据	系统设备资产信息、客户与产品信息、业务管理数据等
运行维护数据	设备运行数据、设备维护数据、集成测试数据等
外部协同数据	工业企业上下游供应链数据、与其他工业产业交互的数据等
建模分析数据	知识机理、数字化模型、统计指标、数据分析模型等
平台运营数据	物联网采集数据、平台应用与服务数据、平台运行数据等
标识解析数据	标识数据、标识运营数据等
流通交易数据	数据产品信息、交易信息等

8.1.2 工业互联网数据的主要特征

工业互联网数据的主要特征包括多态性、实时性、可靠性、闭环性、级联性、产权属性、价值属性和要素属性。

（1）多态性。工业互联网数据涉及工业企业、平台企业、基础设施运营企业、系统集成商和工业控制厂商和数据交易所等，这些不同类型的企业都是工业互联网数据产生或使用的主体，并且工业互联网数据种类众多、形态不一。

（2）实时性。工业企业要求对数据的采集、处理等具有很高的实时性。

（3）可靠性。工业互联网数据要求极高的质量，在数据生命周期内要全程保证数据的真实性、完整性和可靠性。

（4）闭环性。工业互联网数据需要支撑状态感知、分析、反馈、控制等闭环场景下的动态持续调整和优化。

（5）级联性。工业互联网数据有很强的关联性，一个环节数据的泄露或篡改，都有可能影响其他环节的数据质量与数据流通。

（6）产权属性。工业互联网数据多产生于企业的设计、加工和制造等各个环节，其数据价值远远高于个人数据价值。

（7）价值属性。工业互联网数据更加注重用数据驱动创新和提高制造效率，强调数据本身的可用性。

（8）要素属性。工业互联网数据是驱动制造业和数字经济高质量发展的重要引擎，具有更高的生产要素作用。

这些特征体现了工业互联网数据的复杂性和重要性，以及其在驱动制造业和数字经济高质量发展中的关键作用。

8.2 工业互联网数据安全的发展现状

随着工业互联网的普及和应用，数据安全已成为企业和政府关注的焦点。下面从安全意识、技术手段、法律和政策等方面，分析工业互联网数据安全的发展现状。

1. 企业自身安全意识提高

鉴于工业互联网数据安全的重要性，越来越多的企业开始将数据安全作为公司战略的一部分，加大对数据安全的投入和管理。企业越来越重视员工的数据安全培训和意识提高，加强内部安全管理，限制数据的访问权限，确保只有授权人员可以访问敏感数据。同时，企业加强与安全厂商和专业机构的合作，共同研究和解决数据安全问题。通过引入专业的数据安全技术和服务，企业可以更好地保障工业互联网数据的安全。

2. 技术手段不断提升

为了保护工业互联网数据的安全，各种技术手段不断提升。网络安全技术是数据安全的基础，包括防火墙、入侵检测系统、加密传输等技术的应用。此外，数据加密技术在工业互联网中扮演重要角色，对数据进行加密，可以防止数据在传输和存储过程中被窃取。身份认证技术也是工业互联网数据安全的关键，使用数字证书、双因素认证等技术，可以确保只有被授权的用户才可以访问数据。人工智能和大数据分析等技术的应用也为数据安全提供了更好的保障。对工业互联网中的大量数据进行分析和挖掘，可以及时发现异常行为和安全威胁，并采取相应的措施进行防范和应对。

3. 法律和政策支持

政府和相关部门对工业互联网数据安全问题越来越重视，相应的法律和政策也在逐步完善。2021 年 9 月 1 日，《中华人民共和国数据安全法》正式实施，进一步强化了数据安全的法律保障。同时，工业和信息化部也发布了一系列政策文件，如《工业数据分级分类指南（试行）》和《关于工业大数据发展的指导意见》，为工业数据的分类、管理评估、有序共享及治理提供了政策指导。为了规范工业和信息化领域数据处理活动，加强数据安全管理，2022 年 12 月，工业和信息化部关于印发《工业和信息化领域数据安全管理办法（试行）》。2024 年 2 月，工业和信息化部印发了《工业领域数据安全能力提升实施方案（2024—2026年）》，指导未来三年工业领域数据安全工作。科研单位和企业也积极合作进行标准研制。例如，2020 年 5 月，国家工业信息安全发展研究中心起草的《工业互联网数据安全防护指南》被纳入国家标准研究项目，提出了工业互联网数据安全防护的总体思路，包括通用防护、分类防护、分级防护 3 个维度，为工业互联网企业的数据安全防护能力建设提供了指导。其他国家和地区也制定了相关的数据保护法律，要求企业在数据处理和存储方面遵守相应的规定。例如，欧盟的《通用数据保护条例》（General Data Protection Regulation，GDPR）规定了个人数据及隐私权的保护，对违反规定的企业实施严格的处罚。

政府还加大了对数据安全的监管力度，通过建立专门的机构和部门，对工业互联网数据安全进行监督和管理。同时，政府加强与企业和学术界的合作，共同研究和解决数据安全问题，推动数据安全技术的发展和创新。

工业互联网数据安全的发展趋势是积极向好的。未来需要持续加强技术研发、加强国际合作、提高数据安全意识，才能更好地应对数据安全挑战，确保工业互联网的健康发展。

8.3 工业互联网数据安全的风险点与问题分析

随着工业互联网规模的扩大，数据安全风险也在增加。工业互联网涉及的数据种类繁多，包括企业的商业机密、客户的个人信息、工业控制系统的运行数据等，一旦这些数据被泄露或篡改，就会带来巨大损失和风险。

8.3.1 工业互联网数据安全的风险点

目前，随着云计算、大数据、人工智能、5G 等新技术的应用，工业互联网的数据安全责任体系建设正面临巨大挑战。工业互联网已成为提升制造业生产力、竞争力和创新力的关键要素，但同时也暴露出显著的数据安全风险。下面是工业互联网数据安全面临的几个关键挑战。

1. 数据跨境存在风险隐患

2020 年 9 月，国家工业互联网数据安全监测与防护平台监测到多起数据跨境、泄露事件。在全球化和数字化趋势下，数据跨境变得频繁，重要数据的跨境安全需要加强。跨系统、跨平台、跨行业和跨地域的数据流动增加了数据风险溯源的难度。

2. 平台企业、工业企业等数据安全风险加剧

随着电子商务、社交平台及工业互联网平台的发展，数据日益集中，成为黑客攻击的目标。此外，工业 App、控制系统及设备漏洞频发，仅 2020 年上半年就有超过 800 个相关漏洞，严重威胁工业控制系统和设备的安全。

3. 工业领域互联开放导致数据安全风险加大

随着越来越多的工业控制系统与互联网连接，传统的、相对封闭的生产环境被打破，系统直面从网络端渗透蔓延至内网的病毒等威胁，工业控制系统中存在大量恶意软件、高危木马等潜在安全隐患，黑客可以从网络端攻击工业控制系统，外部威胁更容易攻击到工业环境中，可造成重要工业数据泄露、勒索等严重后果，甚至通过攻击外网服务器和办公网实现数据窃取。

4. 数据全生命周期各环节的安全防护面临挑战

由于行业和企业间的数据接口与通信协议不统一，因此数据全生命周期（包括采集、传输、存储和使用阶段）的安全防护面临挑战。实时性强的工业数据难以通过传统加密等安全技术进行保护，数据的复杂流动模式使传输过程难以追踪。

5. 新一代信息技术应用带来新的数据安全风险

在云环境下，工业控制系统和设备与云平台的直接或间接连接扩大了网络攻击面。人工智能、5G、数字孪生、虚拟现实等技术的应用可能导致更复杂的安全威胁，如勒索软件攻击工业设备和医疗仪器，以及深度伪造的工业数据内容的生成和传播，给网络、企业和国家安全带来严重风险。

8.3.2 工业互联网数据安全的问题分析

1. 全局性、战略性数据安全意识薄弱

目前，工业互联网的数据安全管理思路尚不明确。管理体系的建设仍在进行中，涉及主管部门、工业企业、基础设施运营单位、平台企业等多个主体，但这些主体的权责义务尚未清晰界定，导致难以有效实施数据安全保护措施。此外，虽然工业企业对数据安全管理的重要性认识逐渐提高，但是实际的落地实践还比较落后，多数企业尚未制定全面的数据管理和安全相关战略规划。

2. 数据安全治理与分级防护能力不足

数据安全治理体系仍然不完善。企业在数据安全治理上的重视程度不足，存在治理需求不明晰、主流技术手段不成熟、数据分类分级安全管理不到位等问题。同时，数据分级防护工作未得到有效实施，传统的数据安全防护通常采用一致性方法，并未根据数据的具体特性进行分级防护。

3. 针对性数据安全技术手段欠缺

目前，我国在数据安全核心技术方面存在严重不足。多数技术手段仍聚焦于系统防护，传统数据安全防护技术适用性有限，缺乏关键技术产品。例如，针对工业互联网数据安全的关键技术仍不成熟，如可信防护、轻量级加密、数据脱敏等技术攻关面临重大挑战。此外，工业互联网数据安全的风险发现、实时告警和防护处置等能力还需要进一步提升。

4. 数据安全可信交换共享不充分

数据要素资源的有效配置、确权和定价面临难题。数据价值和成本的计量方法尚在研究中，数据所有权、使用权、管理权、交易权等权益缺乏法律认可和明确界定；同时，尚缺乏成熟的工业互联网数据安全交换、共享、交易等服务模式和商业模式。当前的工业互联网平台多为单向汇聚的中心化模式，不能满足工业互联网的数据安全交换共享需求，专门提供安全可信交换共享服务的公共平台仍是一个空白。

8.4 工业互联网数据安全关键技术

围绕工业互联网数据全生命周期的安全防护要求，加快数据安全监测、轻量级加密、数据脱敏、可信防护等技术攻关，提升防篡改、防窃取、防泄露能力。数据全生命周期各环节

的安全防护都面临挑战。工业互联网数据全生命周期又可分为数据采集、数据传输、数据存储和数据使用 4 个阶段，下面将围绕这 4 个阶段展开介绍。

1. 数据采集阶段

工业互联网平台集成了企业内外部众多敏感数据，这些数据通过复杂的多路径和跨组织流动方式传输，跨越了不同的数据控制者和安全域。为了确保数据的安全性，数据溯源应在数据存储、使用和共享的整个过程中贯穿始终。特别是在数据采集阶段，如何自动生成准确的元数据及保证其可追溯性显得尤为关键。

工业互联网数据溯源技术是追溯数据原始状态和演变过程的关键手段，旨在重现数据的历史档案。目前主要的数据溯源技术包括标注法和反向查询法。标注法通过记录数据处理的相关信息来追溯其历史状态，将这些标注与数据一起传输，使得通过检查目标数据的标注来获得其溯源信息成为可能。然而，标注法在处理大数据集中的细粒度数据时存在局限。反向查询法通过逆向查询或构造逆向函数来求解查询的反向结果，无须对源数据或目标数据进行额外标注，仅在需要数据溯源时进行计算。这两种溯源方法适用于多种应用场景，如关系数据库、科学工作流、大数据平台、云计算和区块链等。典型的数据溯源技术，主要是基于数据库水印算法设计和改进的数据库指纹技术。

在计算机系统处理数据以生成人类可直接理解的信息或内容，或者在数据交换行为发生时，重要的是在信息源端的数据中嵌入独特的数据特征，这些特征也被形象地称为数字水印。这样传递到接收端的数据将携带这些独特的数据指纹，并保留完整的溯源信息记录。

数据特征，即数据的独特标识或"指纹"，是识别数据和确认其溯源信息的关键。为了保证作为溯源依据的有效性，这些数据特征必须满足几个条件：它们必须可被检测和识别，在复制、录屏、截屏等条件下可稳定传递给副本，不能被伪造（以防栽赃），具有一定程度的隐蔽性。数字水印之所以常用于音视频和图像中，是因为它们具有较好的不可见性和足够的信息载荷量。图 8-1 给出了更多的特征实现方法。

实现数据特征嵌入的方法多种多样，每种方法都有其局限性，不能完全满足不可见性、防伪造性、足够的信息载荷容量，以及在传播过程中的无损携带等要求。因此，结合使用多种技术更利于数据特征的添加、隐藏和保护。在数据安全事件中，通过检测数据和提取特征来获取数据指纹，可以对照检索溯源信息，从而得出溯源结论。

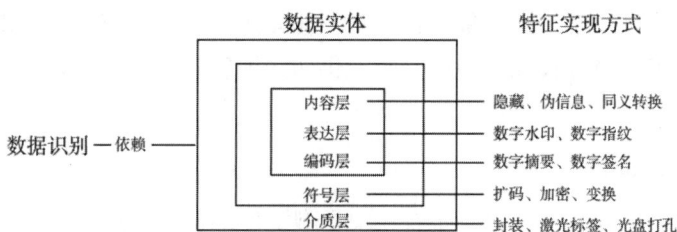

图 8-1　数据特征在数据实体中实现的层次结构及方法

（1）数字水印核心技术。数字水印核心技术是一种基于小波算法的数字水印生成与隐藏算法。此技术首先使用离散小波变换（Discrete Wavelet Transform, DWT）将数字图像的空间域数据转换为小波域系数；其次根据信息类型对其进行适当编码和变形以实现隐藏；最后根据隐藏信息的大小和安全目标选择相应的频域系数序列，并通过逆变换将频域系数转换回空间域数据。

（2）水印防复制技术。为防止数字水印信息被复制（如通过高精度数字扫描仪），数字水印嵌入软件采用色谱当量给定算法。该算法可以确保即使伪造者调整原图色彩，也无法更改色谱当量，从而在根本上防止水印被复制。

（3）抗衰减技术。数字图像在转换为印刷品的过程中（如制版和印刷），水印特性可能逐渐减弱。因此，数字水印嵌入软件在生成水印信息时会充分考虑信号强度，确保即使经过多次处理，信号强度仍可被有效读取。

（4）数字水印检查机读化。这一技术通过消除人为因素的不确定性，提高检查速度和隐藏信息的识别安全性。数字水印检查机读化可以与 RFID、紫外线、磁条等已有的成熟防伪检测设备配合，形成一个多维防伪系统，从而提升整体的安全水平。

2. 数据传输阶段

工业互联网数据加密技术正朝着轻量级、密文操作、透明加密等方向发展。数据加密是通过特定加密算法将易识别的明文转换为密文的过程，其目的是保护数据不被窃取或篡改，确保数据的机密性、完整性、可用性、不可抵赖性。数据在传输等环节面临窃听、窃取、拦截等安全风险，加密技术被普遍用于确保数据安全传输。

1）透明加密

透明文件加密区别于常见的文件密码加密方式；对机密文件进行保护时，系统在不改变用户原有工作流程和文件使用习惯的前提下，对需要保护的进程生成的所有文件（无论该文件原来是明文还是密文）进行强制加密保护。

透明加密的基本功能如下。

①强制、自动、透明加密电子文档，防止第一作者泄密；设置文档阅读权限，防止越权读取。

②自动备份加密文档，防止恶意删除；全程记录文件操作行为。

③有效控制传输途径：设备限制（USB 存储设备、光驱/软件只读或禁用，打印机禁用）；禁止截屏、拖曳；禁止内容复制；三重密钥管理，安全可靠；灵活离线策略，在方便员工短期外出、在家办公或长期出差的同时，仍防止泄密；在线解密申请，授权高管解密后方可文件外发。

透明加密的特点如下。

①自动强制加密：安装系统后，所有指定类型文件都是强制加密的。

②使用方便：不影响原有操作习惯，不需要限制端口。

③原有习惯保持：在内部交流时不需要做任何处理便能交流。

④对外严禁泄露：一旦文件离开使用环境，文件将自动失效，从而保护知识产权。

信息防泄露三重保护的理念旨在帮助企业构建完善的信息安全防护体系，实现"事前防御—事中控制—事后审计"的完整信息防泄露流程。它包括详尽的操作审计、全面的操作授权和安全可靠的透明加密三部分。操作审计透明化复杂的信息系统，使所有操作行为可见可查，有助于发现潜在危险和未知安全漏洞。操作从多方面实施全面控制，保证信息安全的"可控性"。透明加密则确保涉密信息无论何时何地都处于加密状态，仅在可信环境下可访问，最大限度地保护信息安全。

2）虚拟专用网

虚拟专用网（Virtual Private Network，VPN）是一种用于在源端和目的端之间建立安全的数据传输通道的技术。通过采用隧道技术、协议封装技术、密码技术和配置管理技术，VPN 技术将原始数据进行加密和协议封装，然后将其嵌套装入另一种协议的数据报文中进行传输，从而确保数据传输的安全性。常用的相关安全协议包括 SSL 协议和 IPSec 协议。

SSL VPN 利用标准的安全套接层协议，基于 X.509 证书，并支持多种加密算法。它提供基于应用层的访问控制，具备数据加密、完整性检测和认证机制。由于无须在客户端安装特定软件，SSL VPN 更易于配置和管理，降低了用户总成本，同时提高了远程用户的工作效率。SSL 协议建立在可靠的 TCP 传输协议之上，与上层协议无关，使得各种应用层协议（如HTTP、FTP、TELNET 等）能通过 SSL 进行透明传输。

SSL 协议提供的安全连接具有以下 3 个基本特点。

①连接是保密的。每个连接都有一个唯一的会话密钥，采用对称密码体制（如 DES、RC4 等）来加密数据。

②连接是可靠的。消息的传输采用 MAC 算法进行完整性校验。

③对端实体的鉴别。采用非对称密码体制（如 RSA、DSS 等）进行认证。

SSL VPN 系统主要由两部分组成：SSL VPN 服务器和 SSL VPN 客户端。SSL VPN 服务器作为公共网络访问私有局域网的桥梁，保护局域网内的拓扑结构信息。SSL VPN 客户端则是运行在远程计算机上的程序，通过公共网络为远程计算机提供访问私有局域网的安全通道，从而实现安全地访问私有局域网内资源的目的。

3）流量识别

流量识别是工业互联网数据全流程安全监测与防护关键技术。其主要任务是通过对采集的网络数据进行分析或解析，确定各个数据流的业务和数据类型。目前，流量识别的方法主要分为 3 种：基于网络端口映射的流量识别方法、基于有效载荷的流量分类识别方法和基于流量行为特征的流量识别方法。

（1）基于网络端口映射的流量识别方法。这种方法通过检查网络数据包的源端口号和目的端口号，根据网络协议或应用通信时使用的端口号规则进行映射，以识别不同的网络应用。在封闭的工业网络环境中，由于设备、服务和拓扑结构都是已知的，这种基于端口的识别技术能够保证较高的报文覆盖率和识别率。

（2）基于有效载荷的流量分类识别方法。这种方法通过分析网络数据包的有效载荷与预建立的特征识别库进行匹配，从而确定网络流量类别。它需要预先建立应用层特征识别规则库，并通过分析有效载荷中的关键控制信息来匹配规则库中的特征。在工业网络中，由于常见工业协议的指纹特征长度较短，这种方法可能导致较高的误报率，但当基于端口的识别技术无法识别协议时，可将该方法用于区分协议。

（3）基于流量行为特征的流量识别方法。该方法利用不同网络应用的通信行为模式差异，从宏观角度对网络流量进行分类。通过分析不同网络应用在主机连接、网络协议使用和网络流中数据包的平均大小等方面的行为差异，解决流量分类问题。

随着工业云平台和工业 App 等应用场景的增加，工业互联网数据安全监测与防护需求不断增强，促进了基于流量识别技术的网络流量分析（Network Traffic Analysis，NTA）技术的发展。NTA 集成了深度包检测、协议识别与还原、大数据采集和分析、安全检测引擎、漏洞挖掘和分析、渗透及攻防等技术，应用于智能化生产、网络化协同、个性化定制和服务化延伸等网络交互场景。它支持工业流量采集、工业协议识别和解析、工业敏感数据违规传输监测、工业数据泄露监测、数据安全事件检测、数据安全威胁溯源分析等多种应用场景。

3. 数据存储阶段

随着网络信息化时代的到来，工业互联网、智能终端、物联网、云计算、社交网络等行业飞速发展，数据呈现日益剧增的趋势，如何安全可靠地存储大规模数据成为数据存储的一大挑战。

在工业互联网的应用中，结合用户场景和适用性需求，选择一种或多种存储加密技术是关键。这样的组合可以优势互补，构建以密码技术为核心，融合访问控制和审计等多种安全技术的数据安全防护体系，满足企业在多种场景下的实战化及合规需求。

以数据为中心，沿着数据流转路径，在 B/S 三层信息系统架构的多个数据业务处理点，综合业内数据加密技术现状，可选取以下 10 种代表性存储加密技术，如图 8-2 所示，并解读其实现原理、应用场景及优势与挑战。

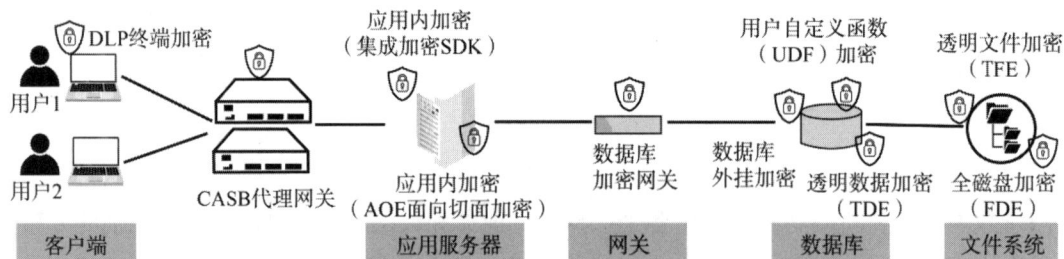

图 8-2　数据存储加密技术总览图

1）DLP 终端加密

数据泄密（泄露）防护（Data Leakage Prevention，DLP）终端加密技术的目的是管理企业终端（主要是 PC 端）上的敏感数据。通过在受管控的终端安装代理程序与后台管理平台交互，结合企业的数据管理要求和分类策略，对下载到终端的敏感数据进行加密。DLP 终端加密适用于非结构化数据保护。

DLP 终端加密技术主要适用于企业终端数据的安全管理，在原有安全防护能力之上，可有效增强以下场景的数据防护能力。

①操作失误或无意识外发导致技术数据泄露。

②通过打印、剪切、复制、粘贴、另存为、重命名等操作泄露数据。

③离职人员通过 U 盘、移动硬盘等方式随意复制机密资料。

④笔记本电脑被盗、丢失或维修等造成数据泄露。

优势：文件外发强管控。和其他终端安全技术相比，能够强制实现重要敏感文件的外发管控，从而实现对数据的"事前防护"，可防范一定程度的"有意泄露"。

挑战：终端适配困难、运维成本高。企业终端一般具有操作系统众多、终端类型复杂、文档使用场景多样等特点，终端加密在落地应用时，易出现终端兼容适配困难、运维成本较高等问题。在移动终端，由于存在权限问题，技术落地难度大。

2）CASB 代理网关

代理网关（Cloud Access Security Broker，CASB）是一种委托式安全代理技术，将网关部署在目标应用的客户端和服务端之间，无需改造目标应用，只需要通过适配目标应用，对客户端请求进行解析，并分析出其包含的敏感数据，结合用户身份，并根据设置的安全策略对请求进行脱敏等访问控制，可针对结构化数据和非结构化数据同时进行安全管控，如图8-3 所示。

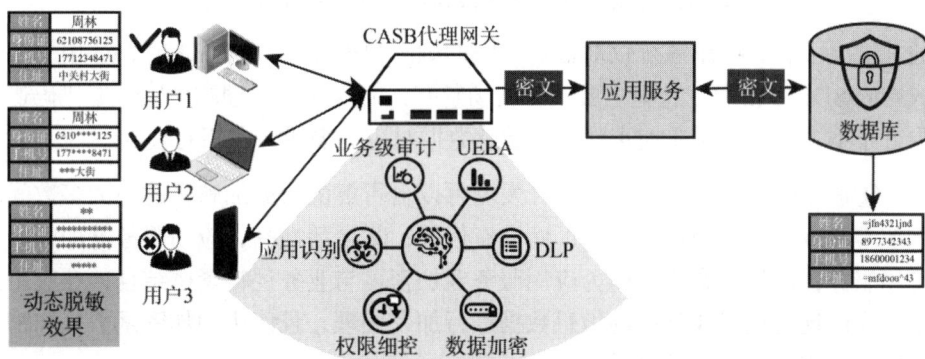

图 8-3　CASB 代理网关技术原理图

随着云的普及，传统的 IT 架构正在发生变化。企业很多业务系统都托管在云服务商处，日常的很多工作，如 HR、社保、报销、OA 等工作事务的管理都有相应的 SaaS 服务可以采用，企业想要享受便捷的云服务，又不想失去对自身数据的控制权，则可以采用 CASB 代理网关技术。例如，最常见的一种安全防护场景是能够识别出一个用户访问云资源是使用的私人账号还是企业账号，以防止敏感数据从企业资源转移到私人资源。

优势：与业务结合的数据安全保护。CASB 代理网关位于应用服务器和客户端之间，该位置可以获取到丰富的业务上下文，可以基于用户、资源、操作和业务属性，灵活利用访问者所对应属性集合决定是否有权访问目标数据，如部门、区域、职位、动作、目标数据类型、时间及其他条件等，从而在复杂业务场景下实现对数据的安全防护。

挑战：该技术实施成本较高。为实现从客户端请求中解析用户在应用中的操作含义，需适配目标应用，适配工作量取决于目标应用的数量和复杂度及安全管控粒度。

3）应用内加密（集成密码 SDK）

应用内加密（集成密码 SDK）是指应用系统通过开发改造的方式，与封装了加密业务逻辑的密码 SDK 进行集成，并调用其加解密接口，使目标应用系统具备数据加密防护能力，如图 8-4 所示。

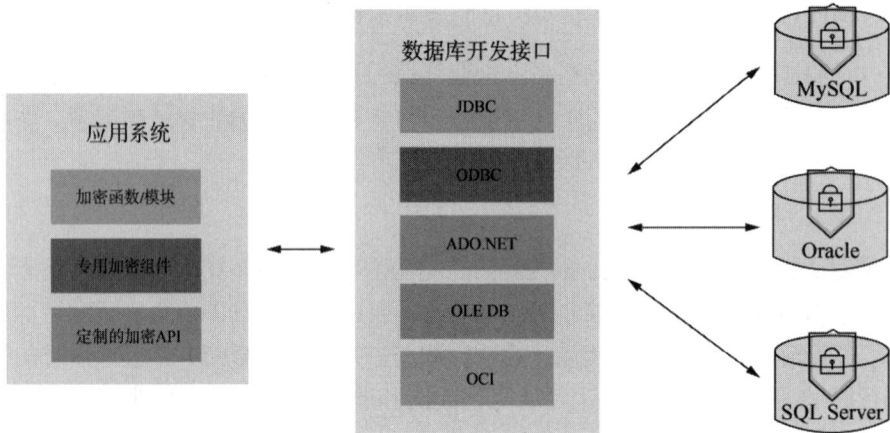

图 8-4 应用内加密（集成密码 SDK）技术原理图

在通常情况下，当应用系统仅对数量有限的敏感数据存在加密需求时，适用于应用内加密（集成密码 SDK）技术。这里主要包含的场景有：需要加密处理的敏感数据代码逻辑在业务系统中分布不多，或者需要加密处理的敏感数据对应的表或字段相对较少。

优势：①适用范围广，应用系统的开发商可以自行解决数据加解密的绝大多数问题，对数据库系统本身或第三方的数据安全厂商没有依赖；②灵活性高，应用服务器加密，主要是针对于应用服务器的加密方式，因为应用服务器加密可与业务逻辑紧密结合，在应用系统开发过程中，灵活地对相关业务中的敏感数据进行加密处理，且使用的加密函数、加密密钥等均可以根据业务逻辑需求进行灵活选择。

挑战：①需要对应用系统开发改造，应用系统加密的实现需要对应用系统开发投入较大的研发成本，时间周期较长，后期实施和维护成本较高，也面临大量代码改造带来的潜在业务风险；②对应用开发人员要求高，对于业务开发人员来说，正确合规使用密码技术具有一定门槛。例如，在实际应用中，会出现应用开发人员密钥使用不合规或带来安全风险等情况。

4）应用内加密（AOE 面向切面加密）

应用内加密（AOE 面向切面加密）技术能以免开发改造方式，实现应用系统中结构化数据和非结构化数据的存储加密，并提供细粒度访问控制、丰富脱敏策略及数据访问审计功能，为应用打造全面有效且易于实施的数据安全保护策略。其实现原理是将数据安全插件部署在应用服务中间件，结合旁路部署的数据安全管理平台、密钥管理系统，通过拦截入库 SQL，将数据加密后存入数据库，如图 8-5 所示。

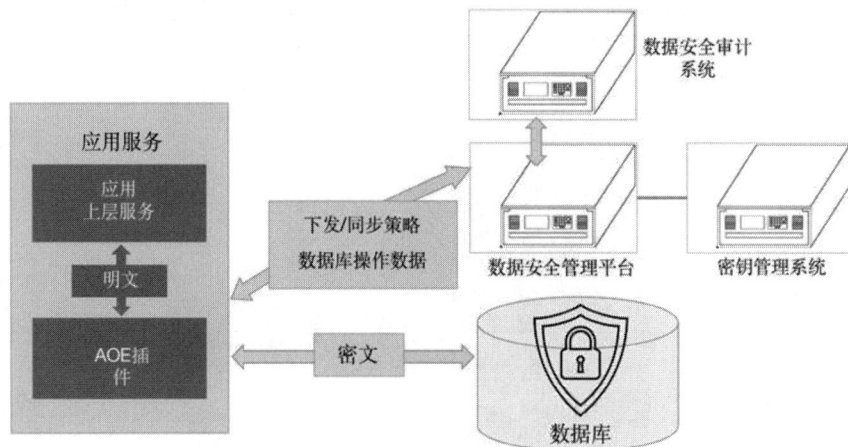

图 8-5 应用内加密（AOE 面向切面加密）技术原理图

应用内加密（AOE 面向切面加密）技术主要适用于企业在应用层想要实现免开发改造的、可敏捷实施的高性能数据安全防护。该加密方式支持结构化数据和非结构化数据的加密，可与应用开发解耦，灵活性高。进一步地，该加密方式可支持分布式部署、集中式管控，既可针对单个应用防护，也可以针对上百个应用批量保护。

优势：①数据加密与业务逻辑解耦，该加密技术通过 AOE 面向切面加密方式，可以将安全与业务在技术上解耦，又在能力上融合交织，拥有高度灵活性；②不影响业务运营，应用内加密（AOE 面向切面加密）适用于"应用免改造"的实战需求，能够实现以配置的方式敏捷部署实施，对应用的连续运行无影响，同时与其他加密技术相比，该技术对数据加解密的影响最低；③基于细粒度权限控制的数据安全防护，该加密技术可针对应用打造"主体到用户，客体到字段"的安全防护体系，能够根据不同属性的人群，实施细粒度的权限控制，实现对企业内部人员的敏感数据访问最小化授权。

挑战：对应用程序编程语言和框架需要做适配。企业实际应用系统错综复杂，涉及多样化的编程语言与框架，这对 AOE 面向切面加密技术的实现提出较高的工程化实现挑战。

5）数据库加密网关

数据库加密网关是部署在应用服务器和数据库之间的代理网关设备，通过解析数据库协议，对传入数据库的数据进行加密，从而获得保护数据安全的效果，如图 8-6 所示。

数据库加密网关可以为数据库提供"入库加密、出库解密"的防护，可以建立数据库用户的访问控制，实现企业内部人员的敏感数据访问授权精细化，可以防止数据库拖库及拦截非法 SQL。

优势：应用系统与加解密功能分离，相较于传统的应用内加密（集成密码 SDK）技术，数据库加密网关技术具有独立性，能够使用户从高度复杂且繁重的加密解密处理逻辑的开发工作中解放出来。

挑战：①存在一定的法律风险，对于 Oracle 等采用私有通信协议（不开源）的商业数据库，安全厂商提供的数据库加密网关破解协议的方案存在法律风险；②高性能和高可用实现难度大，数据库加密网关增加了额外的处理节点，在大数据量和高并发访问场景下，要实现高性能、高可用，并且面临工程化实现挑战。

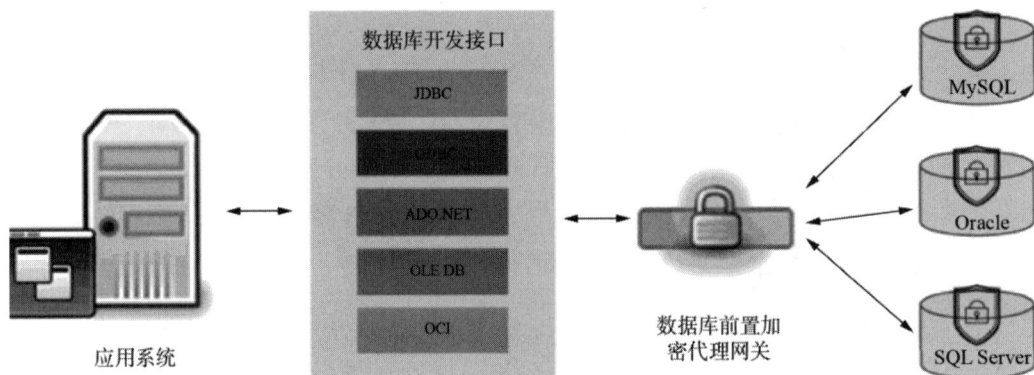

图 8-6　数据库加密网关技术原理图

6）数据库外挂加密

数据库外挂加密通过针对数据库定制开发外挂进程，使进入数据库的明文先进入外挂程序中进行加密，形成密文后再插入数据库表中。这种技术使用"触发器+多层视图+扩展索引+外部调用"的方式实现数据加密，可保证应用完全透明。通过扩展的接口和机制，数据库系统用户可以通过外部接口调用的方式实现对数据的加密和解密处理，如图 8-7 所示。视图可实现对表内数据的过滤、投影、聚集、关联和函数运算，在视图内实现对敏感列解密函数的调用，从而实现数据解密。

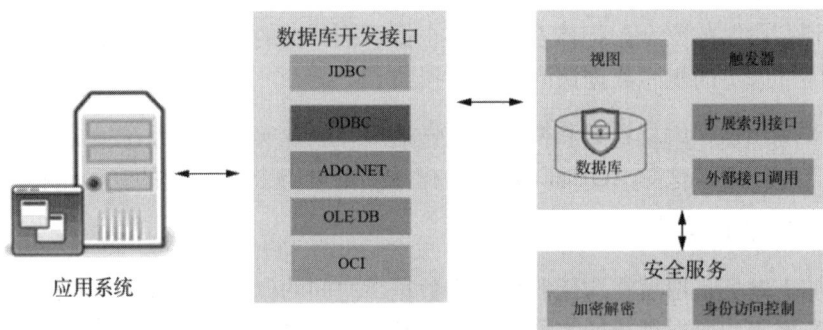

图 8-7　数据库外挂加密技术原理图

如果查询涉及的加密列不多，查询结果集中，并且包含的数据记录也相对不多，就可以考虑使用数据库外挂加密技术对数据库进行加密。

优势：独立权控体系。使用数据库外挂加密技术，可以在外置的安全服务中提供独立于数据库自有权控体系的权限控制体系，适用于对"独立权控体系"有相关需求的场景，可以有效防止特权用户（如 DBA）对敏感数据的越权访问。

挑战：①数据库外挂加密技术中大多数的技术实现形式存在功能性依赖，仅支持开放高级接口的 Oracle 等少量数据库；②数据库性能损耗较高，数据库外挂加密是通过触发器、多级视图进行外部接口调用来实现加/解密的，触发器或视图的运行机制要求对加密表中的每条数据中每个加密列的读写都进行外部接口调用，因此当遇到"查询中涉及的加密列较多"等情况时，会对数据库的读写性能存在明显影响；③可扩展性差，在业务变化引起数据库表结构发生变化时，需要对外挂程序业务逻辑进行调整，甚至需要重新定制开发，存在后期维护成本。

7）透明数据加密（TDE）

透明数据加密（Transparent Data Encryption，TDE）是在数据库内部透明实现数据存储加密、访问解密的技术。Oracle、SQL Server、MySQL 等数据库都默认内置此功能。数据在落盘时加密，在数据库内存中是密文，当攻击者"拔盘"窃取数据时，由于数据库文件无法获得密钥而只能获取密文，从而起到保护数据库中数据的效果，如图 8-8 所示。

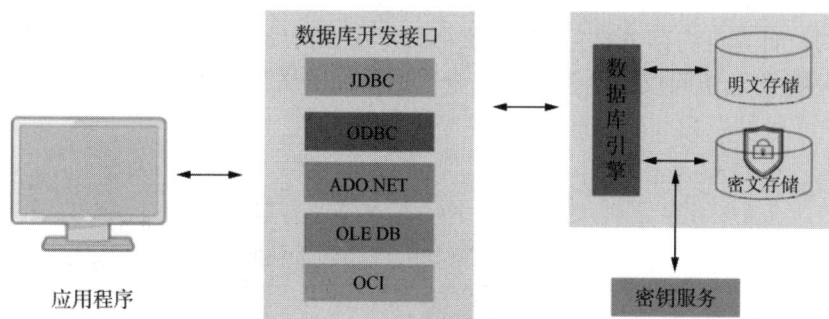

图 8-8　透明数据加密技术原理图

透明数据加密技术适用于对数据库中的数据执行实时加解密的应用场景，尤其是在对数据加密透明化有要求，以及对数据加密后数据库性能有较高要求的场景中。在实际使用中，可根据 Oracle 等内置 TDE 的密钥管理接口，将默认"软密钥钱包"升级为外部密钥管理系统，以增强密钥安全性。

优势：①独立权控体系，与数据库外挂加密类似，使用插件形式的透明数据加密技术，同样可以在外置的安全服务中提供独立于数据库自有权控体系的权限控制体系；②性能损耗较低，透明数据加密技术只对数据库引擎的存储管理层进行了性能增强，不影响数据库引擎的语句解析和优化等处理过程，数据库自身性能得以更好保留，透明数据加密技术在数据库加密技术中，性能损耗较低。

挑战：①防护颗粒度较粗，TDE 本身是一种落盘加密技术，数据在内存中处于明文状态，需要结合其他访问控制技术使用，在实战场景中难以防范 DBA 等风险；②数据库类型适用性有限制，透明数据加密因使用插件技术，对数据库的版本有较强依赖性，且仅能对有限几种类型的数据库实现透明数据加密，在数据库类型适用性上有一定限制。

8）用户自定义函数（UDF）加密

用户自定义函数（User Defined Function，UDF）是在已有数据库功能的基础上扩展更丰富的业务需求，其原理是在数据库支持的形式上，通过定义函数名称及执行过程，实现自定义的处理逻辑。用户自定义函数（UDF）加密，是通过 UDF 接口实现数据在数据库内加解密的。

应用场景：用户自定义函数（UDF）加密，作为一种在数据库侧的高灵活加解密集成方式，适用于某些数据库需要定制加解密的场景，尤其是实现基于国密算法的数据加解密。

优势：扩展能力强。该加密技术适用于对数据有"定制化实现"的场景化需求，能够根据用户的业务需求，对数据实现丰富多样的加解密处理。

挑战：通用性低。该加密技术需要根据不同数据库的类型，做相对应的定制化实现，并且在存储过程或 SQL 中加以调用。

9）透明文件加密（TFE）

透明文件加密（Transparent File Encryption，TFE）是在操作系统的文件管理子系统上部署加密插件来实现数据加密的，基于用户态与内核态交付，可实现"逐文件逐密钥"加密。在正常使用时，计算机内存中的文件以明文形式存在，而硬盘上保存的数据是密文，如果没有合法的使用身份、访问权限及正确的安全通道，加密文件都将以密文状态被保护，如图8-9所示。

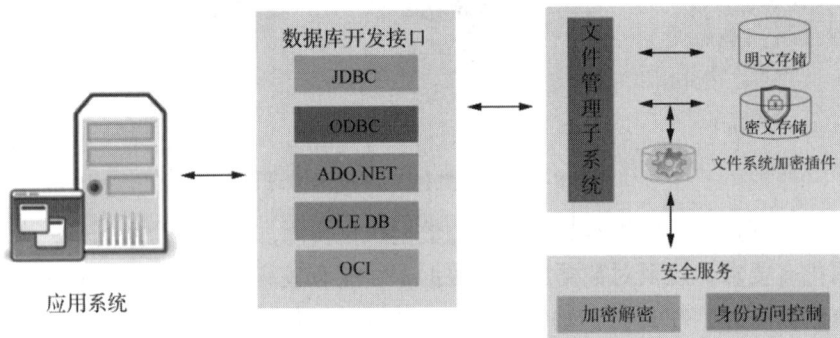

图 8-9　透明文件加密技术原理图

透明文件加密技术几乎可以适用于任何基于文件系统的数据存储加密需求，尤其是原生不支持透明数据加密的数据库系统。但是，由于文件系统加密技术无法提供针对数据库用户的增强权限控制，因此其对于需要防范内部数据库超级用户的场景并不适用。

优势：可对应用进程授权。透明文件加密的防护颗粒度较细，可以适用于对应用进程有绑定需求的场景，只有授权的"白名单"应用进程访问文件，才能获得明文，而未授权应用只能获取密文。

挑战：①管理员风险，文件系统加密技术具有数据库无关性，因此透明文件加密技术不具备对系统用户增强的权限控制能力，也无法防止内部人员包括系统管理员和数据库 DBA 对加密数据的访问；②高性能实现难度大，透明文件加密技术因为是在操作系统的文件管理子系统上部署加密插件来实现数据的加密功能，所以会增加操作系统中用户态的处理环节，从而对数据库系统整体性能造成部分损失，要实现到高性能尚面临工程化挑战。

10）全磁盘加密（FDE）

全磁盘加密（Full Disk Encryption，FDE）是通过动态加解密技术，对磁盘或分区进行动态加解密的技术。FDE的动态加解密算法位于操作系统底层，其所有磁盘操作均通过FDE进行：当系统向磁盘上写入数据时，FDE首先加密要写入的数据，然后写入磁盘；反之，当系统读取磁盘数据时，FDE会自动将读取到的数据进行解密，然后提交给操作系统。

全磁盘加密技术适用于磁盘上所有数据（包括操作系统）进行动态加解密的场景，但由于不能提供针对用户的增强权限控制，因此无法满足对内部超级用户泄露敏感数据的风险防范需求。

优势：①性能优势突出，全磁盘加密技术通过操作系统内核层（或者存储设备自身的物理结构）实现，能够最大限度地减少加解密损耗，对上层业务服务提供性能最高的文件加解密服务；②部署、实施简单，全磁盘加密仅需要对进入磁盘的数据进行加密，部署和实施简单高效。

挑战：数据防护颗粒度粗。全磁盘加密技术因为缺少访问控制能力，因此，一旦磁盘挂载口令泄露，就有数据泄露的风险，仅能防范"拔硬盘"攻击。

综上所述，10种数据存储加密技术在应用场景及优势挑战方面各有侧重点，DLP终端加密技术侧重于企业客户端的数据安全防护；CASB代理网关、应用内加密（集成密码SDK）、应用内加密（AOE面向切面加密）侧重于企业应用服务器的数据安全防护；数据库加密网关、数据库外挂加密、透明数据加密（TDE）、用户自定义函数（UDF）加密侧重于数据库的数据安全防护；透明文件加密（TFE）、全磁盘加密（FDE）则侧重于文件系统的数据安全防护，如表8-2所示。

表 8-2　加密技术属性图

加密技术	部署位置	加密粒度	性能	防 DBA
DLP 终端加密	客户端	文件	—	中
CASB 代理网关	应用服务器	文件/字段	支持	中
应用内加密（集成密码 SDK）	应用服务器	文件/字段	支持	高
应用内加密（AOE 面向切面加密）	应用服务器	文件/字段	支持	低
数据库加密网关	应用服务器和数据库之间	字段	支持	中
数据库外挂加密	数据库	字段	不支持	高
透明数据加密（TDK）	数据库	字段/表空间	不支持	低
用户自定义函数（UDF）加密	数据库	字段	不支持	高
透明文件加密（TFE）	文件系统	文件	不支持	低
全磁盘加密（FDE）	文件系统	磁盘/卷	不支持	低

4. 数据使用阶段

1）差分隐私

差分隐私由 Cynthia Dwork 于 2006 年提出，旨在让数据库查询结果对数据集中单个记录的变化保持不敏感。简而言之，无论单个记录是否存在于数据集中，其对查询结果的影响都微不足道，从而防止攻击者通过观察查询结果的变化来推断个体信息。

差分隐私技术分为两类：中心化和本地化。中心化差分隐私将原始数据集中至数据中心，发布满足差分隐私的统计信息，适用于数据输出场景。本地化差分隐私则在用户端处理敏感信息，适用于数据采集场景。在工业领域，差分隐私适用于大数据量且低维度的情况，以及多用户使用场景，特别是对重要敏感数据的保护。

2）数据智能脱敏

数据脱敏，也称为数据去隐私化或变形，是在特定规则下对敏感数据进行变换的技术。它旨在保留原始特征条件或必要信息，同时保护敏感信息的安全。脱敏过程通常包括目标确认、策略制定和实现，分为静态数据脱敏（Static Data Masking，SDM）和动态数据脱敏（Dynamic Data Masking，DDM）。

静态数据脱敏主要用于非生产数据集，如开发或测试中的数据。动态数据脱敏则用于生产环境，对低权限个体访问的敏感数据进行即时脱敏。工业互联网中的敏感数据应在共享前经过脱敏处理，以确保安全共享。随着机器学习的应用，集成自动感知、规则匹配和脱敏处理的数据智能脱敏技术成为新趋势。

脱敏算法分为多种类型，如泛化、抑制、扰乱等。泛化算法保留部分原始数据特征，如截断和取整。抑制算法通过屏蔽部分信息替换原始数据，如掩码。扰乱算法则加入噪声以扭曲原始数据，包括重排、加密、替换、散列、重写、固定偏移、局部混淆和唯一值映射等。

（1）静态数据脱敏。旨在通过类似 ETL 技术的处理方式，按照脱敏规则一次性完成大批量数据的变形转换处理。静态脱敏通常会在将生产环境中的敏感数据交付至开发、测试或外发环境时使用，在降低数据敏感程度的同时，能最大限度地保留原始数据集所具备的数据内在关联性等可挖掘价值。静态数据脱敏的主要特点如下。

①适用性：即可为任何格式的敏感数据脱敏。

②一致性：即数据脱敏后保留原始数据字段格式和属性。

③复用性：即可重复使用数据脱敏规则和标准，通过定制数据隐私策略满足不同业务需求。

（2）动态数据脱敏。旨在通过类似网络代理的中间件技术，按照脱敏规则对外部申请访问的数据进行即时处理并返回脱敏后的结果。动态脱敏通常会在数据对外提供查询服务的场景中使用，在降低数据敏感程度的同时，最大限度地降低了需求方获取脱敏后数据的延迟，请求实时产生的数据也能即时得到脱敏后的结果。动态数据脱敏的主要特点如下。

①实时性：即能够实时地对用户访问的敏感数据进行动态脱敏、加密和提醒。

②多平台：即通过定义好的数据脱敏策略实现跨平台、不同应用程序或应用环境的访问限制。

③可用性：即能够保证脱敏数据的完整，满足业务系统的数据需要。

3）数据销毁

在数据安全领域中，除了常见的数据恢复，数据销毁的能力也是非常关键的一环。数据销毁是指采用各种技术手段彻底破坏存储介质中数据的完整性，防止非授权用户利用残留数据进行恶意恢复，从而达到保护数据的目的。数据安全的范畴不仅包含保持数据完整性的技术，如数据加密、访问控制和备份等，还涵盖数据的安全销毁。

作为涉密受限数据全生命周期的最后一个环节，数据销毁受到世界各国的高度重视。数据销毁主要分为两大类：通过软件进行的数据软销毁和采用专业设备进行的数据硬销毁，如图 8-10 所示。数据软销毁方法通过软件对数据进行重写或格式化，以破坏数据的完整性。数据硬销毁方法采用专业设备直接物理或化学破坏存储介质，如磁盘碎片化或破坏其磁性。这两种方法在实际应用中各有优势，可根据具体情况和安全要求选择适用的销毁方式。

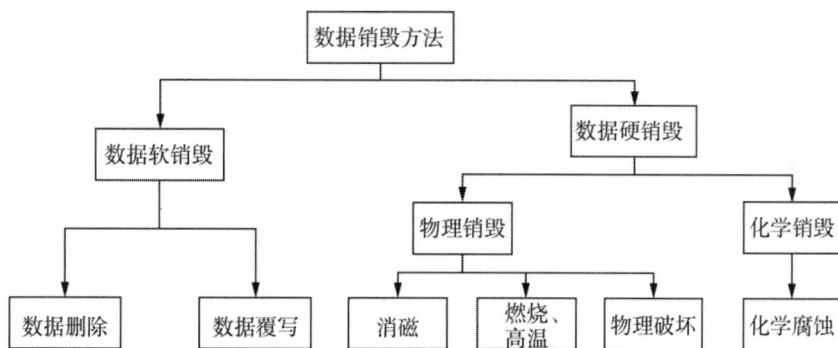

图 8-10 数据销毁方法

（1）数据软销毁。数据软销毁是通过软件进行的数据销毁方法，主要包括数据删除和数据覆写两种方式。

①数据删除。在计算机操作系统中，常规的删除操作，如使用 Delete 命令，实际上只是删除了文件的索引，并未真正从存储介质中清除文件内容。因此，这种方法并不能彻底销毁数据，数据仍有可能被恢复。

②数据覆写。数据覆写的原理是将存储介质上的原有数据用新的、无意义的数据进行覆盖。通过多次覆盖原有数据，可以有效降低原有数据被恢复的可能性，是目前比较通用的数据销毁方法。

（2）数据硬销毁。数据硬销毁是指采用专业设备直接物理或化学破坏存储介质，从而达到销毁数据的目的。数据硬销毁包括物理销毁和化学销毁两种方式。

①物理销毁。对存储介质施加瞬间强磁场，使磁通翻转，打乱原顺序，实现磁性存储介质消磁；借助外力将介质的存储部件损坏，使数据无法恢复。普通的非密存储介质破坏程序较简单，用冲压压力机将介质打烂即可；涉密存储介质的破坏需要利用粉碎机拉伸、切割和粉碎。

②化学销毁。化学销毁的概念是运用化学物质溶解、腐蚀、活化、剥离等方式对磁盘记录表面信息的销毁方法。化学腐蚀是利用酸性试剂对存储介质的盘面进行腐蚀，从而通过破坏盘面的方法避免数据还原。

8.5 工业互联网数据安全新兴技术

8.5.1 基于安全多方计算的数据安全技术

安全多方计算（Secure Multi-Party Computation，SMPC）是解决一群互不信任的参与方在保护隐私的前提下进行协作计算的技术。它允许多个数据所有者在互不信任的环境中进行合作计算，仅输出计算结果，确保除了应得的计算结果，任何参与方都无法获取其他任何信息。这样，参与方可以利用数据的使用价值，而不泄露原始数据内容。

安全多方计算主要研究参与方在协作计算中的隐私保护问题，包括输入隐私性、计算正确性和去中心化。

（1）输入隐私性：安全多方计算研究的是各参与方在协作计算时如何对各方隐私数据进行保护，重点关注各参与方之间的隐私安全性问题，即在安全多方计算过程中必须保证各方私密输入独立，在计算时不泄露任何本地数据。

（2）计算正确性：安全多方计算参与方就某一约定计算任务，通过约定 MPC 协议进行协同计算，计算结束后，各方得到正确的数据反馈。

（3）去中心化：传统的分布式计算由中心节点协调各用户的计算进程，收集各用户的输入信息，而在安全多方计算中，各计算参与方地位平等，不存在任何有特权的参与方或第三方，提供一种去中心化的计算模式。

安全多方计算技术在秘密共享、隐私保护等场景中具有重要意义，主要应用场景包括数据可信交换、数据安全查询和联合数据分析。

（1）数据可信交换。安全多方计算理论为不同机构提供了一套构建在协同计算网络中的信息索引、查询、交换和数据跟踪的统一标准，可实现机构间数据的可信互联互通，解决数据安全性、隐私性问题，大幅降低数据信息交易成本，为数据拥有方和需求方提供有效的对接渠道，形成互惠互利的交互服务网络。

（2）数据安全查询。数据安全查询问题是安全多方计算的重要应用领域。使用安全多方计算技术，能保证数据查询方仅得到查询结果，但对数据库其他记录信息不可知。同时，拥有数据库的一方，不知道用户具体的查询请求。

（3）联合数据分析。随着大数据技术的发展，社会活动中产生和收集的数据与信息量急剧增加，敏感信息数据的收集、跨机构的合作、跨国公司的经营运作等给传统数据分析算法提出了新的挑战，已有的数据分析算法可能会导致隐私暴露，数据分析中的隐私和安全性问题得到了极大关注。将安全多方计算技术引入传统的数据分析领域，能够在一定程度上解决该问题，其主要目的是改进已有的数据分析算法，通过多方数据源协同分析计算，使得敏感数据不被泄露。

安全多方计算主要通过混淆电路、同态加密、不经意传输和秘密分享等技术，保障各参与方数据输入的隐私性和计算结果的准确性。

（1）混淆电路。混淆电路是通过布尔电路的观点构造安全函数计算，达到参与方可以针对某个数值来计算答案，而不需要知道他们在计算公式中输入的具体数字。

混淆电路中的多方共同计算是通过电路的方式来实现的，如图 8-11 所示。Alice 和 Bob 要进行多方计算，他们首先需要构建一个由与门、或门、非门、与非门组成的布尔逻辑电路，每个门都包括输入线、输出线。

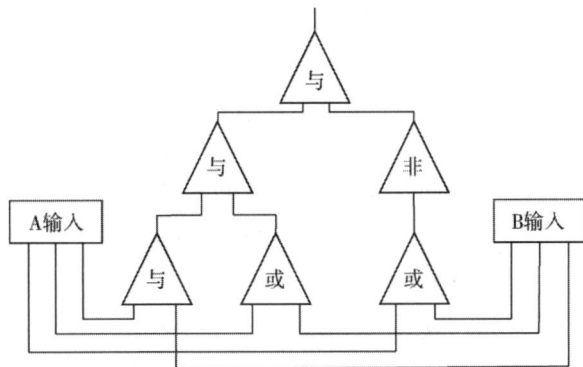

图 8-11　混淆电路

混淆电路则通过加密和扰乱这些电路的值来掩盖信息，而这些加密和扰乱是以门为单位的，每个门都有一张真值表，如图 8-12 所示。

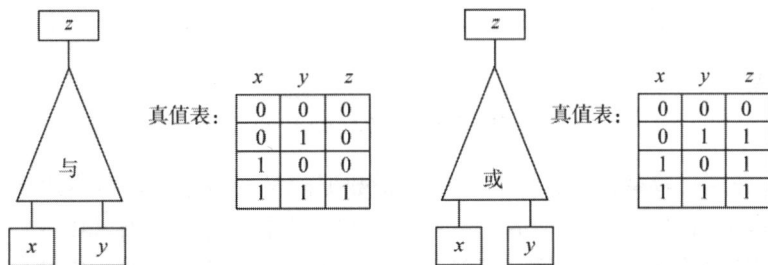

图 8-12　混淆电路加密图

Alice 用密钥加密真值表，并把表扰乱后发给 Bob，通过这种"加密+扰乱"的过程，达到混淆电路的目的。Bob 在接收到加密表后，根据收到的加密真值表、混淆的输入及自己的 Key，对加密真值表的每行尝试解密，最终只有一行能解密成功，并提取相关的加密信息。最后，Bob 将计算结果返回给 Alice。

在整个过程中，大家交互的都是密文或随机数，没有任何有效信息泄露，在达到计算目的的同时，又达到对隐私数据保护的目的。

（2）同态加密。同态加密（Homomorphic Encryption，HE）是一种特殊的加密算法，它允许在加密数据上进行特定计算，而这些计算的结果在解密后与对明文直接进行同样计算的结果相同。这种加密方式使得数据在保持加密状态的同时，仍可进行有意义的计算，实现了数据的"可算不可见"。例如，在电子商务交易中，为防止敏感数据在云服务商处被泄露，可采用同态加密技术。用户的数据经过同态加密后发送至云端，在云端进行的所有操作（如上传、下载、删除、更新、检索等）都是针对密文进行的。这种做法不仅避免了数据在传输过程中被拦截或篡改的风险，还防止了数据存储方的泄露或服务器的安全威胁。

同态加密的实现效果如图 8-13 所示。

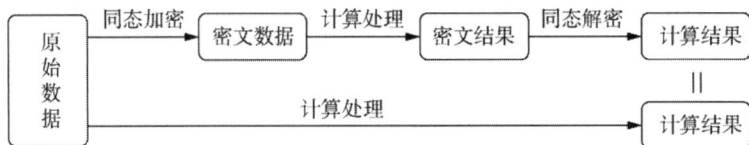

图 8-13 同态加密的实现效果

同态加密算法的关键是，加密后的密文进行计算并解密后，其结果与直接对明文进行相同计算的结果一致。例如，若有明文 m_1、m_2，它们加密后分别为密文 c_1、c_2 [$c_1=E(m_1)$，$c_2=E(m_2)$]。如果通过对 c_1 和 c_2 的某种计算能得到 $E(m_1+m_2)$，就表明该算法具有加法同态性；如果能得到 $E(m_1 \times m_2)$，就表明该算法具有乘法同态性，如表 8-3 所示。

表 8-3 同态加密算法性质

算法	公式	对称/非对称	同态性	计算效率	安全性
RSA	$c=(m)^e \% n$	非对称	乘	低	好
Paillier	$c=(g^m r^n) \% n^2$	非对称	加、减、乘	很低	好
Gentry	$c=m+2r+pq$	皆可	加、减、乘	高	不好
GM	$c=(r_i^n x_i^m) \% (pq)$	非对称	异或	中	好

在现有的同态加密算法中，RSA 算法具有乘法同态性，而 Paillier 算法具有加法、乘法同态性。通过这些同态加密算法，可以在保护数据隐私的同时，满足数据处理和分析的需求。

（3）秘密分享。秘密分享是一种用于保护数据隐私的技术，其基本思想是将隐私数据拆分成若干伪随机的部分（称为分片），每个参与计算的节点仅持有其中的一部分。这些节点协作完成计算任务（如加法、乘法运算），由于无法看到原始消息的完整信息，因此实现了数据隐私的保护。

在秘密分享的基本原理中，一个数据持有方（Dealer）将数据拆分为若干份，然后分发给若干持有者（Holder），如图 8-14 所示。这些持有者可以基于他们的数据分片进行计算，但无法获取完整的数据原文 x。最终，持有者将数据汇总给接收方（Receiver）进行数据的重构和还原。

秘密分享理论的研究推动了 Shamir、SPDZ 等安全多方计算技术的发展。虽然秘密分享在加法运算中应用相对直观，但是对于乘法运算相对复杂，通常需要预置生成大量的数据并进行多次交互来实现。新的计算协议（如 PrivPY）则能够对秘密信息进行二次分片，有效避免了数据预置的需要，增强了计算的灵活性和安全性。

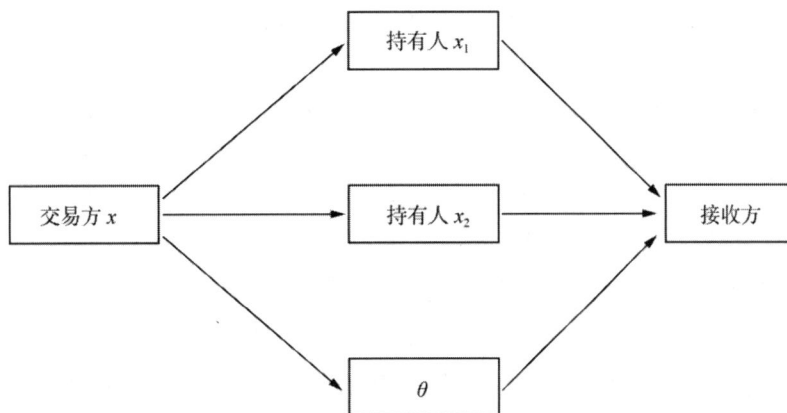

图 8-14 秘密分享基本原理

8.5.2 基于人工智能的数据安全技术

人工智能（Artificial Intelligence，AI）在工业互联网平台中扮演着分析和建模海量工业数据的关键角色。通过应用机器学习、深度学习和监督学习等技术，AI 不仅开启了工业大数据应用的价值，而且在制造业全生命周期的描述、分析、预测和决策方面发挥重要作用。它指导着现实工厂各项工作的精准执行，并从全局视角提高对各种安全威胁的发现、识别、分析和响应能力，如图 8-15 所示。

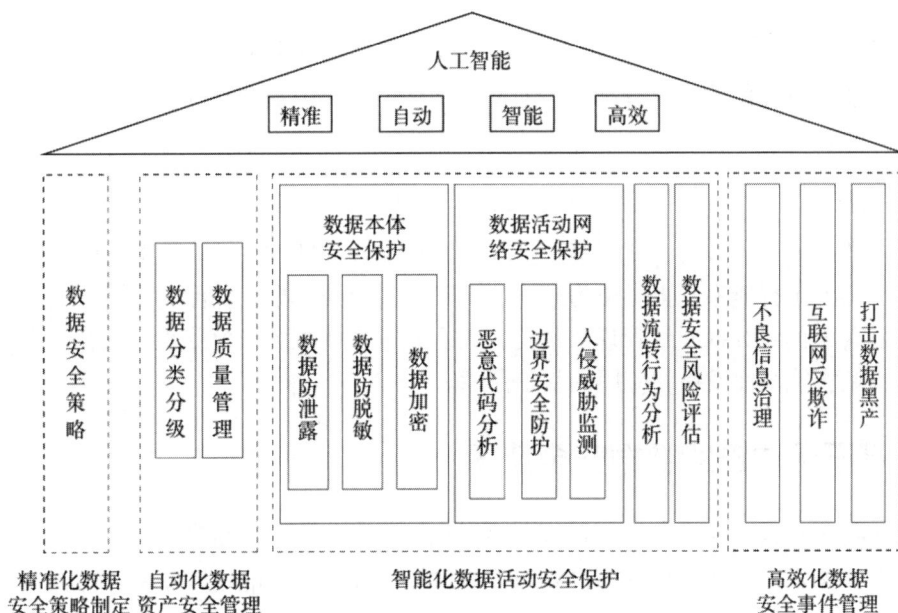

图 8-15 人工智能在工业互联网数据分类分级中的应用

AI 在工业互联网数据安全策略制定方面具备强大的数据采集和分析能力。它可以自我学习并做出判断，从而大幅提高数据安全策略的时效性和合理性。在制定数据安全合规性要求、风险管理策略、分类分级防护策略等方面，AI 技术可协助快速、科学、合理地制定安全策略。

对于工业互联网数据的分类分级，AI技术如机器学习、模式聚类、自然语言处理、语义分析和图像识别等，可用于提取数据文件核心信息，从而实现数据的自动、精准分类分级。基于这些分类，在数据安全防护方面，AI能够快速匹配识别重要敏感数据，智能发现和自动脱敏敏感数据，有效降低数据泄露风险。同时，通过对数据传输行为的智能统计和关联分析，AI能够绘制数据流转的动态图谱，有助于跟踪敏感数据流向，还原数据流动路径，分析数据安全态势。具体表现为以下5个方面。

1. 人工智能技术可更加准确地理解数据，促进数据安全治理精准化

丰富的数据量为人工智能提供了广泛的训练数据集，增强了模型的准确性。算力的提升使人工智能能够实时处理大量数据，及时监测和处理数据安全问题，连续改进样本库，减少误差。深度学习等技术的发展极大地提高了数据分类分级的精准度和内容识别的准确率。

2. 人工智能技术可取代人类重复性劳动，促进数据安全治理自动化

人工智能能够自动对数据进行内容识别和标注，替代传统需要大量人力的数据特征标注工作。随着网络攻击手段的智能化，人工智能通过自我学习，能自动更新安全规则，及时检测新型网络威胁。

3. 人工智能技术直击数据安全治理痛点，促进数据安全治理智能化

人工智能技术能够自动梳理数据资产，通过精准分类分级和统一的管理标准形成源数据。利用智能搜索和关联查询，形成数据关联图谱，进行数据安全风险的智能评估、量化和预测，辅助制定合理的安全管理策略。

4. 人工智能技术可提升系统效率，促进数据安全治理高效化

人工智能技术利用自然语言处理、图像识别、语音识别和视频处理等技术，克服传统数据处理的耗时和低效问题，提升系统效率。

5. 数据安全治理促进高质量数据集生成，驱动人工智能技术发展

高质量数据集是提升人工智能算法准确性和模型合理性的关键。数据安全治理能够提升数据质量，为人工智能系统提供更为准确、及时、一致的数据，从而支持高效、可靠的智能化服务。随着人们对数据质量管理的重视，数据质量工具市场规模稳步增长，数据安全治理成为促进人工智能全面发展和应用的基础保障。

8.5.3　基于区块链的数据安全技术

区块链技术，以其共享账本、智能合约、机器共识和权限隐私等特性，正逐渐成为工业互联网的关键技术。它在连接物理世界与虚拟世界，提供"智能化"基础保障方面发挥重要作用。区块链的核心价值在于其分布式的对等（P2P）网络结构、不可篡改的账本数据和基于密码学的身份认证。

区块链在工业互联网数据安全方面有以下优势：可利用高冗余、分布式的数据存储保障平台数据的完整性；可利用密码学相关技术保障存储数据的不可篡改性和可追溯性；可利用身份管理功能对终端设备进行管理，防止终端设备遭到恶意攻击造成数据污染。区块链技术

在巩固工业互联网平台数据安全完整性、保密性的同时，借助平台提供的海量分布式数据存储空间和强大的云计算能力充分挖掘数据价值。

另外，区块链技术有望成为下一代数据库架构技术，运用其去中心化信任的优点，在大数据技术的基础上将数字算法作为信用背书，实现全球互信。目前，工业互联网等领域存在较弱的信用环境，区块链技术为工业互联网数据交换共享提供了一种全新的信任体系解决方案，降低了信用成本问题，可基于区块链技术促进工业互联网数据交换共享过程的信用体系发展。

根据数据的来源，可以将数据分为 3 种：个人数据、机构数据及机器数据。区块链可以利用去中心化存储策略，将安全信息存放到网络节点中，同时将流程管理信息以云端开放的方式分而治之，并将工业软件与云平台结合，依托云平台实现端到端直连、网络节点互联、数据互为备份，避免工业数据被恶意篡改，从而有效控制产品质量。利用区块链的加密技术、共识算法、可信身份认证技术、P2P 技术，可以有效保障工业设备终端安全、数据安全和网络安全。区块链具有去中心化、信息不可篡改、数据公开透明等基本特点，以及共识机制、智能合约、非对称加密三大保障机制。

8.5.4 基于可信计算的数据安全技术

可信计算技术通过实现可信免疫和主动防护，确保数据的可信性、可控性和可管理性。在可信计算环境中，基于访问控制机制，主体按策略规则访问不同等级的数据，保证数据处理的全程可控。关键信息通过加密等手段得到保护，非法用户无法读取原始数据。系统资源的管理和可信验证防止配置和代码被篡改，并能自动纠错，防止恶意软件侵入。可信计算还能有效分解攻击信息流，提升系统的健壮性和弹性，使被攻击系统快速恢复，实现高可靠性。严格的审计机制记录数据违规操作，防止攻击痕迹被隐藏。为保障工业互联网安全，需要构建安全计算环境和可靠的数据传输机制。利用可信计算技术，可以保证运行程序和数据传输、存储、应用的可信性。

可信计算的核心思想是创建安全的信任根，并基于此建立从硬件平台到操作系统、应用系统的信任链。这一链条从根开始，逐级进行测量认证，实现信任的逐级扩展，构建安全可信的计算环境。一个可信计算系统包括信任根、可信硬件平台、可信操作系统和可信应用，旨在提高计算平台的安全性。

可信计算的关键技术涵盖硬件、软件及网络等多个层面。

1. 信任链传递技术

信任链用于描述系统的可信性，从信任根开始，通过层层传递保证终端的计算环境始终可信。

2. 安全芯片设计技术

安全芯片是可信计算机系统物理信任根的一部分，负责核心控制功能。它具备密码运算能力、存储能力，并提供密钥生成、公钥签名等功能。

3. 可信 BIOS 技术

BIOS 直接对计算机系统中的输入、输出设备进行硬件级的控制，是连接软件程序和硬件设备之间的枢纽，其主要负责机器加电后各种硬件设备的检测初始化、操作系统装载引导、中断服务提供及系统参数设置的操作。在高可信计算机中，BIOS 和安全芯片共同构成了系统的物理信任根。

4. 可信软件栈设计实现技术

可信软件栈（Trusted Software Stack，TSS）是可信计算平台的核心支撑组件，用来向其他软件提供使用安全芯片的接口，并通过实现安全机制来增强操作系统和应用程序的安全性。可信软件栈通过构造层次结构的安全可信协议栈创建信任，其可以提供基本数据的私密性保护、平台识别和认证等功能。

5. 可信网络连接技术

可信网络连接技术主要解决网络环境中终端主机的可信接入问题，在主机接入网络之前，必须检查其是否符合该网络的接入策略，可疑或有问题的主机将被隔离或限制网络接入范围，直到它经过修改或采取了相应的安全措施为止。

可信计算从端侧-工业控制系统来看，信任链建立从工业控制系统的可信控制层传递到工业控制现场、监控层及企业管理层，并对外部接入进行可信连接动态控制，使得工业控制系统从整体上处在安全可用的可信环境下；从云端互信来看，主要基于密码技术建立可信根、安全存储和信任链机制，实现可信计算安全；从工业互联网平台安全来看，主要从可信接入边界、可信通信网络、可信云平台 3 个方面来应用可信计算。

8.5.5 基于联邦学习的数据安全技术

联邦学习是一种以数据隐私保护和合法使用数据为核心目的的加密分布式机器学习技术与框架。它最初被提出来解决如何在不侵犯用户隐私的前提下，有效利用用户终端上的数据进行 AI 模型训练的问题。

联邦学习的优势如下。

（1）数据隔离。数据映射为模型参数，不会离开存储的地方，保证参与方的数据安全和隐私保护。

（2）质量保证。虽然没有将数据集中存储，但是能够保证训练模型的质量，不会比集中训练的模型质量差。

（3）地位相同。参与方地位等同，没有一方控制另一方的情况。

（4）独立性。拥有自己数据的绝对控制权，可自行决定参与还是退出，在保持独立性的情况下加密交换各种信息。

按照数据分区来划分，联邦学习分为横向联邦学习（Horizontal Federated Learning）、纵向联邦学习（Vertical Federated Learning）、联邦迁移学习（Federated Transfer Learning）。

1. 横向联邦学习

横向联邦学习是指当两个数据集的用户不同、重叠较少，但用户特征重叠较多时，把数据集按照横向（用户维度）划分，并取出双方用户特征相同而用户不完全相同的那部分数据进行训练，如图 8-16 所示。

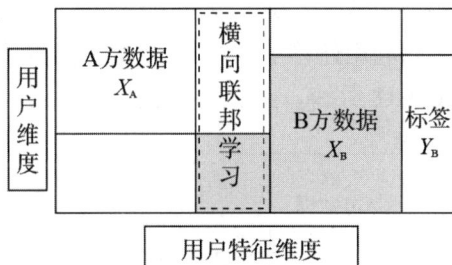

图 8-16 横向联邦学习

横向联邦学习适用于同一领域的不同用户数据有较多的相似特征的情况。最经典的案例是谷歌的 Gboard，当用户在手机键盘上输入一个词时，利用横向联邦学习模型可以预测出用户想要输入的下一个词。

2. 纵向联邦学习

纵向联邦学习主要聚焦于场景，其中两个或多个数据集的用户群体存在显著重叠，即许多相同的用户同时在这些数据集中。然而，尽管用户身份相同，但每个数据集所记录的用户特征各不相同，甚至有的数据集可能不包含完整的标签信息。在这种情景下，纵向联邦学习沿着用户特征维度（而非用户维度）对数据进行划分，专注于提取和利用那些在用户身份一致但特征表现上互补的数据片段进行联合训练。这种策略允许不同数据源之间在不直接共享原始数据的前提下，共同构建更全面的用户画像或模型，以优化分析或预测的准确性，如图 8-17 所示。

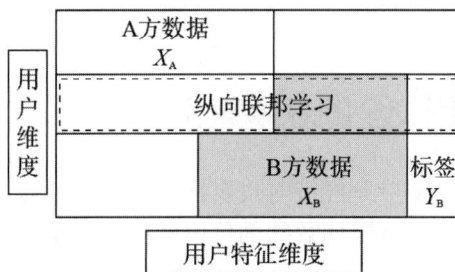

图 8-17 纵向联邦学习

在纵向联邦学习中，双方数据集用户 ID 各异、特征不同且可能无标签数据，凭借特征匹配实现协同训练。

用户之间需要交换中间结果；支持XGBoost/SecureBoost等模型；可通过拆分学习（Split Learning）支持神经网络模型。大规模纵向联邦系统复杂度较高。

纵向联邦学习适用于不同领域的用户拥有共同数据（数据特征不一致）的情况。最典型的案例是银行通过纵向联邦学习模型从不同用户的信用卡网购信息中获取用户的购物喜好，并根据该信息为用户提供相关的刷卡折扣优惠，同时优化自身的联邦学习模型。

3. 联邦迁移学习

如果两个数据集既不重叠用户特征，又不重叠用户群体，在这个场景下，提出一个新的算法，即联邦迁移学习。它可以利用迁移学习的算法，把这两方数据模型的本质挖掘出来，把抽象的模型加以聚合，如图 8-18 所示。在聚合的过程中，保护用户隐私。

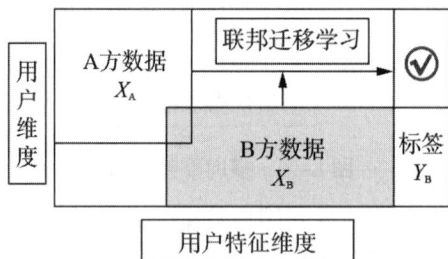

图 8-18　联邦迁移学习

双方用户持有的数据 ID 不同，数据特征不同（有的参与方可能没有标签）。

用户之间需要交换中间结果；支持神经网络模型；从源域（Source Domain）到目标域（Target Domain）的迁移学习。

联邦迁移学习是利用一个在相似数据集上训练好的模型作为初始模型去解决另一个完全不同的问题，其应用场景与纵向联邦学习的应用场景类似。在该模型中，全局模型在云服务器上运行，用户可以下载该模型并根据自己的需求更新模型，从而使模型更加个性化。

8.6　工业互联网数据安全的发展意义及展望

8.6.1　工业互联网数据安全的发展意义

工业互联网数据安全在当前数字经济时代发挥着至关重要的作用。随着数据被正式确认为生产要素参与收益分配，工业互联网数据的价值在提升工业体系效率、促进生产力提升方面显得尤为重要。作为制造业竞争力、生产力和创新力的关键要素，工业互联网数据成为推动创新发展的重要引擎。在工业互联网快速发展的背景下，数据安全成为保障的主线，其重要性日益显著。

1. 工业互联网数据安全是保障企业开展生产经营活动的重要前提

工业互联网数据安全对企业来说至关重要。商业机密如设计图纸、研发数据等一旦泄露，则可能导致企业失去核心竞争力。生产控制指令和工况状态的篡改可能导致严重的生产安全事故，影响企业的正常运营。企业内部合作信息和客户数据的泄露则可能破坏企业信誉。

2. 工业互联网数据安全是经济社会稳定发展的重要基石

工业互联网数据安全对国家经济和社会稳定至关重要。化工、钢铁等行业的生产能力和重大项目信息反映了国家的经济实力，其泄露可能导致国家经济发展受到影响。化工厂的平面图、化学品存储位置等敏感信息一旦外泄，则可能引发重大安全事故，威胁公众安全和生态环境。

3. 工业互联网数据安全是总体国家安全战略的重要组成

工业互联网数据安全是国家安全战略的重要组成部分。重大装备的研发设计文档等关键数据的泄露可能导致国家技术外泄，影响国家科技实力。特种钢生产等数据泄露可能被用于推测国家的高端装备制造能力。工业互联网平台中聚集的海量数据如果被外国利用，可能对国家安全构成威胁。

8.6.2　工业互联网数据安全的发展展望

工业互联网数据安全对于我国的网络空间安全至关重要。在互联网、大数据、人工智能与制造业深度融合的背景下，加强工业互联网数据安全的顶层设计和技术能力建设是保障我国经济与国家安全的关键。

1. 强化数据安全管理

制定并发布工业互联网数据安全分类分级、安全防护、安全交换共享、安全评估等相关政策制度及标准。推进重点行业、地区开展政策标准宣贯和试点应用，促进落实企业主体责任。明确数据留存、数据泄露通报要求，常态化开展工业互联网数据安全监督检查。积极组织开展对标检查和第三方评估工作，评估企业数据安全管理现状，推动企业结合业务发展需要，定位自身的问题，制定针对性的整改方案，不断完善对应的数据安全管理规划、办法、标准、措施、流程等，逐步建立健全工业互联网数据安全管理体系。

2. 加强数据安全治理与防护

加快建立工业互联网数据安全治理体系，以工业互联网数据安全分类分级为抓手，组织开展工业互联网数据摸底调查，建立重要数据保护清单。企业在强化数据安全意识的同时积极应对风险，加大资金投入，开展工业互联网数据安全防护手段建设，实施差异化分级管理和防护，促进数据分级安全共享，建立健全数据安全保障体系，提升风险防范和处置水平。

3. 加快数据安全技术创新和能力提升

针对工业互联网数据的全生命周期，亟须加速推进数据安全监测、轻量级加密技术、数据脱敏机制及可信防护策略的研发与应用，以显著提升数据防篡改、防窃取及防泄露的综合防护能力。支持国家专业机构建设国家级工业互联网安全技术保障能力，着力提升数据安全监测与防护、安全评估、可信交换共享、追踪溯源等能力。积极发挥相关产业联盟的引导作用，整合行业资源，创新服务模式，开展技术联合攻关等。

4. 促进数据安全交换共享和有序流动

建设工业互联网数据可信交换共享服务平台，全流程保障数据交换、共享、交易等过程的安全，形成工业互联网数据可信安全防护、安全交换、安全共享等公共服务能力。依托服务平台，聚拢产、学、研、用各方共同建设安全可信的工业互联网数据空间，以工业互联网数据共享为驱动，推动构建安全可信的数据市场，打造工业互联网数据安全共享、安全交换、安全交易等多种服务和商业模式，激活工业互联网数据安全产业生态圈。

参 考 文 献

[1] 炼石网络 Cipher Gateway. 一文读懂十大数据存储加密技术[N]. 安全内参, 2021-04-07.

[2] 清华大学–中国人寿财产保险股份有限公司工业安全大数据联合研究中心. 工业安全大数据蓝皮书[R].
（2021-06）.